● **外教社认知语言学丛书·应用系列**

概念语义研究的新视角

A NEW APPROACH
TO CONCEPTUAL SEMANTICS

⊙ 程琪龙　著

上海外语教育出版社
外教社 SHANGHAI FOREIGN LANGUAGE EDUCATION PRESS

图书在版编目(CIP)数据

概念语义研究的新视角/程琪龙著. —上海:上海外语教育出版社,2011
(外教社认知语言学丛书)
ISBN 978-7-5446-2087-1

Ⅰ.①概… Ⅱ.①程… Ⅲ.①汉语—语义—研究 Ⅳ.①H13

中国版本图书馆 CIP 数据核字(2010)第 235848 号

出版发行: **上海外语教育出版社**
　　　　　(上海外国语大学内)　邮编: 200083
电　　话: 021-65425300 (总机)
电子邮箱: bookinfo@sflep.com.cn
网　　址: http://www.sflep.com.cn　http://www.sflep.com
责任编辑: 许进兴

印　　刷: 上海华文印刷厂
开　　本: 700×1000　1/16　印张14.75　字数255千字
版　　次: 2011年4月第1版　2011年4月第1次印刷
印　　数: 3 100 册

书　　号: ISBN 978-7-5446-2087-1 / H·0918
定　　价: 31.00 元

本版图书如有印装质量问题,可向本社调换

目　　录

总　序

　　"认知语言学"这个名称,有广义和狭义两种理解。凡是将人的语言能力当作一种认知能力来加以研究的,或专门研究语言和认知之间关系的,都叫"认知语言学",这是广义的认知语言学。在这个广义的认知语言学内,粗略地说,有两种对立的立场或基本假设。一种认为语言能力是一种特殊的认知能力,本质上完全不同于人的其他认知能力,这就是当今国际上仍然占主导地位的生成语言学的立场和观点。还有一种则认为语言能力不是一种特殊的认知能力,它同人的一般认知能力没有什么本质上的差别,这就是狭义的认知语言学。这样两分是比较简单的做法,事实上有一些探究语言与认知关系的语言学家其立场或观点是介于两者之间的。上海外语教育出版社组织出版的这套丛书,从内容和作者的学术背景来看,主要是狭义的认知语言学(加着重号的),同时也兼顾一般意义上的认知语言学。

　　和一般意义上的认知语言学不同,狭义的认知语言学不是语言学的一个分支,而是代表语言学界近年兴起的一个新的学派或思潮。它也不是一种单一的理论,而是代表一种研究范式,其特点是着重阐释语言和一般认知能力之间密不可分的联系。这个学派有一些代表人物,如 C. Fillmore、G. Lakoff、R. W. Langacker、L. Talmy、J. Tylor、J. Haiman、G. Fauconnier、A. Goldberg 等,他们各自的观点不尽相同,但对语言所持的基本假设大同小异。此外,从历时角度研究"语法化"(grammaticalization)或词义引申的人,如 E. Traugott、B. Heine、E. Sweetser、J. Bybee 等人也基本上认同认知语言学的基本假设。还有从事功能语法研究的 T. Givón,从事语言类型学研究的 B. Comrie 和 W. Croft,从事语义元素(semantic primitives)研究的 A. Wierzbicka,他们也或多或少接受认知语言学的基本假设。

　　过去的两三年里,国内的外语院校邀请了 G. Lakoff、R. Langacker、G. Fauconnier 还有 A. Goldberg 这样一些著名的代表人物来访问演讲,听众很多,影响不小。打开最近的一些外语期刊,介绍和评述认知语言学的文章几乎每期都能见到一两篇。认知语言学在国内产生这么大的影响,这其中的原因是多方面的,首先我想是因为这种理论本身具有吸引力,记得我十几年前在国外某大学当访问学者,去图书馆还书,其中一本就是 Lakoff 的那本经典之作《生活离不开隐喻》,借这本书时还是预定的,因为有别人在看。还书时遇到一位"老外",不像是摘语言学的,问我觉得这本书怎么样,我还没有来得及回答,他先伸出大拇指晃晃,显然是表明他自己读后的感受。他的感受也正是我的感受。常说语言学跟文学相比枯燥乏味,但是跟形式语言学相比,认知语言学关注的语言现象丰富多彩,使语言学研究变得饶有趣味。兴趣是从事研究的原动力,有没有研究的兴趣可不是一件小事情。

　　从分析和综合这两方面讲,认知语言学更注重综合,是不是这种综合的思维方式比较接近中国人的思维特点,这不大好说,好像有一点关系但又不尽然。前年逢《心理空间》的作者 G. Fauconnier 来苏州大学访问演讲,他正在撰写新著《我们的思维方式》,现在这本书已经出版。我真想跟他说,你讲的那种"概念整合"的思维方式正是典型的中国人的思维方式。后来忍住了没有说,综合的方式究竟是不是中国人的思维特点,这是有争论的。有不少人就认为,分析和综合相辅相成,光分析不综合,或者光综合不分析,都是不可能的。我曾经在一篇文章里说过一段话,不妨引述如下:"有人说,汉语的语法研究从《马氏文通》起基本上是借鉴西方分析的方法,对注重意合的汉语不见得适合。遗憾的是,汉语究竟怎么个意合法,我们自己并没有说出什么道道来。现在西方语言学界的有识之士也注重综合,对语言结构'意合'的研究据我所知也取得不少成果,这一点值得引起我们的反思。"认知语言学讲综合,讲"整体大于部分之和",很有洞察力,也讲出了不少道道来,值得我们学习借鉴。但是讲综合不是不要分析,现在有一些从事认知语言学研究的人,综合有余而分析不够,对一些最基本的语言分析手段掌握不好。分析能力不够,讲综合也就好不到哪里去。

　　还有一个原因是认知语言学比较关注不同语言之间的差异,注重形式上相似语句的意义差别,因此跟语言教学,包括外语教学和对外汉语教学,比较贴近。有好几位语言教师跟我说,他们觉得认知语言学对语言现象的一套解释对教学还真管点用。这两方面的原因都是正面的,可能还有一个反面的原因,那就是形式语言学比较抽象,采用许多符号公式,如果没有一点数理逻辑的基础,连什么是"全称量词"、"部分量词"、"辖域"都不太清楚,人家的论文都没有办法读懂,更谈不上去研究。而我国语言学界这方面的基础普遍比较薄弱,形式语言学虽然在国外占主导地位,但是国内不少人对它望而生畏,避而远之。我不反对许多人对认知语言学感兴趣,将某种理论运用到语言教学中去,如果运用得法而有成效,更是值得提倡。不过,对于那些想主要从事语言理论研究的人来说,在你选择认知语言学作为方向时要有理性的思考,要通过和其他理论在学理上的认真比较之后再作出决定。跟其他理论一样,认知语言学有它的长处,也有它的弱点。不要跟风、赶潮流、追热点,通过学理上的比较后作出的选择才是理智的选择。

跟生成语言学注重形式、从形式出发相反,认知语言学注重意义、从意义出发。这两种研究方式也是对立而又互补的。我国的语法学界,早期是从意义出发的传统语法理论占主导地位,后来是从形式出发的结构主义语法占主导地位。现在来了认知语言学,又开始从意义出发。当然这不是循环往复,而是螺旋形上升,现在讲意义要比传统语法讲意义高明得多。不过,一种倾向掩盖另一种倾向,国内从事认知语言学研究的人有不少在讲意义的时候完全不讲形式,至少是忽视形式。这样的研究在我看来不是语言学的研究,而是语义哲学的探讨。我不止一次说过,脱离语言的形式而谈论语言的意义(在语言学里)是没有意义的。

最后,语言学家主要任务是什么?是研究语言,而不是研究语言理论。语言学家是干什么的?是研究语言的,研究语言的现状和历史,研究语言的结构和用法。研究语言的习得和丧失。语言理论是在研究之前或研究之后提出的有关语言本质的假说。有各种各样的理论和假说,它们也可以是研究的对象,但是这项工作主要是语言学史专家的任务,语言学家的任务是研究语言。语言学家在研究语言的时候当然也要对已有的各种理论和假说加以比较和评价,但是这样做的目的还是为了研究语言。国外出来一种新的理论和假说,就如认知语言学,我国的外语学界最为敏感,首先将它引进介绍进来,加以阐释和评价,功不可没。公正地讲,引进和介绍是必要的,他山之石,可以攻玉,今后也还要继续做好引进和介绍的工作。要做好这项工作也不是一件容易的事,我自己也尝试做一些。但是介绍和阐释人家的理论不能代替我们自己对语言的研究,不然我们就永远跟在人家屁股后头,给人家的理论做注解。至于已经有人介绍和阐释过的东西,不闻不问,还重复地去介绍和阐释,这种浪费就更要不得了。还有一种不好的倾向是拿少许的语言实例,蜻蜓点水,隔靴搔痒,不作深入、系统的分析,就对人家的理论说三道四，补充修正。这两种倾向都应该避免。

　　在新的世纪里，我们语言学家应该跟哲学家、心理学家、神经科学家、人工智能专家等一起为认知科学的发展作出自己应有的一份贡献。这套丛书主要反映了我国外语学界介绍、阐释、研究认知语言学（主要是狭义的认知语言学）的现状和水平。研究不能靠一时之"热"，希望今后的研究工作能在此基础上更加深入、更加扎实，也更加与我国的语言和语言生活相结合。

沈家煊
于社科院语言所

前　言

在 21 世纪的今天,随着国力的突飞猛进,在国际舞台的政治、经济、文化等诸多方面,中国的作用和影响与日俱增。随之而来的是全球激发了对中国文化和汉语的浓厚兴趣。当今新形势对语言理论研究提出了新的要求。

更有甚者,作为 21 世纪的两个领先科学,即生命科学和通讯科学及其相关技术,它们正在对社会、经济、文明的发展起着重要的推动和引领作用。这两个学科群实际上都涵盖着语言的研究,同时也需要语言学为其贡献语言乃至认知的科学理论描述。

笔者不反对这样的观点,即语言学研究是一种理论研究,它不关注其应用。但是,任何一种成功的科学理论都将为人类文明进步作出贡献,语言学也不例外。语言学是研究语言的科学,语言学及其模式是理论表述语言的科学原则和模式。如果语言学能够逼近这一科学目标,那么它一定能够为各相关科学提供语言学的理论原则和表述模式。

自上世纪以来,"创新"已经成了中国各行各业关注的一个焦点,它对中国国力的全面提升有着极其重要的决定性作用。学术创新更为重要。但是,创新不是目的,而是结果,是国人智慧运作、勤奋耕耘的结果。

笔者反对崇洋媚外,同时也反对夜郎自大。语言学作为科学,国外的发展历史悠长,学派众多,学术纯朴,思辨激烈,发展合理。在如此学术环境中,产生瞩目的学术理论是不言而喻的。面对学术现实,我们不得不"崇洋";但笔者却崇洋而不媚外,因为理论研究和语料分析告诉我们,舶来货有过人之力,也有捉襟见肘、黔驴技穷之时。为此"洋学"可激发更多更新的思维空间。

在学术思辨的过程中,科学思维的相关性、多维性、系统性和精致性再强调也不为过。笔者在一个非常特殊的环境中有幸结识瑞金医院专家级外科大夫李东华教授,他对专业和学术的见解能更好地解读学术思辨的这些合理特性。作为一个医术精湛的外科大夫,他首先追求的是对手术的精益求精(外科的相关性)。他对成功手术的认识是:(1) 清除病灶;(2) 不殃及周边;(3) 将失血量保持在极低水平。这样的思维方式不仅具有思维的系统多维性,而且反映了李教授医技的精致性,使他能够处理许多大夫无法处理的手术难题，能够达到许多大夫无法达到的成功结果。对语言研究而言，相关性首先表现在语言研究，而不是语言学研究。语言的理论表述同时又是多维系统的和精致的，而不是一个原则，一个理论陈述涵盖语言系统的全部"本质"，语言理论表述更不是所有语言理论单位的简单总和。

语言研究仍然需要众多学人为之付出毕生精力。笔者就在本项研究过程中，付出了大量时间、精力和健康，同时更忽略了对家庭应有的关照。在整个研究过程中，夫人和小女给予了充分的理解和大力支持，并为之付出了代价，每每想起心中内疚，现只能以此书表示我的谢意。另外，学术界同仁及我的研究生也为此项目的成功提供了各种帮助；上海哲学社会科学规划办公室为此书的研究课题立项(2006BYY004)，并提供资助。对多方的关照、支持，在此合为致谢。

2009 年 3 月 15 日
于沪东兰花村

引　言

　　任何语言研究都不可避免地会去关注语言学理论以及理论模式表述的语言。理论方面,我们将语言归入物质。语言物质包括大脑神经网络以及语言声音,前者称作语言系统,后者称作语言现象。从如此唯物观出发,语言确定为语言系统和语言现象的集合。根据系统和现象的关系,我们将理论目标设定为语言系统。对语言系统的理论陈述,就是设定一个模式并用它来表述语言系统。表述模式是假设的,但假设不是意想式,任何假设必须基于前理论研究及其所得的观点视角。既然表述模式是假设的,它就必须经过论证,所以语言学必须是一种实验科学。语言学的论证和其他科学一样,必须始于不证自明的科学公设。语言学理论模式要表述和解释的就是基于科学公设的语言系统基本特征。

　　语言的理论陈述不是意想式的,它必须经过验证。验证是各种各样的,其中包括通过操作看语言系统是否能够产生预期的结果,并不断修整理论模式。在从事如此验证过程中,我们发现汉语小句的许多语符关系用现有的理论模式无法作出穷尽的理论陈述。我们对概念语义部分的研究表明,仅用一维语义结构(论元结构或述谓结构)无法合理表述许多汉语被字句,无法合理表述许多动词分类及其准入相关变式的语义条件。

　　神经基本特征是语言系统的重要基本特征之一,语言系统模式必须不悖于语言系统的神经基本特征。笔者的研究表明,目前最接近神经网络的语言学理论表述形式是神经认知语言学的关系网络。而且通过兰姆(Lamb)的不懈努力,关系网络的宏观布局和微观构件都证明有一定的神经可行性(详见第 3 章)。但是,关系网络模式中的语义系统没有更多地考虑相关小句变式之间的语义异同。我们的研究表明,要解决语义异同的理论表述问题,需要一个含多个概念结构的概念语义机制。本书提倡的模式就是概念框架及其识解论元结构。

　　用多概念结构来表述概念语义的理论模式有杰肯道夫(Jackendoff)的平行模式和葛德博格(Goldberg)的构式语法。概念语义在他们的理论模式中都由多个结构来表述。平行模式中小句的概念结构有整体式和组合式两大类。前者作为一个不可分解整体储存在词库长期记忆中,后者作为可分解结构由功能动词和论元在线组合而成。但是,平行模式过分夸大了动词功能在后者结构中的作用,以至于它对许多变式的概念语义异同无法作出合理有效的表述和解释。另外,它的层面分解本身也有不足(详见第4章)。

构式语法的概念语义含动词框架以及和它融合的论元结构。但是,动词框架和论元结构的融合原则在表述小句变式以及失配小句时,也出现了一些问题。

当然,无论是平行模式中双层面多维的原概念结构,还是构式语法中动词框架和论元结构融合的构式,它们都不关注,更不遵循神经操作可行性原则。在如此学术思辨中,笔者基于各相关理论模式的合理部分,推出并进一步发展了认知功能模式及其概念框架。

认知功能模式中概念语义被界定为感知运动系统和语言表达之间的关系。为了弥补论元结构无法同时合理表述概念内容和语法语义的缺陷,我们用概念框架表述概念内容,并将它和感知运动系统连通,用论元结构表述语法语义,并将它和词汇语法系统连通。

为了较好地解决上述抽象理论方面和具体分析方面的问题,本书做了三件事。第一件事是:讨论并定义语言的基本特征(第一章),根据语言定义论证了认知功能理论取向的合理性(第二章)。第二件事是:我们分三章讨论了神经认知语言学及其关系网络模式(详见第三章)、平行模式(详见第四章)和构式层级模式(详见第五章),讨论了三者在理论和表述方面的利弊。第三件事是:在理论目标的指导下,在理论模式的约束下,我们表述并论证了语符关系及其概念框架的理论模式,试图用认知功能模式来有效解决它们遗留下来的问题(详见第六章),并试图用关系网络模式来表述(详见第七章)。

第一章
语言和语言学

1.1　语言和语言学

　　语言学的主要任务是研究自然语言,而不是研究语言学,这点是毫无疑义的。自然语言的研究需要理论,需要指导研究者描述和解释自然语言的理论目标、框架和方法。既然语言研究和其他科学研究一样需要理论,那么在语言研究的过程中,我们不得不研究语言学理论。在实际语言研究的科学活动中,语言研究和语言学研究既对立又统一。当然,语言学理论研究不是为了说明哪种理论好,哪种理论不好;语言学理论研究是为了看哪种理论框架,哪些理论观点,以及哪些语言分析、综合和解释可以为研究语言所用,并有可能揭示语言内部结构及其功能。总而言之,语言理论以研究语言为主要目的。

　　语言学的讨论很难不涉及各种流派的理论。理论流派又有各自理论观点,有些理论观点甚至是针锋相对的。不同理论流派甚至对语言的定义都有不同。事实上,理论观点大都是假设性的,研究者的任务是力图通过论证来表明自己的理论观点是合理的。当然,假设性的理论观点都需要通过实验,并基于实验结果进行理论论证。在实验和论证过程中,假设需要不断地修整,以便能够更合理地解释研究对象。

　　科学研究有必要提倡研究过程中的科学论证,强调科学论证始于科学**公设**(postulate),并在公设的基础上展开。语言学也没有理由例外。如果语言学的科学论证始于公设,那么语言学公设是什么? 在回答这个问题之前,我们非常有必要说明科学公设是什么。

　　根据词典意思,“公设”必须是不证自明的。出于保持理论论证科学性的需要,作为科学论证起始点的公设也必须是不证自明的。鉴于语言学理论的现状,作为语言学理论起始点的语言定义更应该如此。但是,让人难堪的是,许多语言学论著中,公设已经被贬为假设性理论陈述,公设的科学性及其传统的词典意义已经被语言学歪曲和玷污了。为了和假设性"公设"区分开来,我们不得不将不证自明的公设称为**"科学公设"**以示区别。

语言学能否为语言研究和理论论证找到科学公设呢?我们的回答是肯定的。语言科学论证中不证自明的科学公设是存在的(详见 1.2—1.4 小节的讨论)。从这些科学公设出发,本章将重点讨论语言研究的理论目标(详见 1.5 小节)、理论模式构建的方法(详见 1.6 小节)以及理论模式的标记系统(详见 1.7 小节)。

1.2   定义语言

如果我们承认语言学研究的是自然语言,那么自然语言又是什么? 面对这样的问题,不同理论流派的回答却是如此理直气壮的不同。语言学教科书都会讨论语言的界定特征,中外许多学术论著甚至热衷于讨论语言的"本质属性",讨论如何通过这些"本质属性"来定义语言。令人费解的是,不同理论流派甚至对语言"本质属性"的定义都可以是如此大言不惭的大相径庭。这种理论分歧在其他科学领域中很少出现。研究化学的学者不会对"水""铁""氧气"等物质的化学成分是什么而展开争论,研究"光""电"的物理学者也不会就其定义而进行争论。语言学也许因此而在科学队伍中受到冷落,语言学作为引领科学的提法更是成了一厢情愿的奢望。

虽然语言学理论可以有不同的理论观点、研究视角和方法,但是它们都研究语言。如果研究的都是语言,那么我们首先将不证自明的语言特征作为科学公设,作为论证的起始点,来逐步展开对各种理论观点的论证。从理论出发,语言学的科学论证可以,也应该始于语言定义的科学公设。

那么语言是否也可以有不证自明的特征,是否有可以让所有语言学研究者都愿意或不得不接受的界定性特征? 如果我们能够找出这样一组特征,那么语言学所研究的自然语言,是否可以有比较清晰的研究目标? 可喜的是,这样的语言特征是存在的,而且很容易实证。这些几乎是不证自明的,近似科学公设的语言特征,可以用来作为语言学理论论证的基础,作为语言学理论表述和解释的主要内容。为了有别于假设性的语言定义,为了远离争论不休的"本质属性",我们将具有科学公设性的语言特征称作语言的**"基本特征"**。它们是:

人类生理、社会、思维的动态特征。

下文从语言人类特征(详见 1.3 小节)和语言动态性(详见 1.4 小节)两个角度来深入论证语言基本特征。

1.3　语言的人类基本特性

语言是人类的语言,它作为一种特定的形式,运用于人类群体之中。作为人类的语言,它还具体反映人类的本质属性。哲学研究一般都接受人类的三大本质属性,即人类的自然性、社会性和思维性(乐国安 1986)。根据如此哲学观点,人同时是个自然人、社会人和思维人。语言作为人类特有的物质,也充分反映了人类的本质属性。

1.3.1　生理物质特征

首先,人是**自然人**;语言作为人的一部分,它以大脑神经网络为其物质基础。作为神经网络最基本构成单位的神经元,它的功能结构既有其生物的一面,又有其物理的一面。

人的语言作为一种生理物质,它的生存原则和过程和其他生命体没有太大区别,它们都遵循生物原则和物理原则。例如,黑猩猩也有大脑神经网络,它们也是由神经细胞构成,也可以按有关生理原则进行操作。但是,人类和任何其他动物生命体不同的是,人脑比其他动物大脑更复杂、更精致、更有效。最重要的差异是:人脑皮层有里外六层,其中外三层(也称作新皮层)是其他动物所没有的。大脑新皮层的出现,使人脑能够激活并构建概念和表达之间更复杂的"高级"认知系统。

动物的交际系统比较简单,具体表现为交际内容和表达形式之间的关系比人类的要简单得多。最聪明的灵长类动物,它们的大脑系统中,交际内容和表达形式之间的关系,几乎是一对一的。猴子不会将"蛇来了"的意思表达为"我喜欢你"。由于如此简单的一对一的义形系统,动物不会说谎。由于义形之间的简单对应关系,动物智能发展的空间有限,它们很难在简单对应关系中演化出各种抽象的高级思维。

人类语言系统的义形语符关系要复杂得多,它们之间不是一对一的语符关系。这种复杂的义形关系,使得人脑产生出义形之间各种不同的体现关系。与此同时,和义形关系连通的思维也变得有更大的多样性,人类的经验积累、抽象思维和想象能力才能逐步发展。

当然,人类也为自身思维能力和想象能力的提高付出了代价。大脑的非一对一的复杂性使人类获得了说谎的能力，人可以将"我爱你"说成"我恨你"，也能将"我恨你"说成"我爱你"。人脑的复杂性使人类很难成为一个高效合理的社会人。动物简单的交际系统使得动物在表达时不会出现误差，而人类的复杂语言系统却在语言操作过程中时有口误。

就人类的自然属性而言，语言也是自然的。自然语言以物质为其存在载体。语言的物质特征就是指语言物质载体的特征。语言涵盖**语言系统**（linguistic system）和**语言现象**（linguistic phenomena），它们的区分和对立主要以其物质载体为基础。语言系统的物质载体是有生命的个体大脑神经网络；语言现象的物质载体主要是声音，它是物理的，是无生命的，是言语社群共享的。就大脑而言，语言系统是内部的，语言现象是外部的。

总而言之，语言系统和语言现象是语言存在的两种主要物质形式。语言系统的存在物质主要是生理的，语言现象的存在物质主要是物理的。前者主要是人脑相关功能区中的神经网络；后者主要是声波（有声口头语言）。两者的存在形式，同样也可以用实验证实。我们可以通过脑电图、功能磁共振、脑磁图等扫描设备，具体获取并演示大脑神经网络的生理操作过程。这些脑扫描手段和实验结果都证明语言系统生理物质的存在，同时还证明该生理物质是动态的。我们可以通过频谱仪等仪器设备，具体获取并演示人类言语声波的频率特征，从而证明语言现象的物质存在。

既然语言系统和语言现象是对立的，那么为什么语言要涵盖两个部分？原因很简单，因为语言缺少它们任何一个都不能成其为语言。语言系统和语言现象是相互依存、相互作用的两个统一体。任何个体语言系统的发展，都离不开群体共享的语言现象。儿童之所以能够学会说话，有两个重要原因：一个是内部的个体神经状态；另一个是外部的语言现象输入。没有语言现象输入，不可能有语言系统的发展，也不可能有语言现象的输出，更不可能有语言系统。语言习得研究中许多实际案例都说明，和外界隔离并没有任何语言交际的儿童无法开口说话，也无法理解语言现象。例如，与世隔绝的七岁儿童 Anna，以及在狼群中长大的"狼孩子"Kamala 和 Amala，他们在人类语言交际中既听不懂也不会说（Brown 1981：138—140）。

我们同样可以用实例来证明，没有健全语言系统的人，在**理解**（comprehend）和**产出**（produce）语言现象的过程中，会遇到这样或那样的困难。最好的证据自然是失语症。失语症可以是各种各样的，失语症患者语言运用能力的缺陷和他们大脑神经网络的损伤对应。许多失语症案例都表明，语言现象的处理，必须有语言系统参与。

以上多类证据证明，语言系统和语言现象之间存在着缺一不可、互相依存的关系。语言既包括语言系统，又包括语言现象。但是，它们存在的形式不同，语言系统主要是生理的，是内因；语言现象主要是物理的，是外因。

1.3.2　社会特征

人除了是自然人，必须同时是**社会人**。人类一出现，就必须在社会群体中生活。他们互相交流，繁衍后代，共同面对生活。在群体中，人们通过互相能够理解的言语（即语言现象）进行交流。人们在交流中共享语言现象。由此推导，在社会群体中使用的语言现象具有鲜明的群体共性。

语言就其物质载体分出内部语言系统和外部语言现象。语言现象是社会共享的，但语言系统却是个人的。那么是否可以确定语言系统不是社会的？回答是否定的。语言系统的社会特征可以从两个角度来证实：(1) 语言系统的神经载体是动态的生理系统，它的构建在一定程度上取决于对输入信息的处理；(2) 神经载体的起始状态各人都有极其相似之处，至少婴儿大脑的感知皮层初级功能区、运动皮层初级功能区和体感皮层初级功能区大致相同。由于作为输入的语言现象具有社会共享性，以及神经起始状态具有生理功能相似性，所有个体的语言系统在形成构建中，具有输入和自身神经状态的社会性印记，所以个体语言系统同时又是社会的。

语言系统连通概念知识，其中包括涉及社会互动的概念知识。例如，不同社会阶层、不同社会情景中的人际交流，会使用不同的语言风格，具体表现为不同词项的选择以及不同句式的选择。在语言操作和发展过程中，表征社会信息的概念知识和语言系统互相作用，共同发展。在两者互相作用的过程中，动态语言系统便构建出具有社会共性的基本特征。

1.3.3　思维特征

最后，人同时又是个**思维人**。所谓思维，就是人类认识外部世界的过程，是发现问题和解决问题的过程。思维过程的物质基础和语言系统的物质基础一样，也是大脑神经网络，它的生理过程也是神经激活延伸的过程，也可以通过大脑神经扫描设备演示其存在方式。

虽然思维和语言可以有不同的载体，两种操作的过程却常常是互相连通、互相作用的。语言表达可以将思维的许多内容送入意识的殿堂，使思维更加理性化、系统化。这些理性系统思维的结果，都可以用语言表达出来。由于语言表达和概念内容是连通的，在神经操作过程中，它们常常互相激活，所以语言和思维有着密切的关系。通过思维构建起来的世界观（即有关外部世界的概念知识或经验）和语言表达有着千丝万缕的联系。

有些语言学家认为,语言决定思维。其中沃夫(Whorf)就是极具代表性的一位。沃夫(1956)举例论证了语言对思维的影响。例如,一个工人将烟头扔入充满油气的空桶而引起爆炸。工人之所以将烟头扔进空桶是因为他认为空桶里面没有东西,所以它不可能发生爆炸。沃夫认为,语言"空"导致了他错误的思维判断。品柯(Pinker 1995:60)则认为,导致他判断错误的不是语言,而是他的眼睛,因为可燃气体是看不到的。

我们认为,普通人大脑概念系统中都有"空"的概念框架,它都表征为"内部没有任何物质"。"空"的概念框架既和语言表达"空"连通,又和视觉认知连通。无论是视觉输入还是语言输入,它们都可以激活"空"的概念框架,根据此概念框架一般人都会推导出桶内没有任何物质的概念知识。既然没有任何物质,桶中也就不可能有可燃物质。从认知功能的角度出发,沃夫的观点和品柯的观点没有必要对立。

那么一般人头脑中"空"的概念框架是如何形成的? 我们认为,视觉输入和语言输入都有可能参与形成该概念框架。当然,有些概念框架甚至可以从其他一些概念框架延伸而得。在许多具体的概念过程中,概念框架可以由语言激活和构成,也可以由其他认知系统(如视觉感知系统)激活和构成。反之,有些概念框架的延伸又可以体现为一些新的语言表达。总体上,思维和语言是互动的,只有到了具体的概念和语言表达的关系上,它们的互动才有先后顺序差异。

思维和语言的密切关系常常让研究者误认为语言和思维是不可分割的。他们认为,语言就是思维的外壳,而思维是语言的内核(叶蜚声、徐通锵2000)。尽管思维常常可以激活语言,但有些思维却可以不激活语言,可见两者并非总是互相激活的(程琪龙 2001a)。

思维过程是一个比较复杂的过程。虽然我们已经知道思维过程必定在大脑神经网络中完成,但是它的许多细节我们还不得而知。不过有一点可以肯定,思维过程和语言过程有不同的大脑功能区。根据失语症的案例,有些人虽然语言能力受损,但仍然可以正常思维。行为主义认为,思维等同于语言(Skinner 1958;Smith et al. 1974),而大脑神经方面的证据则证明,行为主义的这一观点是错误的。

1.3.4　基本特征的融合

语言是人类的,这并不意味语言的人类三大基本特征可以在语言系统中形成各自相对独立的子系统。就神经语言学和神经科学的研究成果而言,大脑语言系统中至今未曾发现自然特征、社会特征和思维特征三个相对独立的功能区域。三个人类基本特征融合在一起，共同构成语言系统。在理论陈述中，它们仅是探索语言系统的三个不同视角或平台，而不是探索结果的三个独立的功能结构。

自然人同时必须是社会人。自然大脑的发展有两个必有的动力：一个是个体人之间的人际交际；另一个是个体人和外部世界的互动。人际交际自然是社会的，交际的具体实施必须由人们积累的经验知识来指挥，所以社会人又必须是思维人。而人和外部世界的互动涉及体验过程和经验积累的过程，从体验到经验的认知过程必须包括思维过程。所以自然人同时又必须是思维人。总之，作为一个真人，他必须是一个完整人；作为一个完整人，他必须同时是自然人、社会人和思维人。同理，人类的语言系统同时包涵自然人的神经生理特征、社会人的社会文化特征，以及思维人的认知思维特征。

1.4 语言的动态性

语言是物质的。语言的动态性基于物质的动态性。语言动态性的研究主要是语言系统动态性的研究。宇宙中的所有物质都是动态的，人的大脑也是宇宙的物质，而且是有生命的物质，那么语言系统动态性的存在就不言而喻了。

语言系统的主要物质基础是大脑神经网络，它是有限的，有生命的。它的有限性表现在它只能局限于大脑神经网络之中，而且这个有限生命体只有在有生命时才可以产出和理解语言现象。语言系统的动态性除了表现为宇宙物质的动态性，更重要的是表现为生命物质的动态性。

大脑神经网络的动态性最主要表现为构成神经网络的基本生物单位神经元是动态的。神经元的动态性主要具体表现为神经元的两个能力：可操作能力和自我修整能力。神经元的这两个能力具体落实在神经元的功能结构上。神经元的功能结构是指神经元的生理结构具有明显的功能倾向。神经元有输入机制、决策机制和输出机制，其中输入和输出机制实施了化学递质的出入，决策机制则决定输入是否足以激活神经元，并输出化学递质。这些生理机制保证了神经元具有操作功能。

神经元的自我修整能力表现在神经元的操作过程中。神经元的操作本身同时可以改变输入输出端传导化学递质的能力，使得神经元越来越容易（或不容易）传导化学递质。我们将神经元的传导能力表示为神经元的连通程度。神经元激活次数越多,抑制次数越少,它的连通程度就会越大;强大的输入信号有时也会导致连通程度的急剧变化。连通程度越大,神经元就越容易被激活。

大脑科学一般认为,初生婴儿大脑大多数部位的神经元,它们的连通程度都很低(Lamb 1999)。儿童智力和行为的发展就是神经元连通程度的提高过程。

由于神经网络由神经元构成,所以网络本身也是动态的。神经元的功能结构本身决定了大脑神经网络的可操作性和可发展性。以神经网络为物质基础的语言系统自然也具有可操作和发展的动态性。其中操作的神经过程就是神经通路激活延伸的过程,发展的神经过程就是连接关系权值改变的过程。

语言系统的动态性主要是指作为语言系统生理载体的大脑神经网络是动态的,而大脑神经网络的动态性主要表现为它是可以自动操作的。大脑神经网络中的语言系统是可以操作的,所以人类是社会动物。人的最基本的社会性表现在人类进行人际交流是人的一个非常重要的心理需要。人的这种心理需求足以保证语言系统的操作不断。人的最基本社会需求又和人脑的功能结构有关。

所谓的动态,就是某物质状态随着时间的推移而变化。语言系统的物质载体也存在着如此时空变化。它的动态变化具体表现为语言系统**操作(operational)过程**中神经路径的连通过程,表现为从初始神经状态到成熟语言系统的**发展(developmental)过程**,还表现为从原始语言系统到现代语言系统的**演化(evolutional)过程**(Lamb 1999)。当然,所有这些语言系统的动态过程,又少不了语言现象的"催化"和推动。

1.5 研究目标和对象

语言就其物质载体可以分出语言系统和语言现象,就其动态性可以分出系统操作、系统发展和系统演化。那么语言研究的理论目标应该如何设定呢? 在设定目标的过程中,我们首先面临的是语言系统和语言现象之间的选择,即: 语言学研究的理论目标是语言系统还是语言现象? 为什么?

1.5.1 语言系统和语言现象

语言系统和语言现象是语言存在必不可少的两个重要因素,它们既对立又统一。语言系统是有生命的、有限的多维系统，而语言现象是无生命的、相对无限的线性现象。语言系统的操作可以语言现象作为输入和输出，语言现象作为输入和输出在操作过程中同时又调整着语言系统。

语言现象是可以直接观察到的，所以我们可以**描述**（describe）语言现象。语言现象的描述，就是对各语音串或文字的描写。因为语言现象是由语言系统产出的，所以要解释语言现象的成因，我们就不得不研究语言系统及其操作。但是，语言系统和语言现象不同，它是不能直接观察到的，所以我们无法直接描述语言系统。我们不得不在理论指导下，构建理论模式，并用理论模式来**表述**（account for）语言系统。描述是对可以直接观察到的实体而言，表述的对象却无法直接观察到。

要解释语言现象的成因，仅表述语言系统是不够的。因为语言现象是语言系统操作过程中的输入或输出，所以我们还必须表述语言系统的操作原则，表述理解和产出语言现象的语言系统及其操作过程。由此可见，解释语言现象就是表述语言系统及其操作原则。

既然解释语言现象需要表述语言系统及其操作，那么作为语言学理论目标的自然是语言系统，而不是语言现象。

1.5.2 静态系统和动态过程

语言学的理论目标是语言系统。我们已经论证了语言系统的基本特征是它动态的神经生理性、社会文化性以及认知思维性。基于这些科学公设，语言的科学论证有必要始于语言基本特征，理论陈述对象也应该是这些基本特征。

根据第 1.4 小节的论证，系统操作是一切系统动态性的根本。基于系统的可操作性，系统的动态性又表现为它的发展过程和演化过程。

语言现象的成因就是语言系统及其操作过程，因此表述了语言系统及其操作，就等于解释了语言现象。那么语言系统的成因又如何解释呢？根据语言系统的基本特征，系统的成因包括在系统的动态性中。表述系统的发展过程以及演化过程，实际上就是解释语言系统的成因。由于系统的发展过程和演化过程以系统的操作过程作为基础，所以要解释语言系统的成因，首先需要探明语言系统的操作原则。要探明语言系统的操作原则，当然需要表述可以操作的语言系统的内部结构本身。

语言学的理论目标是语言系统，研究者或表述语言系统，或解释语言系统。解释语言系统就是表述语言系统的内部结构及其发展过程和演化过程。要表述系统的发展过程和演化过程，必须首先表述系统的操作过程。

根据目前的脑科学研究水平和技术设备，人们还无法直接观察到大脑神经网络中的语言系统。以后很长一段时间内，研究者也无法做到这一点。但是，作为系统输入或输出的语言现象是可以观察到的。因此，除了进行各种心理实验、生理实验、脑科学实验外，语言学研究还不得不依赖可以观察到的语言现象。根据语言系统和语言现象的如此特殊关系，语言学有必要将语言现象作为语言学研究的对象，以此帮助实现理论目标。无论是研究系统的操作过程，还是研究系统的发展或演化过程，语言现象都可以是研究的对象。研究者通过对语言现象的分析，在理论模式宏观构架的约束下，推导出语言系统的内部功能结构，并用语言现象作为输入和输出来验证语言系统的理论模式。但是，在不同的系统动态过程中，语言现象所能起到的作用是不同的。

就目前的学科研究水平和成果积累而言，要对演化过程的理论假设全面系统地展开实验验证可能性不大。演化过程的研究主要还是局部的和间接推导的。其中一个重要原因是我们无法获知原始语言的语言现象。语言系统演化过程的研究很重要，但需要走更长的路。

语言发展过程的研究包括母语习得的研究。这方面的研究已经有了一定的成果，语言系统的初始状态已经不像原始系统那么遥远。尽管如此，初生婴儿既听不懂说话，也不会说话，他没有语言现象。但在整个发展过程中，儿童的语言现象会越来越丰富。

系统发展研究的另一个问题是：语言系统的初始状态是什么？我们也无法直接观察到。在这个问题上，不同的理论大致上有两种不同的看法。反映在哲学思辩中的两个极端就是理性主义的天赋论和经验主义的白板论。前者认为人类心智有与生俱来的普遍性语言能力；后者认为语言能力是后天通过经验获得的。笔者持两者之间的辩证观（详见 2.6 小节）。

语言系统和它的初始状态，两者的神经状态显然是不同的，但它们都是由神经元连接构成，它们的激活延伸生理原理也是相同的。通过对语言系统的研究，我们至少可以构建激活连通原则，为进一步研究初始状态的发展过程提供有利信息。如果说发展过程的研究是解释语言系统的一个重要组成部分，而语言研究必须解释语言系统，那么至少这样的研究有必要基于可操作语言系统的研究。

1.6 方法论

根据语言系统和语言现象之间对立统一的关系，表述或解释语言主要是表述和解释语言系统。虽然我们已经知道了语言系统的物质载体是大脑，是大脑中的神经网络，但是大脑神经网络中语言系统的许多细节我们还不知道，目前的大脑扫描设备和技术也无法让我们看到所有的细节，所以我们还需要运用科学研究常用的模式逼近法来探究、表述和解释语言系统。模式逼近法的具体实施过程包括模拟实验（详见 1.6.1 小节）、分析和综合（详见 1.6.2 小节），以及验证逼近（详见 1.6.3 小节）。

1.6.1 模拟实验法

所谓的模拟就是构建一个模式，用该模式对研究客体进行表述和解释。例如，为了表述西藏过去某一天的气象水文的动态变化，我们可以用计算机构建一组三维图像动画。整个动画涉及各地上空风的方向和速度、云量的分布和走向、温度的变化以及雨雪情况等；动画还可以生动描述各河流小溪的水量和水速等。根据气象水文变化规律，计算机模式甚至可以进一步预测今后几天内气象水文变化的轨迹。这样的气象水文模拟，既有描述已知，又有预测未知的功能。

在广义层面上，模拟就是对研究客体的表述或解释。构建理论模式，就是用某种**标记体系**（notation system）来表述或解释研究客体。对语言系统的表述或解释，就是对真实语言系统的模拟，并就此表述或解释真实语言系统。

有一点我们必须清楚，任何形式的表述或解释，即任何表述或解释语言系统的标记体系，它们都不是真实语言系统，而是表述或解释真实语言系统的模式。模式永远不可能全面和精细表述或解释真实语言系统。语言科学和其他科学一样，也是无止境的。科学论证过程中也应该获得反证。语言模式没有最合适的，只有更合适的。从生理物质基础出发，构建模式的认知过程和真实语言系统一样，也以大脑神经网络为其生理基础。生理物质本身所含的智能无法彻底解释生理物质本身。因此，无论是哪种语言理论模式，它永远无法和真实语言系统完全等同。这一现象应该是在科学预料之中。

尽管如此，模拟实验仍然有其不可低估的优越性。内在客体和客观行为之间，有时存在着不可逾越的障碍。研究者有时无法通过直接实验来表述或解释研究客体，在如此研究状况中，模拟实验法显得特别有效。例如，1952 年米勒将甲烷、氢和水汽混合，来模拟和原始地球大气基本相似的混合气体，并将该混合体置入真空玻璃仪器中对其连续施行火花放电，以模拟原始大气层的闪电。结果他仅用了八个昼夜，就在模拟混合体中获得五种构成蛋白质的氨基酸,而自然界需要几十亿年才能完成同样的转化过程。米勒的模拟实验结果,为人类生命起源研究开启了一条新的有效途径。

语言研究方面,虽然现代科学设备和技术(包括磁共振、脑磁图等)已经协助研究者间接获得了语言系统的许多生理特征,但基于这些已知特征还不足以构建一个完整的语言模式。虽然语言现象是可以直接观察到的,但语言现象和语言系统之间存在着一条不可逾越的鸿沟。语言现象是一维线性的结构;而处理如此结构的大脑神经网络是一个多维的动态系统。语言现象中可以观察到语言单位,以及由这些单位串联而成的语篇;但多维系统只有神经网络,没有所谓的有明确界线的单位。神经元、神经簇、皮层柱,它们和语言单位之间都没有一对一的对应关系。另外,多维神经网络的激活延伸路径是并行的。因此,语言现象的分析结果,只有在理论构架的约束下,才能有效服务于语言系统理论模式的构建。语言模式不仅是表述和解释语言系统的形式,而且还是构建如此形式的约束构架。语言研究就是语言模式不断调整的实验过程。

模拟实验需要首先构建一个宏观构架,而宏观构架是精细模式的基础性框架。这种宏观构架的构建本身主要是一种假设验证的过程。因此,模拟实验首先是理论驱动的。例如,基于语言系统的基本特征,我们设定的语言系统模式必须不悖于语言系统的神经可操作性,不悖于神经操作和感知运动操作的互动。

1.6.2　系统分析和综合

模式宏观架构的构建可以是理论驱动的,但模式的许多细节理论本身是无法直接提供的。神经科学为我们提供的事实证据非常有限,模式内部构造的许多信息还需要我们从分析可观察的语言现象中获取。但是,语言现象和语言系统在抽象结构上却有着不同的形态。这就需要我们在理论原则的指导下对语言现象进行分析,在理论构架的约束下将分析结果综合成系统,并写入模式。

研究方法所涉及的分析和综合是科学研究的两个极其重要的步骤,在语言学中它们的意义也不可低估。其中分析包括对语言现象和语言行为的分解,综合就是将分解所得连接构建成系统。我们知道,通过理论驱动而假设的模式,是一种比较宏观而精度低的表述形式。虽然模式的假设已经可以和神经科学研究成果有机地结合起来,由于神经科学本身的局限性,系统模式内部的许多连通关系,语言研究仍然需要通过语料驱动的方法来进一步细化。由于综合的目标是构建系统模式,系统模式是多维的,而语言现象是线性的，所以分析—综合的过程也就是从线性语言现象到多维语言系统的构建过程。既然线性语言现象的分析必须以多维的系统模式为限制构架，那么语言现象的分析必须是以系统模式作引导的分析。这样的分解称作"**系统分析**"。

从语言理解操作的角度出发，输入可以是由线性语音串或文字串构成的语篇。语言系统则将如此输入处理成概念内容。因此，输入必须系统分解为表达形式和概念内容。而且系统分解也告诉我们，语法结构和语义结构不是一对一的，它们之间有差异。理论模式同样有必要分解出两个不同的**层次**（strata）。例如：

> 经理喝**醉**了酒。
> 经理喝**完**了酒。

其中"醉"和"完"归入相同的语法范畴。但是，"醉"的是"经理"，"完"的却是"酒"，它们的语义结构是不同的。

语法和语义的系统分解不只停留在相同语法结构和不同语义结构的体现关系上，我们还发现相同或相似的概念内容可以表达为不同的语法结构。以产出操作为例。在一个心理实验中，被试被要求用动词 gave 写一句简单小句来描写一幅有关送书的简图。被试写出的小句有两个：

> John gave the book to Mary.
> John gave Mary the book.

该实验证明，这两个小句都可以用来描述相同的视觉输入，即送书简图。

根据以上讨论，有一点可以肯定：语言现象的系统分解，必须首先系统分解出表达形式的语法和概念内容的语义。例如：

> 他把球踢**进**了球门。
> 他把球踢**给**了后卫。
> 他把球踢**成**了碎片。

这些小句系统分解为相同的语法结构，其中"给""进""成"归入相同的语法范畴。

再看语义系统分解。踢事件涉及踢的动作，以及踢动作可能造成的后果。踢动作过程中，动作者（他）作用于对象（球），踢动作造成动作者所施之力和对象物体碰撞。如果所施之力大于对象的对抗阻力，那么对象物体将有变动。以上三句"踢"的例子都含相同的"踢"动作，并都表达动作对象"球"的变化。但是，各句表达的变化却不同。在系统分解中，我们可以将它们的语义结构系统分解为：

　　动作者＋动作＋对象＋终位①
　　动作者＋动作＋对象＋终属
　　动作者＋动作＋对象＋终状

根据以上表述，我们看到三句语义结构不同的只限于不同的**终**，它们分别是表示终止位置的"终位"，表示终止领有者的"终属"，以及表示终止性状的"终状"。

　　分析可以根据系统模式框架的不同需要，将小句用不同方式组合在一起进行系统分析，以便更有效地综合构建系统模式。由于模式框架有不同的组织特征，语言现象的系统分析可以是多种多样的。无论采用何种系统分析的方法，分析语言现象始终不是理论目标，而理论目标是语言系统，是通过系统模式来表述语言系统。

1.6.3　验证逼近

　　模拟逼近科学方法总体上是一种假设验证的演绎方法。它除了构建假设模式外，还必须根据语言系统的基础特征以及语言现象，对模式进行多视角的验证，并对不合理之处进行不断调整，以保证模式能够合理表述语言系统的基本特征。通过对假设模式的"验证—调整"的反复过程，模式可以逐步逼近真实语言系统。

　　对不同阶段模式的验证可以从不同角度在不同范围中进行。这些角度的设定又和语言系统的基本特征有关。如果我们研究当代语言的语言系统，那么我们首先验证现代语言系统模式的神经可行性和操作可行性，验证模式在操作过程中的社会文化特征以及思维认知特征。

　　语言系统的基本特征是多方面的，要合理表述系统的基本特征，系统模式验证的证据也必须是多方面的。我们将如此证据称作"**汇集证据**"（convergence evidence）。

　　语言系统的生理物质特征，在验证过程中需要以神经生理事实作为证据，其中包括已经通过神经科学（包括神经解剖学、大脑扫描技术、失语症研究）论证为正确的研究成果。当然，神经科学的论证是相对间接的，因此我们甚至需要从若干个不同角度去汇集证实一个问题。

---

① "＋"表示组合关系，即"＋"记号两边的成分处于组合的关系。该语义结构解读为参与者"动作者""对象""终位"和"动作"组合。

尽管神经科学的研究目前还无法直接为语言学理论提供一个理论框架，但神经可行性的验证是必须的，除非你不承认语言系统的神经物质基础的存在。语言理论表述在没有进行神经可行性验证前，都是假设性的。神经可行性验证的主要目的是证明假设的系统模式是否合理表述或解释真实语言系统，是否有效逼近真实语言系统。

除了神经科学的研究可以为语言研究提供帮助外，计算机科学的自然语言研究也可以为语言系统模式的验证提供帮助。完整的语言系统模式构建后，要验证它的可操作性并非是一件容易的事情。计算机程序却能够有效完成操作可行性的验证。

虽然神经科学、计算机科学都将对模式的构建和验证提供帮助，但是它们仍然不足以完整构建模式及其细节。某种程度上，我们仍然需要依赖语言现象，并以语言现象作为验证的根据。语言实验需要得到语言现象的帮助，语言系统模式的构建同时又是语料驱动的。其中语言系统的社会性和思维性都涉及概念知识和语言表达之间的激活互动关系，这些关系的合理与否还需要基于语言系统能否合理地输入或输出语言现象。

理论模式构建过程中，许多现有的理论模式及其观点、原则，都值得研究。任何理论原则只要通过验证和论证是合理的，应该都可以通过修整置入系统模式中。在模式构建中，研究者有时会需要对不同理论观点作出选择，这就需要研究者为了研究语言而去研究语言学，去比较不同理论表述的利弊，去扬长避短为我所用。

在模式构建中，研究者常常会遇到多种选择。在选取之前，我们需要对它们进行比较。比较涉及衡量和选取标准，其中包括科学理论表述的四大总则。它们是：系统完整性、逻辑一致性、预示性和经济性。

系统完整性主要是指理论模式必须完整表述或解释所定范围中的所有内容。因此，系统完整性就是确定范围中的穷尽性。例如，认知语言学讨论的义形相似性，有人曾套用在汉字义形关系上，并认为现代汉字义形也是相似的。根据系统完整性原则，如果理论陈述不作另外交代，那么现代汉语的所有汉字都应该符合相似性的理论陈述，所有的汉字都可以作为验证的材料。略通汉语的研究者都知道，有些汉字有一定的"相似性"（如人、山），有些则没有（如葡、萝）。验证中我们既发现了"肯定"证据，又发现了"否定"证据。根据完整性原则，以上"相似性"理论陈述需要进一步修整。实际上，任何科学实验中，研究结果对设定的研究范围而言，都应该是穷尽的，否则科学结论会缺乏完整性。如果试验者只取肯定结果，舍去否定结果，这样的验证没有科学意义。

逻辑一致性主要指理论表述方式的一致性,其中也包括表述形式。神经认知语言学定义了数量不多的几类关系符,通过关系符的不同连接方式构成关系网络,以关系网络来表述语言系统及其操作过程(详见第3章)。关系符的关系定义和操作定义,对模式中的任何部分都是一致的。它符合理论表述形式方面的逻辑一致性。

预示性主要指理论表述(或理论模式)必须有瞻前顾后的能力;理论模式既能对已经产生的现象进行表述和解释,又能预示未来同类现象。优质的理论模式,还可以预示不同类的语言现象。但是,理论模式无法预示无限未来,也无法预示近未来的一切,因为任何理论表述的预示性都有一定的局限性。例如,物理学中牛顿发现的万有引力,它的预示性就有一定的局限性。和完整性一样,理论表述的预示性也是相对的,它的预示性仅限于理论表述的对象范围之中。能够预示一切的高度概括的理论陈述可能是不存在的。

经济性主要指模式标记形式的经济性,而不是标记客体的经济性。如果表述客体范围相同,那么标记形式越简单,模式就越经济。如果模式标记形式的复杂程度相同,那么表述范围越大,模式就越经济。模式越经济,模式表述范围越大,那么模式就越有**概括性**。

有一点必须引起我们的注意,理论表述的选择标准除了四大总则外,我们还必须有针对语言基本特征的选取标准,这些标准可以称作"**基本标准**",它可以概括为:

选取不悖于语言基本特征的模式,舍去悖于语言基本特征的模式。

以上讨论的五条标准在实际运用中有固定的先后顺序。其中基本标准为先,其他四个总则为后。它们的具体排列是:基本性>系统完整性>逻辑一致性>预示性>经济性。

我们可以举例说明它们的验证顺序。例如,福康涅(Fauconnier 1985)的**概念整合**(conceptual integration)理论可以表述许多概念整合关系,其中包括语词和句子。如果只考虑经济性和概括性,概念整合理论模式比许多其他理论模式都要强,应该是选取的对象。如果语言模式需要保持一定的神经可行性,以此合理反映语言系统的基本特征,那么概念整合模式还必须通过神经可行性的验证。大脑神经网络中不可能有计算机那样的"中央处理器"(即CPU),那么概念整合模式作为一个高度概括的机制没有神经生理真实性。大脑扫描和失语症研究至今仍无法找到如此高度概括的生理机制。尽管如此模式有很高的概括性,而且显得格外经济,但在逼近真实语言的研究过程中,它却因为有悖于生理真实性而首先被舍弃。

当然,这并不表示概念整合理论没有意义。概念整合作为语言系统中的机制,它可能分散分布在概念语义的很多部分,概念整合理论只不过对分散分布的整合关系提出一个概括性的原则表述。我们可以将概念整合理论的表述视为比系统模式更抽象的表述形式。我们甚至认为任何整合关系,无论是概念语义的、语词形位的,还是句法语义的,它们都含各种多对一的逻辑关系。这种逻辑关系甚至早在层次语法中就已经出现过(Lamb 1966)。

1.7　模式的标记形式

语言系统是大脑神经网络的一部分,人们无法通过自身意识内窥其精细状态。语言研究者构建的任何语法、语言能力等等都不是语言系统本身。有人将语法和语言能力的表征称作“二阶语言”,它们包括各种实用语法,各种理论语法。这些二阶语言作为一种概念知识储存在概念系统中,并可以用自然语言表达出来。语言系统和有关语言系统知识的认知差异可以举例证明。任何英语语法的初学者都知道动词一般现在式第三人称单数要加 s。但是,学了多年英语的人,在即兴发言时,还会犯类似错误。他们之所以犯错,不是他们不懂语法,而是他们的语言系统中没有形成相应的通路,语法知识也无法帮助他们在处理语言信号时正确无误地输出表达形式。

理论模式可以说是一种二阶语言。但是,它是一种比较特殊的二阶语言。它的主要任务是表述和解释语言系统,而不是用来激活语言系统。

理论模式有各种不同的标记形式,有自然语言的,也有非自然语言的。宏观语言学研究成果表述为原则的居多,这些原则用自然语言来表述。常用的模式标记形式却是非自然语言的:生成语法用树形图,系统功能语法用关系网络系统和用语言表述的语法规则,神经认知语言学(及其前身层次语法)则用关系网络(Lamb 1966、1999;程琪龙 2002)。

由于语言系统是十分复杂的系统,要全面形式表述语言系统本身可能是难以做到的。从整体角度出发,宏观表述在语言研究过程中仍有意义。例如,格莱思(Grice 1989)在语用学中提出的会话合作原则。会话合作原则被视为是一种理解原则,是一种宏观的会话原则。

从操作可行性出发,合作原则还应该延伸出产出原则,即会话者可以根据原则来说话,使得会话更有礼貌(程琪龙 1995a)。如果将它改写为产出原则,并在形式表述中可以具体操作,那么我们还需要表述以下不同的回答形式:

问：What about my shirt?

答：The buttons are nice. / ♯Your tailor is skillful.

母语者会首选前面的回答。为什么母语者会作出如此选择？答案和这些语词之间的语义关系有关。其中 shirt(衬衣)和 buttons(纽扣)、tailor(裁缝)的不同连接关系,可以预测为什么 buttons 可以,而 tailor 却极少有人说。要区分两者的不同用法,我们需要借助更精密的概念层级组织(见图 1.1)。

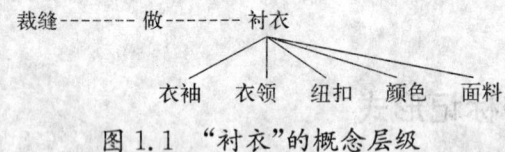

图 1.1　"衬衣"的概念层级

在"衬衣(shirt)"的层级组织中,它的直接下位概念可以是"纽扣(buttons)",也可以是"衣领""衣袖""面料"等,它们和"衬衣"之间有整体和部分的关系。但"裁缝(tailor)"不是"衬衣"的直接下位,它和"衬衣"没有整体和部分的关系。在操作时直接下位概念容易被激活,较远的非下位概念不容易被激活。基于合作原则,我们可以转写出有操作可行性的关系网络模式,并通过关系网络模式发现和解决上述会话合作原则的产出操作问题。层级组织告诉我们:衣袖、衣领、纽扣等和衬衣语义连接紧密,所以容易激活;裁缝和衬衣的语义连接较松,所以不容易激活。

　　从神经可行性的角度出发,关系网络模式就其标记形式而言,有明显的优势。作为模式的关系网络,它没有任何语言单位或规则,所有的只是各种连通关系;大脑中也没有单位或规则,所有的只是各种神经通路和连接路径。两者的共同之处是,它们都由连通关系构建而成,而且都是可以操作的。从语言系统表述一开始,关系网络标记形式就已经为自己铺平了逼近语言系统生理特征、动态特征的道路。这一点,其他标记形式望尘莫及。

　　关系网络模式的优势还显现在其验证过程中。当研究者需要对整个理论模式进行可操作性验证时,往往因为人脑本身的局限而无法完成。克服这一人类脑力局限的办法就是借助计算机的威力。但是,许多标记形式和计算程序之间有很大距离,要将它们写成计算程序并非易事。而将关系网络改写成计算程序甚至对许多非软件工程专业的研究者而言都是可能的。

　　关系网络的另一个优势是:一旦关系网络建立,它的操作就和神经网络的操作一样,可以自动进行。这样的理论模式本身已经向以神经网络为生理载体的语言系统逼近了一步。

　　可惜的是,关系网络模式的优势同时也是它的一个致命弱点。对有些人而言,读懂地图不是一件容易的事。当然,要他们读懂关系网络模式就更有难度。因此,本该是值得推崇的关系网络模式,却因其理论表述形式而被拒之门外。可喜的是,对那些不愿意花时间和精力去读懂关系网络的研究者,仍然可以用改写的公式来表述语言系统。虽然公式表述形式和关系网络仍然有一定的距离,但它至少可以在模式逼近神经操作可行性方面仍然保持一定的优势。

我们没有必要将不同标记形式完全对立起来。每一种标记形式有它自身的优势,都可以为我所用。因为人的工作记忆有限,要对宏观语言现象进行关系网络式的微观表述耗时。因此,我们可以将宏观原则表述和微观关系网络结合起来。例如,会话合作原则和关系网络的理论表述结合,既可以表述理解操作的宏观问题,又可以表述产出操作的微观问题。我们更可以在关系网络的基础上构建宏观原则,以确保宏观原则的表述合理性。

1.8 小结

总之,语言学是研究自然语言的学科。自然语言本质上是物质的。基于物质载体,语言可以分作生理载体的语言系统和物理载体的语言现象。语言就是语言系统和语言现象的集合,两者相互依存,对立统一。基于语言系统和语言现象之间的关系,语言学的理论目标是语言系统,研究对象之一是语言现象。

语言学是一种实验科学,它需要理论假设、具体验证和理论论证。为了保证理论论证有效逼近语言系统真相,语言学和其他科学论证一样可以始于科学公设。作为语言学公设的是语言系统的基本特征,它们是:动态的生理基本特征、社会基本特征和思维基本特征。

因为语言系统的许多细节研究者是无法直接观察到的,所以语言系统的研究有必要运用模式逼近法。自然语言的理论陈述,就是语言系统模式的形式表述。

任何语言系统模式都需要借助一种标记形式。这种标记形式可以是自然语言,也可以是非自然语言,更可以是逼近神经网络的关系网络。

由于表述的模式是间接的,所以它必须通过各种验证。模式验证是一种汇集验证,因为验证的对象是语言系统的各种基本特征。无论是模式验证还是理论陈述,它们都必须遵循语言科学理论表述的五大总则。

第二章

认知功能的理论取向

2.1 理论取向

语言系统是一个多维系统,它包含多个基本特征。对如此系统的研究,我们需要探究有效的理论陈述视角,取得一个合理的探究切入点,设定一个理论表述的构架。这就是我们所说的理论取向。

选取视角和切入点是为了有效达到理论目标。基于第 1 章的探究和论证,我们设定语言学理论目标是语言系统,是表述和解释语言系统,是表述语言系统的基本特征。表述语言系统的基本特征是通过理论模式进行的,而理论模式的构建则是在理论原则的指导下进行的。

任何领域的研究都有其历史延续性,都有时间沉积起来的传统。语言学理论取向的选择也不可避免地关注理论传统,力图探明传统的利弊。因此,任何有意义的研究既继承传统,又反传统。传统都是用来评判和继承的。在传统研究的基础上,研究者对具体理论观点作出取舍选择,并改造后用之。目前语言学理论的传统可以归入三种范式:形式理论取向、功能理论取向和认知理论取向。当然,它们之间有些地方的界限不是十分清晰。

基于现有的理论传统,以认知功能为理论取向的研究,能够有效逼近语言系统的基本特征。如此理论取向和认知研究的传统(详见 2.2 小节)以及功能研究的传统(详见 2.3 小节)有着密切关系。认知功能理论原则指导下的理论框架能够有效表述语言系统的生理特征(详见 2.4 小节)、社会特征(详见 2.5 小节)、思维特征(详见 2.6 小节)和动态特征(详见 2.7 小节)。

2.2 认知和语言

"认知"有明确的定义。根据《汉语大词典》的注解,"认知"就是"认识和感知"，主要是认识和感知外部世界。"认知"的英语对应词是 cognition。《美国传统词典》(*The American Heritage Dictionary*)将 cognition 定义为"获取知识的**心脑（即心智/大脑）**(mental)过程和能力"。《牛津英语词典》(*Oxford English Dictionary*)将 cognition 定义为"通过思维、经验、语义获得知识以及得到理解的心脑活动和过程"。因为语言系统的物质基础是大脑的，所以认知取向能够更好地切入研究主体，并获得上乘研究视角。

人们在通过体验外部世界和人际交流过程中获得知识，又通过知识和自身的身体能力作用于外部世界，并在和外部世界互动中验证知识的合理性，从而使有效知识上升到经验。大脑活动以及经验知识的积累，和人类在物质世界、在人类社会中的活动紧密相关。因此，"认知"更精细的定义应该是：

在和外部世界互动中获得并调用经验知识的大脑活动和过程。

认知不仅限于语言研究，它实际上是**认知科学**(cognitive science)的主要研究课题。其研究成果为语言系统的研究提供许多帮助。认知科学由三个重要学科领域组成，它们是**认知心理学**(cognitive psychology)、**认知神经科学**(cognitive neuroscience)、**认知工程学**(cognitive engineering)（相当于人工智能）。

认知心理学将"认知"定义为一组心理活动，它包括感觉、记忆、思维、判断、推理、解决问题、想象、学习、概念形成和语言使用(Sternberg 1999)。认知神经科学试图通过神经解剖学、核医学设备和电生理技术等科学手段，探究认知系统及其认知过程的神经生理基础。对神经科学而言，认知就是认知过程的神经基础。认知工程学重视的是一种信号处理的机制及其过程，而不重视处理机制的物质载体是什么。

认知功能研究所持的是一种弱式观点，强调以神经物质为生理载体的认知可以和电脑有局部相同的功能，但它们在系统和功能两个方面都存在差异。

如果将认知科学各分支的定义综合起来分析，认知可以有狭义和广义之分(Harder 1999：38—39)。如果认知也视为一种信息系统，体现为神经连通关系，那么狭义认知和广义认知首先有信息载体的不同。狭义认知主要指心脑内容和外部世界之间的意向关系，广义认知主要指作用于输入和输出之间的任何处理机制（包括人脑和电脑）。语言系统认知取向研究的最终目标应该是狭义认知，因为语言系统本身是一个神经系统。

虽然神经生理基础的研究能够给语言提供一些有效信息，但它本身无法在近期内揭示和解释语言系统的全部细节。既然认知神经科学无法全面解释语言系统的内部结构,那么我们为什么还要取认知研究倾向。其中道理实际上很简单。语言系统的最终表述必须涉及其神经生理基本特征,表述语言系统的模式至少不悖于认知神经科学已经证明了的生理事实。认知取向的研究不是完全依赖神经科学的研究成果去解释语言系统的细节,而是将神经科学的研究成果作为依据来验证构建的理论模式。从这一研究角度出发,认知取向是逼近语言系统的有效研究途径。

基于认知科学和语言学的研究传统,认知取向的语言研究不得不关注两个问题:(1)语言系统的研究重视其大脑神经网络载体,保持理论表述模式不悖于大脑神经网络的生理特征;(2)基于大脑神经网络生理特征,语言系统的研究重视概念化过程和神经认知过程。实际上,乔姆斯基(Chomsky)的形式语法(formal grammar)、兰姆(Lamb)的神经认知语言学(neurocognitive linguistics)以及莱考夫(Lakoff)等人的认知语言学(cognitive linguistics),都关注语言的大脑载体。乔姆斯基认为他的语言心智研究能够最终揭开大脑语言之谜;莱考夫认为语言的认知研究必须涉及大脑;而兰姆则直截了当地宣称,神经认知语言学的研究是一种神经科学和语言学交叉的研究。

2.3 功能和语言

功能研究没能像认知研究一样幸运,它没有形成专门的"功能科学"。尽管如此,"功能"还是受到许多学科的关注。哲学界关注"功能",并对"功能"展开了有意义的讨论。塞尔(Searle 1992)认为,科学解释只有因果链,而功能仅是解释因果链的视角,它本身没有科学意义。哈德(Harder 1999:38—39)则认为,物质和动物都遵循宇宙因果关系,但是动物出于种属繁衍的需要,对单向的因果关系增添了反馈机制。因此,动物就具备了繁衍后代、延续物种的重要功能。

如果功能起源于动物延续物种的需要,那么功能比认知早出现,在本体层级中比认知的层级更低更基本。认知的进化选择必须以功能为基础。埃德尔门(Edelman 1987)甚至认为,功能决定了认知组织,而不是认知组织决定了功能。

生物在进化过程中对功能的选择本身表现为其生理机制的功能改变。人作为一种有生命体,他的生理机制小到大脑中枢的神经元,大到各种器官,它们的生理结构必定是功能的。神经元的生理结构本身就含信号输入部件,信号计算处理部件和信号输出部件。神经元的如此生理结构使它具备了一种功能基础。如此结构本身就是一种功能结构。而其功能则是结构的功能。同理,人体各器官也有其具体功能。例如,心脏实施血液循环功能,肺有呼吸功能,胃有消化功能。

"功能"在许多学科也得到了应用,但它的含义并不完全等同于哲学思辩中所设定的含义,而是一种泛化的"功能"。泛化定义的功能实际上是一种机能或作用,它既适用于生物体,也适用于非生物物质。例如,食物的功能就是向生命体提供养分。

"功能"可以更抽象地定义为单位体之间互相作用的动态关系。神经元和脑脉冲之间存在着一种处理和被处理的关系,叫做神经元的(信号处理)功能;食物和生物之间存在着一种提供和被提供关系,叫做食物的(供养)功能;语言和社会信息之间互相作用的关系,叫做语言的社会功能;语言和思维、思想之间的互动关系,叫做语言的思维功能。

语言系统之所以成其为系统,是因为它有内部结构,并和外部其他认知系统连通。从内部关系的角度出发,语言首先是表达形式(能指)和概念内容(所指)连通的关系系统。能指和所指之间,或表达和内容之间,它们的符号关系构成语符功能(Saussure 1916;Hjelmslev 1961;程琪龙 2005a)。任何符号关系中的表达形式,都可以和概念内容互动,构成符号功能关系。由于各种符号功能关系的存在,由于各种符号表达的内容有相同部分,我们才有可能用语言来表达各种符号形式所表达的内容,才有了音乐语汇、绘画语汇、色彩语汇、舞蹈语汇等等,才可以有更广泛的概念隐喻的产生。

根据抽象的设定,"功能"可以是整体和其成分之间的关系,也可以是一个整体中不同成分之间的关系。它同时又是整体和部分,或整体中各部分之间互相作用的过程。功能既是系统的,同时又是过程的,因为系统同时又是动态的。

如果我们的出发点是文化,是包括语言和其他符号关系系统的"文化",那么在这个"文化"整体中,语言和社会,语言和实时情景,甚至语言和其他各种系统(包括常识、信念等)互相影响,互相作用。从语言系统的角度出发,这种功能关系揭示了语言外部功能的重要理论观点。

如果将语言系统作为一个整体,那么语言整体中可以有语言单位和上下文之间的语境功能关系,还可以有词汇和结构之间的功能关系以及语义和句法之间的功能关系。这些功能关系都属于内部功能关系。本书研究范围主要置于语义和句法之间的语符功能关系。

　　基于以上两个小节的讨论,认知功能的理论取向能够合理指导系统模式表述语言系统的基本特征。从认知视角出发,语言系统是以大脑为物质载体,其信号处理过程就是神经通路激活的过程,其神经连通权值变化的过程还涉及语言系统的发展和演化过程。从功能视角出发,语言系统是语符关系系统,它连通概念系统以及感知、运动、体感、情感等认知系统。这样的语符观同时也是认知的,因为它不悖于神经事实。

2.4　研究生理特征

　　语言生理特征的研究在近代语言研究中越来越受关注。心智语言的研究常常在语言认知研究中展开,其中包括生成语法、神经认知语言学和认知语言学。语言的认知研究和哲学研究一样,人们首先对心智/大脑的思辨提出了各自的不同观点。研究者往往将各自观点或归入二元论,或归入一元论。前者认为心智和大脑是对立的两个方面;后者认为它们合而为一,有些甚至认为只有大脑层面而没有心智层面。

2.4.1　心智视角

　　自 20 世纪 50 年代起,语言学越来越关注对语言和认知关系的研究。乔姆斯基(Chomsky 1957、1965、1968)在其转换生成语法中就提出,语言研究应该是心智语言的研究。乔姆斯基的学生杰肯道夫(Jackendoff 1983、1990)提出了普遍性概念语义结构的理论观点,并注重探索语言和功能心智的关系。

　　乔姆斯基及其追随者取心智层面为语言研究的视角,极力反对将社会共享的语言(相当于我们说的语言现象)作为理论目标。乔姆斯基充分论证了语言是个体的,存在于个人的心脑之中。乔姆斯基将如此语言知识称作**"内部语言"**(I-language),相当于我们所说的语言系统;而共享语言是**"外部语言"**(E-language),相当于我们所说的语言现象。乔氏(Chomsky 2000:5—6)的认知观指出,语言行为不应该作为研究目标,它们只能作为语料证据,用于验证内部机制,验证内部机制实施动作、理解经验时的操作过程。心脑(或心智)主义的语言学研究,其目标是自然世界中的真实大脑及其状态、功能,并最终和生物科学结合。

　　将语言学和生物科学等结合的过程中,普通科学简约观又是不可取的。我们需要将语言的心脑理论和其他领域的心脑理论结合起来,但是学科的统一不一定要采取科学简约的方法。在心脑的认知研究中，物理学和生物学的理论并没有领先意义。而语言学理论和化学、生物学理论一样，在心脑研究领域中有自己相对丰富的理论，并有一定的解释力。史密斯（Smith）在乔氏《语言与心智研究新视野》（*New Horizons in the Study of Language and Mind*）一书的前言中写道，虽然语言事实可以用神经科学术语来解释，但在许多案例中，能够对语言实验结果作出合理诠释的不是电子生理学理论，而是语言学理论（Chomsky 2000：F30）。

20 世纪 80 年代在莱考夫（Lakoff 1987）、兰讷克（Langacker 1987、1991a、1991b）、陶弥（Talmy 1983、1988）和福康涅（Fauconnier 1985）的极力倡导和推动下，认知语言学崛起并锤炼了一支人数可观的研究队伍，在理论上形成了认知语言学范式，各种研究成果相继问世。他们在语言认知的研究中都关注语言和认知的关系。

认知语言学的创始人莱考夫基于**经验现实主义**（experiential realism）哲学，提倡**涉身心智**（embodied mind）的理论观点，强调概括性认知功能对语言系统形成的作用。就莱考夫而言，涉身心智落实在大脑神经基础上。认知语言学强调大脑的感知、运动系统在人类形成概念范畴的重要作用，并宣称语言思维和身体部位之间存在着一定的关系（Lakoff & Johnson 1980、1999）。总之，经验现实主义提倡的涉身心智就是涉及大脑和身体部位的心智，就是和感知、运动互动的心智。和乔姆斯基的生成语法相比，认知语言学已经向语言系统的神经生理基础迈出了一大步。但和神经认知语言学相比，它对神经生理基本特征的研究只是在符号层上展开，并没有在神经网络层面上展开。尽管如此，从宏观的角度出发，认知语言学还是为神经可行性系统模式的构建提供了许多重要信息。

2.4.2 大脑视角

就语言系统和语言现象的关系而言，神经认知语言学和生成语法有相同之处，两者都关注语言系统。兰姆将只看到语言现象，而看不到大脑语言系统的语言学理论观点，戏称为"**透明幻觉**"（transparency illusion）。在透明幻觉中，语言系统被忽略为"透明"体，而语言现象却成了理论目标（Lamb 1999）。虽然兰姆和乔姆斯基一样，都认为语言是大脑的，但他们的理论目标不同。乔姆斯基关注语言能力的天生性，专攻语言的天生习得机制，并在心智层面上展开语言研究和理论表述；兰姆关注语言理论模式的神经可行性，重视语言习得神经发展过程，专攻语言系统和大脑神经网络之间的关系。乔姆斯基的研究视角是心智的，并认为他的心智视角可以有效揭示大脑语言的特征;兰姆的研究视角是大脑的,他力图在语言学和神经科学之间架起一座桥梁。

2.4.3 心脑之争

大脑和心智之争一直困惑着哲学、认知科学和语言学,同时也推动了语言学的发展。在认知科学中大脑和心智曾有一比。人们将大脑比作电脑硬件,将心智比作电脑软件。正像塞尔(Searle 1992)所说,这样的类比至少有三个缺陷:(1)电脑软件由人编写,但心智内容却无法由人来编写;(2)电脑硬件的主要核心是中央处理器(即 CPU),但大脑没有万能的处理机制;(3)软件和硬件是可分开的两个实体,软件可以装在任何硬件中运行,而心智和大脑是不可分开的。

还有一种观点认为,大脑的研究主要是对神经元及其网络结构的研究,是大脑结构的研究;而心智的研究主要是对大脑功能的研究。由此推导,心智语言的研究是大脑功能方面语言系统的研究,大脑语言的研究是神经结构中语言系统的研究(见图 2.1)。

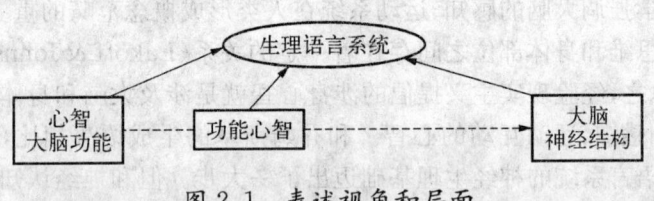

图 2.1 表述视角和层面

到 21 世纪的今天,神经科学在大脑研究方面已经有了长足发展,并积累了许多成果。乔姆斯基在心智语言研究中对语言神经生理基础的关注程度已经难以面对神经科学取得的丰富成果。为此,杰肯道夫(Jackendoff 2002:27—28)在心智和大脑两种研究视角的中间,取一个形而上的(metaphysical)角度。他将如此心智称作**功能心智**(f-mind)(见图 2.1)。杰肯道夫认为,语言功能心智的研究将语言系统视为功能心智的系统。功能心智的语言研究除了关注功能心智外,比以前的形式语法更关注神经生理基础。

功能和结构的对立在心理哲学传统中也得到研究者的关注。但是,根据神经科学的研究成果,无论是神经元还是神经网络,它们的结构都是功能的结构。神经网络作为语言系统的动态物质基础,它必须是可以操作的。语言系统的操作过程显现了语言系统和语言现象之间的重要关系。因此,有必要也有可能设定一个功能结构的研究视角或层面。在语言系统的研究中,构建的模式既表述语言系统的内部认知结构,同时也具备该认知结构的操作可行性。

哲学传统一般提倡二元论,认为心智脱离大脑。这样的哲学观点在20世纪前半叶之前占统治地位。兰姆从70年代起就主张语言系统存在于大脑中,心智作为一种理论术语,它连确切的学术定义都没有。兰姆(Lamb 1999)重视与生俱来的感知运动皮层初级区的白质,重视白质形成的顺序,重视白质形成在大脑成熟中的标志作用(详见第3章)。

为了使语言学论证更加有条不紊,有必要将大脑和心智之间的关系在两个不同层面上作出定位:一个是在物质载体层面上定位大脑和心智;一个是在理论表述层面上定位大脑和心智。在物质载体层面上,我们将它们视为两个不同的物质本体,视为理论框架表述的物质对象。在理论表述层面上两者可以视为展开研究的两个不同角度,甚至视为研究大脑的两个不同层面和对大脑表述的两个不同平台。

大脑是个生命物质,这是不争的事实。任何研究者却无法证实心智是大脑之外的另一个物质实体。如果二元论将大脑和心智作为两个不同的物质实体,那么这样的二元论肯定是错的。我想没有人会持这种二元论。

大脑是实际存在的,也是可以观察到的,科学也已经为人类解开了许多谜团。和表述语言系统一样,研究者理论表述的大脑,仍然是人类认知的产物,而不是大脑本身。用我们的术语陈述,那就是我们所说的大脑实际上是表述大脑的一种理论模式。大脑的本体存在不以人的意识为基础。但是,对大脑的表述我们需要依靠大脑以外的一个大脑模式,这个大脑模式的构建需要一个特定的认识视角。因此,研究者所说的大脑实际上是一个大脑模式,并用大脑模式来表述大脑。

研究大脑我们可以有许多不同的视角。通过不同视角我们可以构建不同的模式。我们可以从神经元的功能结构出发,构建神经网络的结构与功能;我们还可以用更抽象的方法演绎大脑的宏观功能。前者就是一种和神经功能结构比较接近的视角,取这种视角的研究可以称作"大脑研究";后者虽然也可以宣称是研究大脑,但它假设的因素毕竟多了些,取这种视角的研究可以称作"心智研究"。如果二元论是一种理论视角或表述平台的问题,那么我们需要讨论和论证的是大脑神经视角和心智视角在何时哪种更合理有效,而不是大脑和心智是否存在。

基于以上论证,有一点是可以确定的,那就是大脑和心智的差异不是本体物质的差异,而只能是研究视角的差异。如果它们是两种不同的视角及其产生的模式,那么在模式验证中,合理的心智实验结果和合理的大脑神经实验结果不仅不应该互相排斥，而且都可以作为模式汇集论证的有力证据。如果心智实验结果和大脑神经实验结果不同，我们会倾向于取后者作为验证的证据，因为大脑是物质存在的。

当然，语言的生理基础研究不仅限于心脑哲学思辨。神经科学研究、失语症研究为语言生理基础的研究提供了大量信息。我们构建的理论模式必须不悖于已证明了的神经事实。

2.5　研究社会特征

语言系统的社会特征表现为系统可以产出和理解作为社会共享的语言现象。语言系统的可操作性本身就表明语言系统具有一定的社会共性。语言系统在人际交流中的作用并不只是语言系统本身，至少它还涉及语言交际中话语者所要显示的人际社会关系。系统功能语法在语言人际功能方面的研究有其非常独到之处。根据韩礼德(Halliday 1994)的研究，语言的人际功能可以用以下五个参数构建成一个人际功能矩阵(见表2.1)。

表2.1　人际功能

	物　　质	服　　务	信　　息
给　予	送你一本书。	我来替你写。	书里没夹钱。
索　求	给我那本书。	替我写封信。	书里夹钱没有？

无论是哪种人际功能，它可以在不同社会关系的话语者中体现为不同的语言表达。如果甲想要乙为他开窗，因为他觉得室内有些热，他可以有以下不同的选择，以表示礼貌程度的不同：

把窗子打开。

请您把窗户打开。

您能不能将窗打开？

如果开开窗房间里会凉快许多。

房间里好热啊。

虽然以上小句都含索求服务的人际功能，但它们的语言表达是不同的。这些不同的语言表达表示了礼貌程度的不同。而不同礼貌程度的选择又取决于发话者想要保持的社会距离。选择的一般原则是社会距离和礼貌程度成反比。会话者越亲近,礼貌程度越低;反之,礼貌程度就越高。

虽然语言系统的社会基本特征表现为人际功能,但它并不表明语言学旨在研究不同个体共享的语言现象。如果语言系统是可以操作的系统,系统的操作过程涉及两个和多个人,那么所有人可以在交流中产出互相理解的语言现象。而不同个体人能够理解语言现象本身就表明他们的语言系统具有一定的共性。这种个体的共性就是语言系统的社会基本特征。

语言系统的社会特征和生理特征有着无法割断的联系。认知语言学重视涉身心智的感知运动基础,神经认知语言学关注白质成熟顺序中感知、运动、体感三者初级皮层区位的与生俱来的天赋特征。认知语言学在**意象图式**(image schema)的研究中注意到**原终**(Source-Path-Goal)图式存在于感知和运动综合区位中(Dodge & Lakoff 2005)。神经科学的实验发现,动作的感知过程(如,视觉过程)和动作的实施过程都激励运动系统(如,视觉运动神经元)(di Pellegrino et al. 1992;Gallese et al. 1996;Rizzolati et al. 1996)。兰姆在 2007 年讨论到"**镜像神经元**"(mirror neuron)时指出,感知区和运动区是连通的,但不是通过"镜像神经元",因为它并不实际存在。他还明确指出,视觉感知区和运动皮层的连通神经机制主要是**超级纵向神经(轴突)纤维束**(superior longitudinal fasciculus)。

感知区位和运动区位在神经过程中的互动本身已经明确表明认知系统的社会功能。人们通过运动皮层司令具体动作,也可以通过感知区位感知具体动作,两者所调用的神经机制是相同的。由于神经结构的存在是因为其功能的存在,所以共享的图式本身表明人类不仅能够自主地作用于外部世界,也可以理解他人做出的相同动作。如此图式神经机制的形成和人际交流有着密切的关系。基于认知系统的社会功能存在,我们可以说语言系统的生理基本特征和社会基本特征之间确实存在相互依存的关系。从生理基本特征的角度出发,认知系统一开始就具有社会交际生理潜能。

2.6　研究思维特征

思维是发现问题、认识问题和解决问题的过程。《汉语大词典》则更精确地将"思维"定义为"在表象、概念的基础上进行分析、综合、判断、推理等认知活动的过程。思维是人类特有的一种精神活动,是从社会实践中产生的"。当然,从人类自然属性的角度出发,思维的主要过程是发生在大脑神经网络中的,是神经网络激活操作并传递脑脉冲信号的过程。大多数信号的传递是在连通权值比较高的神经通路上进行的。如果将两者综合起来，那么思维的定义可以修改为：

人们在社会实践中，在发现问题、认识问题和解决问题的过程中，并基于表象和概念来实施分析、综合、判断、推理以及获得新知识、积累新经验的神经认知过程。

如果人类思维需要以表象、概念和经验作为基础，那么作为思维基础的概念等又是如何为人类所获得？又如何为人类所调用？它们的获得和运用又如何在大脑神经网络中发生？这些神经认知过程和语言系统又有什么关系？

大脑解剖学和神经科学的研究已经对大脑皮层功能区有了进一步的认识。皮层有感知、运动和体感功能区域。各感知运动区域又可以细分为初级区（primary area）、次级区（secondary area）和综合区（heteromodal association area），连通感知区域和运动区域的还有超级（感知运动）区（supramodal area）(Benson & Ardila 1995；Lamb 1999；304)（见图 2.2）。其中综合区有前脑的，还有后脑的。前脑综合区综合各运动系统的信号，后脑综合区综合各感知系统的信号。无论是前脑综合区还是后脑综合区，它们都和语言系统连接。前脑综合区主要和语言产出区邻接，后脑综合区则主要和语言理解区邻接。两个综合区连接一个超级综合区（supramodal area），后者的功能是综合两个综合区的信号，司令各种计划和决策。

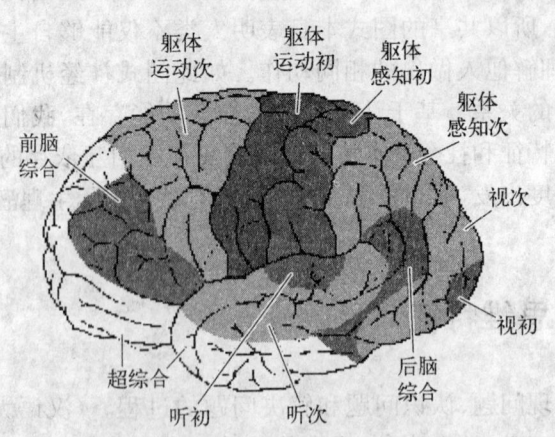

图 2.2　左脑功能区(Lamb 1999)

从白质形成的过程出发，从各初级区域到超级综合区域的顺序可以表述如下：

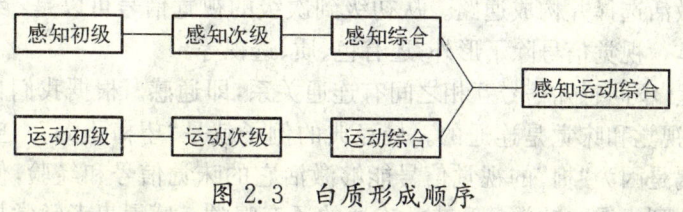

图 2.3 白质形成顺序

抽象概念则由感知运动综合延伸而成。

虽然不同的研究者对次级区的功能可能有不同的陈述,但是有一点各研究者是一致的,即感知、运动神经认知系统既有处理单一信号的皮层区位,又有处理各种综合信号的皮层区位。信号的综合既发生在相同的感知(如视觉感知)系统中,或相同的运动(如手)系统中,也可以发生在不同的感知(如嗅觉和味觉)系统中,或不同的运动(如手和脚)系统中,甚至还可以发生在感知和运动(如视觉和手)的综合系统中。

感知运动皮层参与思维过程,参与人类认知世界和解决问题的神经认知过程。思维应该包括感知信号和运动信号。这些信号自然不同于抽象概念,但却和抽象概念关联。为了便于讨论,我们将感知信号(即感知初概念)简称为"**感念**",将运动信号(即运动初概念)简称为"**动念**"。

当然,要进行抽象思维,仅用感念和动念是远远不够的,人脑还需要构建更抽象的概念。白质形成的顺序告诉我们,感知运动系统的初级区域的白质是与生俱来的,其他区域则按上述白质形成顺序逐步形成(Lamb 1999)。认知语言学也认为,高层次的认知系统来源于低层次的感知运动系统。两种观点实际上是一致的。

思维是大脑的主要功能之一,有人甚至认为大脑是思维的器官。思维和语言一样,它的物质载体也是大脑。如果我们将思维和语言的皮层区位分开,那么思维载体的核心部分可以称作"概念系统"。如果思维的潜在系统是概念系统,那么思维过程主要是概念系统的操作过程,而感知、运动、体感等系统可以视为概念系统的边缘部分。同理,感念和动念是概念系统边缘的初概念。

无论是感知系统还是运动系统,它们都可以进一步细分出各种皮层区位不同的子系统。感知可以分出视觉、听觉、味觉、嗅觉、触觉,它们有各自的感知器官以及和感知器官连通的神经通路,也有各自的皮层功能区位。无论是哪种感知,它们的皮层区位都可以表述为由三个层级功能区位连接而成的层级组织。三个层级包括初级区、次级区和综合区。感知信号的处理按层级进行。以视觉感知为例。初级区处理最初步最简单的视觉信号,并逐步激活选择并构成通路。从初级到次级的视觉信号可以是：线—角—面—立体。视觉信号除了形外，还有色、质、透视等。

当然，不同感知信号互相之间有连通关系，即**通感**。根据我们日常生活的经验，视觉和味觉是连通的。最经典的例子就是"望梅止渴"。望梅之所以能止渴是因为"梅"的视觉信号能够激活它的味觉信号和经验，使之产生口水而达到止渴之功效。和味觉连通的还有嗅觉。感冒患者常常抱怨吃什么都无味。实际上，出问题的不是患者的味觉，而是患者的嗅觉。他闻不到食品的特有香味，使他觉得食品没有原有的味道。甚至有些方言嗅觉和味觉的语词表达合而为一。上海方言将闻到的和尝到的都叫"味道"。上海人可以说扬州干丝的"味道"不错，也可以说法国香水 Channel 的"味道"不错。这些不同感知通路输入的信号，它们综合的皮层区位称作"**感知综合区**"。

运动皮层自然也有类似的运动综合区。例如，一个游泳运动员在游自由泳时，需要脚、腿、腰、手臂、手以及头的协调动作。这些动作的配合，需要在运动综合区中处理完成。

大脑除了能够综合各感知信号或综合各运动信号，它还能够综合感知和运动信号。本家小女刚会站立时就特别喜欢玩"将钥匙插入锁孔"的"游戏"。实际上，这一个看似简单的动作却需要手和眼的配合。大脑获得的视觉信号必须和运动信号协作，才能完成这个简单游戏。感知信号和运动信号的协作本身证明了大脑必须存在处理相互协作的感知运动综合区，即超级综合区。

思维和语言有千丝万缕的关系，这些关系可以从操作和发展两个视角去研究和表述。在操作过程中，思维的概念过程可以激活语言系统，或者在思维过程中语言系统也同时激活。例如，人们可以一边想问题一边将想的过程用语言表述出来。当然，有证据表明，思维过程可以不激活语言系统（程琪龙 2001a）。

从大脑成熟的视角出发，初概念先于语言系统。感知、运动和体感初级区域的白质是与生俱来的，而语言系统的各区域白质的出现却比较滞后。许多儿童发展心理学的探究表明，作为思维基础的概念系统伴随着语言系统的发展而发展。神经科学的实验告诉我们，任何同时加工脑脉冲信号的不同连接区域是连通的。因此，概念系统和语言系统有相似之处，两者互相连通。作为思维基础的感念、动念和抽象概念，它们的内部构造和语言系统的内部构造有许多相似之处。

有关语言和思维关系的研究，认知语言学取得了很大的理论进展。认知语言学的创始人甚至提出和论证了新的**经验现实主义**（experiential realism)的哲学观(也称 embodied realism 或 new experientialism)。

认知语言学独特的经验现实主义哲学观,对哲学研究的贡献是瞩目的。莱考夫和约翰逊(Lakoff & Johnson 1999)认为,他们的思维观是对传统哲学的反叛,是对传统哲学指导下认知科学的反叛。他们认为,在传统哲学的大学术范围中,语言学受西方分析哲学的统领;而经验现实主义哲学思想,则产生于语言实证研究,经验现实主义的哲学受语言学研究的推动和统领,它的主要哲学观点受语言研究的证实。

经验现实主义哲学是关于**思维**(reason)和心智的哲学。它提倡并论证的最主要、最基本的理论观点包括:无意识思维观、涉身心智观、隐喻思维观。这三个主导哲学观点和传统哲学的有意识思维观、独立心智观、直义思维观对立。

(1) 无意识思维观认为:思维是无意识的,而不是像传统哲学一直认为的那样是有意识的。来自语言研究的证据证明思维确实可以是无意识的。这样的语言证据包括**原隐喻**(primary metaphor)、**框架**(frame)、**格式塔图式**(gestalt schema)、**基本范畴**(basic category)等各种**认知模块**(cognitive model)。它们的存在是必须的。没有它们的存在,许多语言现象无法理解或产出,思维也无法正常进行。一般人使用语言时不会意识到它们的存在。因此,就语言操作过程而言,它们是无意识的。但是,这些无意识框架在认知过程中却起了非常重要的作用。通过语言学家的努力,它们又都成为意识所能及的。例如:

John bought a pen.

要理解这样的小句,受话者需要一个买卖框架(Fillmore 1982;程琪龙 2003)。

莱考夫更关注隐喻,并认为隐喻化是无意识的。例如,逻辑推理的机制有些基于方位概念,是方位概念的概念隐喻化延伸(Lakoff & Johnson 1980)。这样的隐喻化过程是无法意识到的。

(2) 经验现实主义哲学的另一个重要观点是涉身心智观。哲学传统一般将心智视为**超常**(transcendent)心智,它和大脑对立。经验现实主义哲学则认为:心智落实在大脑上,落实在大脑的感知、运动认知系统上,并涉及身体结构和功能。同理,无意识思维落实在大脑感知、运动认知能力和身体结构功能上。由于心智主要是感知运动的心智,思维是基于感知运动的涉身思维,那么语言系统等高层次认知系统源于低层次的感知运动系统。因为动物也有感知运动系统,所以语言很可能是进化而来的,不是基因突变而来的。

心智的基础是大脑，是大脑神经网络，这一观点应该已经没有疑义了。目前的脑扫描设备和技术已经让语言学研究者看到了正常人在无损伤状态下的认知粗略过程。失语症从语言行为的角度证明，语言认知和大脑功能有对应关系。认知语言学进一步认为，心智落实在大脑感知、运动认知系统，甚至认为思维就是感知、运动的认知过程。认知语言学的这一观点和认知心理学的观点保持一致。当然，除了感知运动系统外，思维的基础还包括从感知、运动系统延伸而形成的抽象概念系统。该系统应该包括认知语言学所说的通过隐喻过程而获得的概念及其结构。

（3）隐喻观认为隐喻主要是概念隐喻，概念隐喻是活的，有创新能力，思维基本上是概念隐喻的。概念隐喻中有些是原隐喻，所有其他的复合隐喻都由原隐喻组成（Grady 1997）。每一个原隐喻有一个最小结构，它来自日常经验。原隐喻的形成是自动无意识的，是两个域的重合。

隐喻的重合是主观经验和感知运动认知的重合。经验现实主义认为，原隐喻有三个落实基础：（1）原隐喻基于涉身经验，该经验基于感知运动经验和主观经验重合；（2）原域逻辑由感知运动系统推导而得；（3）它们具体实现为神经连接的轴突权值。这三个落实基础本身表明，原隐喻也是涉身经验，因为原隐喻也落实在感知运动系统之上，落实在感知运动经历外部世界的经验之上，并实现为神经连接的权值。当然，原隐喻同时也是无意识的，它组成复合隐喻的过程也是无意识的。但是，这些无意识隐喻又都可以通过间接推导获得。

2.7 研究动态特征

第1章论证了语言系统的动态生理特征。而研究语言动态性生理特征的主要是语言的认知研究。语言系统的动态性以神经操作过程为物质基础。语言系统的发展和演化都在系统的操作过程中发生。为此，本小节从认知功能的角度出发，讨论系统模式的操作可行性和发展可行性的一些关键问题。

2.7.1 操作可行性

语言系统动态性的基础是语言系统的神经操作。合理的系统模式必须通过操作可行性的验证。由于不同的语言学学派的理论目标不同，对语言运用的看法也不相同,它们大致可以分出两个对立的观点:一种观点认为语言运用无需作为语言研究的目标;另一种观点则认为语言学必须研究语言运用。形式语法基本上持第一种观点,功能语法和认知语法则持第二种观点。

乔姆斯基(Chomsky 1957)将语言能力从语言运用独立出来的理由是,语言运用会涉及许多和语言能力无关的因素,如口误、记忆的局限等。

从语言系统和语言现象之间的关系出发,语言系统的操作可以是常规性无误操作,也可以是非常规性有误操作(如各种口误)。无论是常规操作,还是非常规操作,它们都是语言系统的操作。戴尔和雷切(Dell & Reich 1980)甚至基于关系网络,通过计算程序,成功模拟了系统的口误操作,其产生的口误现象竟和自然语言的口误现象有惊人的相似性。

当然,我们有必要将常规操作和非常规操作分开,将常规操作过程视为语言系统正常的操作过程。基于语言系统和(正常)操作过程之间的关系,模式应该有能力表述具备操作能力的语言系统。

乔姆斯基将语言能力理论和语言运用理论分开的另一个重要原因是语言运用包括产出和理解,它们所基于的语言知识是相同的。产出和理解都在语言系统中进行。但是,两者的神经通路是不同的,而不同的通路之间又有连通路径。如果我们要抽象表述它们的过程,那么它们可以视为相同机制的不同方向的操作过程。用抽象模式表述语言系统的操作过程,并不意味着允许模式有悖于语言系统的认知操作。恰当的抽象模式应该可以在不改变主要内部连通关系的情况下,改写成精细模式(程琪龙 2006)。

乔姆斯基的学生杰肯道夫认为,乔姆斯基从未认为语言运用理论不重要。反之,形式语法通过运用理论的研究取得了不少成果(Jackendoff 2002)。乔姆斯基在他的理论论证中,将能力理论和运用理论区分开来,这样做是为了有效推翻行为主义理论。当然,这样做乔姆斯基是付出了重大代价的。杰肯道夫坚持能力理论必须和运用理论结合;他比较委婉地指出,没有运用理论的结合,能力理论没有心理真实性(Jackendoff 2002:34—35)。

各理论是否要关注语言系统的操作可行性(即语言运用),这是出于各理论自身理论导向和理论特色的需要。但是,要表述和解释语言系统,理论模式必须通过操作可行性的验证。没有通过操作可行性验证的理论模式,在逼近语言系统真相的研究进程中是欠缺的。

事实上,成熟的理论模式都是可以"操作"的,都可以按照自身的结构和理论观点实施操作。但是,我们所说的操作不仅如此,它同时必须有神经可行性。如果我们表述的是语言系统,那么其模式的操作过程至少不悖于神经可行性和操作可行性。

　　系统模式的神经操作验证中还必须注意有关**智能鬼**（homunculus）的问题。在这方面认知科学走在了语言学的前面。认知科学一般认为，认知过程是自主的过程。认知操作过程中没有智能鬼来实施选择、匹配等过程，认知过程都是按一定的生化规则自动进行的。任何含智能鬼的理论表述，因无法恰当表述系统生理物质动态性的基本特征，而缺乏真正意义的认知操作。当然，语言学研究领域中有些理论模式已经捉走了智能鬼。这样的理论模式有神经认知语言学的关系网络模式，还有杰肯道夫的平行模式。

　　连通主义的计算模式也有一定的神经可行性。但是，有些连通主义模式的网络组织缺乏神经可行性（程琪龙 2002）。如果从心理功能主义的角度出发，只要连通关系网络能操作，并完成语言处理的任务，那么它应该视为合理的认知模式。但是，这样的关系网络模式要全面表述和解释语言系统会遇到困难。也许认知科学应该更强调其计算模式的神经可行性，增强其人脑神经事实的仿真程度，因为经过成千上万年的进化后，大脑神经网络已经发展成为极其高效全面的计算处理系统。

　　在神经可行性表述方面，做得最有特色的要数神经认知语言学，因为它的关系网络模式本身和神经网络有许多相似之处。神经认知语言学的创始人兰姆（Lamb 1999）在这方面做了大量的论证工作，他试图证明关系网络的**基本关系符**（node）以及由基本关系符构建而成的**连元**（nection）有神经操作可行性（详见第 3 章）。

2.7.2　发展可行性

　　系统模式的发展可行性也是构建和验证的一个重要部分。所谓的发展就是从初生婴儿大脑神经状态到成熟系统（即所谓的稳定神经状态）的过程。不同理论对语言系统的发展过程持不同观点。就此，目前国外各理论学派大致可以归入两大阵营：一个是追随理性主义的天赋论；一个是追随经验主义的白板论。形式主义语言学属于前者，功能主义语言学倾向于后者。认知语言学承认人类认知能力天生机制的存在，并认为某些天生机制甚至导致人类语言能力的产生。但是，认知语言学研究的重点不是认知能力的天生性，而是揭示认知能力在语言中的作用（Croft & Cruse 2004：2—3）。认知语言学缄口不谈语言能力是如何从与生俱来的认知能力中获得的。

　　理性主义（rationalism）受 17 世纪理性主义哲学的影响，而**经验主义**（empiricism）则受 17 世纪自然主义科学的影响，两者采取了截然不同的立场。理性主义认为，习得机制是心智中与生俱来的观念和原则，这些天生观念和原则非常严格地决定了所习得知识的组织形式。而经验主义则认为习得机制仅限于一些边缘的基本处理机制和归纳原则（即语料分析处理的基本机制），人们通过归纳原则习得概念和知识。

乔姆斯基站在理性主义的立场，认定语言习得是两种因素互动的结果，这两种因素就是语言知识的初始状态（即语言习得机制）和经验。在乔氏理性主义中，习得机制将经验视为输入，并输出语言。人们通过对经验过程的研究，通过对所习得语言特征的研究可以得知，初始状态如何在经验和语言特征中起调节作用。乔姆斯基（Chomsky 2000：8）进一步认为，语言能力的初始状态仿佛是一种固定的网络，它连接一个多向开关。网络由一组语言原则构成，开关相当于选择，选择哪一种具体语言由经验确定。换言之，语言原则和哪种具体语言开启连通，由经验来决定。当然，乔姆斯基所说的天生语言能力主要是指句法。

杰肯道夫（Jackendoff 2002）也承认天生机制的存在，但他所提倡的天生机制不仅限于句法，还必须包括语义。他甚至认为，语义天生机制比句法的更重要，没有前者就不可能有后者。

天赋论认为，人类的语言行为和他们的性行为、行走等行为一样，由生物程序决定。这些生物程序就是生物体按事先编制的程序发展。没有这样的生物程序，相关的行为是不可能出现的。人类有天赋的语言能力，所以人类有语言；动物没有如此天赋能力，所以它们不可能学会人类语言。由于有了如此的天生语言能力，儿童才可以在很短的时间内，在外部输入非常有限的情况下，快速习得语言。

如果人生来就有语言习得机制存在，那么它是否和神经通路有关呢？神经通路包括灰质的短距神经连接和白质的长距神经连接。但是，初生婴儿的大脑只有感知、运动和体感初级功能区域有白质；语言各功能区（如布洛卡区和威尼克区）没有白质。它们是否有高权值的灰质连接，答案很可能也是否定的。根据儿童语言习得过程中的语言行为，语言功能区高权值通路存在的可能性很小（程琪龙 2001a）。

人脑和动物脑有很大的区别，这点是毋庸置疑的。动物之所以没有语言系统也和它的大脑有关。如果初生大脑没有连通的语言系统，那么为什么人可以习得语言，动物却不能呢？这个问题的回答可以是各种各样的。首先，人脑比动物脑发达，除了人体和大脑的比例不同外，更重要的是人脑皮层有六层，而最高级的动物，它的大脑皮层只有三层。它们皮层的厚度和层次数不同，神经元类型和连接方式也有不同，这就是人和动物天生机制的本质差异。

　　基于神经科学、大脑解剖学等的研究成果，我们认为语言功能区在初生大脑中没有形成，但大脑神经机制却有形成语言系统功能区的生理基础。如果初生婴儿语言功能区没有形成，那么为什么（除了部分左利手外）成人语言功能区皮层位置大致相同呢？原因很简单，所有地球人的感知器官、运动器官以及它们的初级功能区位相同，体感初级功能区也基本相同，它们的白质甚至是与生俱来的。如果这些功能区位相同，那么由感知、运动信号连通的语言系统，它的功能区位相同的可能性就很大了。由于左利手常激活的是右脑，和右利手不同，所以很有可能左利手的语言功能区位不同。这本身也证明了语言系统的形成，始于感知、运动系统的操作延伸。

　　布洛卡病例本身也说明语言系统是连通发展而得的。患者布洛卡从小布洛卡区受损，言语困难。后来坏损神经区割除后他的言语能力却有了明显的提高。根据连通发展的生理原则，布洛卡区受损，那么儿童的布洛卡区四周会自动形成一些处理语言的通路。由于病变的布洛卡区也在起作用，所以操作不正常，导致语言输出不正常。当病变的布洛卡区被取走后，布洛卡区四周的皮层可以正常处理语言信号，所以病人言语能力有了很大的提高。

　　作为支持天赋论的另外一个证据是儿童具有语言的创新能力，他可以输出从来没有听到过的句子。但是，输出从来没有听到过的句子本身并不能证实这种"创新"能力一定源于天赋的语言能力。语言乃至思维的"创新"能力是神经网络在不同状态和输入时，所激活的不同连通路径。

　　基于有限神经生理研究成果，认知功能模式提倡天赋机制和后天发展经验对立统一的语言观。认知功能模式认为，大脑天生机制包括大脑连接权值很小的神经元以及天生成熟的感知、运动、体感初级功能区的白质。语言系统的形成和发展是：海量小权值连接关系，在感知、运动、体感功能区传来的脑脉冲激活的作用下，逐步形成连通神经网络系统的过程。

2.8　认知功能原则

　　为了达到既定理论目标，有效逼近语言系统真相，认知功能取向的语言系统理论表述，有必要遵循以下五大认知功能理论原则。

　　（1）**神经认知原则**：语言系统是个神经认知系统。语言系统的探究视角和理论表述层面可以有心智和大脑之别，但理论模式必须不悖于神经认知事实。

　　（2）**认知操作原则**：语言系统是可自动操作的神经认知系统，而不是脱离语言运用的"能力"。系统模式必须不悖于语言系统的操作可行性。系统模式的操作同时还包括不同操作个体的社会因素。

（3）**语符关系原则**：基于神经认知原则和认知操作原则，模式必须合理表述概念内容和语言表达之间的语符关系。理论模式是个概念内容和语言表达连接而成的模式，不是句法自主的理论模式。认知功能模式中组合结构的语符关系不是完全任意的，大多数有概念语义理据，也有词汇语法理据。基于概念内容和语言表达之间的特殊体现关系，语言系统的研究范围应该是语篇。小句的研究也必须考虑其在语篇中的语符关系。

（4）**连通发展原则**：系统模式必须能够不悖于语言系统发展轨迹。语言系统始于已经形成通路的感知、运动和体感的初级功能区，并在外部输入信号的作用下，激活连通其他低权值（连而不通）连接路径，并不断延伸神经通路。连通发展的过程是从低权值连接到专门连通的延伸发展过程。

（5）**概念语义原则**：概念语义原则也称**双连通原则**。语符关系中的概念语义必须既连通感知、运动和体感的神经认知系统，又连通语言表达。在认知功能模式中，连通感知、运动、体感的是概念内容，连通语言表达的是语言语义。

2.9　概念语义

认知语言学、功能语言学和形式语言学最瞩目的差别是，认知语言学、功能语言学将更多的内容推入语义系统中表述，形式语言学则将更多的内容挤入句法系统中表述。认知功能取向的理论模式关注概念语义，关注概念语义和语法的体现关系。

首先，认知功能模式和认知语言学一样，认为语义不可能是客观世界中的语义真相。我们同时还坚持认为，概念语义也不是客观世界真相的真实映射，而是外部世界输入信号激活内部神经通路，并不断修整其连通权值的过程和结果。如果将外部世界输入信号视为"客观"因素，将神经通路视为"主观"因素，那么概念及其构成的框架是主客观的互动和融合的产物，也是感知和运动通过语言系统互动的结果。当然，如此定义的"主观"因素本身也是客观物质。

根据语符关系原则，系统模式是一个语符关系系统，它由**概念语义**（conceptual semantics）和**语言表达**（linguistic expression）连接构成（Saussure 1916；Hjelmslev 1961；程琪龙 2005b）。认知功能模式还进一步认为，概念语义既和感知运动系统连通，又和语言表达连通。它既有独立性，又和其他认知系统关联。我们将如此概念语义系统称作**"半自主系统"**

（semi-autonomous system）。

认知语言学探究的语义是百科语义，是概念语义，而不是单纯的语言学语义或句法语义。杰肯道夫（Jackendoff 1990）的语义学研究也提出了相似的观点。在认知语法的研究中，兰讷克进一步将语符关系称作概念内容和识解构式（construal）之间的关系，并指出相同的概念内容可以**识解**（construe）为不同的结构。

认知功能模式也将语义研究定位在概念语义的范围中。这样做的原因有两个：（1）句法语义或语言语义无法系统表述小句语法和语义之间的许多体现关系（程琪龙 2006）；（2）句法语义或语言语义无法直接和感知运动系统连通。

认知语言学的另一个重要观点是语言以感知运动为其**落实基础**（grounding）。他们的这一观点和神经认知语言学观察到的大脑白质初始状态不谋而合，具有很强的互补性。认知功能取向的连通发展原则和概念语义原则支持认知语言学和神经认知语言学的观点。

形式语法的创始者乔姆斯基（Chomsky 2000：9—10）也认为，心脑中的语言能力能够和其他系统互相作用。出于互动的需要，非语言系统必须对语言能力提出一些条件，即所谓的"**易读条件**"（legibility conditions）。所谓的易读条件，就是指其他系统必须能够"读懂"语言表达，并将它作为思维和动作的"指令"。例如，听音系统以及发音系统，它们都必须能够"读懂"语音表达。感知器官和发音器官的构成具备了处理"易读条件"的能力。又如，概念系统也必须和语言表达互相作用，并"读懂"语言表达。因此，语言（即语言系统）有两个接口：一个是和感知运动系统连接的语音接口；一个是和概念系统连接的语义接口。但是，乔姆斯基强调句法自主性。认知功能模式强调各功能区位的互动。

认知语言学的另一个重要特色是，它作为一个范式，重视格式塔图式的理论意义。莱考夫（Lakoff 1987）讨论的**理想化认知模式**（idealized cognitive model），兰讷克（Langacker 1987）讨论的**概念域**（conceptual domain）以及菲尔墨（Fillmore 1982）提倡的**语义框架**（semantic frame），它们都是一种心理格式塔。认知功能模式构建的概念语义框架（下文简称"**概念框架**"（conceptual frame））则以神经集为物质基础，它在心智层面上也可视为一种心理格式塔整体。

从心理行为的角度出发，心理图式的存在是非常容易证实的。如果我们看到讲台后面有一个老师，我们虽然没有看到他的腿脚，没有看到他是否穿着裤子，但我们却知道他有腿脚，而且穿着裤子站在讲台后面。我们之所以知道没有观察到实体的存在，是因为相关心理图式包含这些概念内容。

　　心理图式除了可以通过可观察的行为来证实它的存在，还可以找到它的神经载体。神经科学的研究发现了**神经集**（cell assembly）及其操作功能的存在（Palm 1990；Pulvermüller 1999）。根据认知操作原则，心理图式神经集应该是共同激活的结果，并在以后的认知操作中反复整体激活。概念语义框架作为一种心理图式也具有神经认知操作的基本特征（详见第6、7章）。

　　作为心理图式的概念框架，它除了具有操作整体性外，同时具有发展可分解性。儿童在理解自然语言之前，已经形成初始简单概念以及概念组合结构，也已经获得发出音节的能力。例如，婴儿在理解话语之前，已经会看东西（感知动作），会抓东西（索取动作）。抓到东西后会用它来敲打（打击动作），会将它扔掉（投掷动作），甚至会将它递给妈妈（递送动作）。儿童甚至很容易就能将盖着的盖子打开（原位致使），有些儿童甚至能将打开的盖子盖上去（终位致使）。

　　当然，婴儿在实施这些动作时，可能还没有意识到动作的后果，即他们还没有建立**力变图式**（force-dynamics schema）。但是，婴儿的行为本身已经说明，他们大脑中已经存在司令这些动作的最初概念。

　　任何语言中表达事件的小句都可以含动作和动作导致的变化的概念内容，这样的事件既含动作，又含致使。例如：

他将桌子敲坏了。

他将钥匙丢进了饼干桶里。

两句的动作分别是"敲"和"丢"，致使变化分别是"坏"和"进了饼干桶"。由于婴儿的概念系统中先获得动作概念，后获得致使概念，所以从发展的角度出发，动作和致使的概念内容是可分解的。我们有理由假设，和感知运动认知系统连通的概念内容，它们如果含动作和致使概念，那么两者也是可以分解的（详见第6章）。

　　认知功能模式将小句表达的概念内容（即概念语义中和感知运动连通的部分）视为一种可分解的格式塔图式，它是一种可以自动操作的可分解整体。在认知功能模式中，该可分解的整体组织表述为概念框架。

2.10　小结

　　为了有效逼近语言系统真相，合理表述语言系统的基本特征，我们有理由选取认知功能的理论视角和表述平台。我们的认知取向主要表述和论证语言系统的生理基本特征，并从生理基础特征出发，探究和表述语言系统的内部结构和认知操作过程。

语言功能研究关注语言的外部功能和内部功能。外部功能就是语言的人际交际功能和社会功能，关注社会等级、人际关系、交际意图和语言表达之间的对应关系。与此同时，内部功能的深入研究，帮助我们关注结构和功能之间的关系以及整体结构中各成分之间的功能函数关系。但是，我们的功能研究又必须是认知取向的，功能研究的表述必须保持神经生理可行性。甚至语言的社会功能以及人类交际的心理需要，也和感知运动互相连通有关。因此，社会人同时又必须是个体生理人。

认知功能研究设定五个理论原则：神经认知原则、认知操作原则、语符关系原则、连通发展原则和概念语义原则（或双连通原则）。

认知功能取向的语言研究，不承认心智作为一个物质载体存在，但不排斥心智作为一个研究的理论框架和表述解释的平台存在。认知取向的语言学可以探究心智中的语言、功能心智中的语言、涉身心智中的语言，更提倡探究大脑中的语言（包括基于神经科学研究成果的大脑语言研究）。但是，出于表述语言系统生理基本特征的理论需要，任何心智语言的研究，在逼近语言系统的进程中，最终必须验证其神经可行性。

认知功能取向的研究同样重视思维和大脑之间的关系，我们接受认知语言学有关思维的涉身心智的三个理论观点，尤其重视意象图式的认知和功能意义。与此同时，认知功能取向的语言研究将会更关注神经科学的研究成果，并自觉保持语言系统模式不悖于已经被神经科学界广泛接受了的成果。因此，认知功能取向的理论模式和（隐喻式的）映射观保持一定距离，也不承认语言系统是个过滤机制。我们坚持认为，语言系统和概念系统，语言和思维在互动中自动修整自身系统。

认知功能取向的研究认为，语言系统是使用中的语言，语言系统的功能就是其在社会交际中和思维过程中的使用。从神经认知的视角出发，语言系统是一个动态系统，是一个可以自动操作的系统。它在操作过程中可以自动发挥自我调节连通权值的功能，因为作为最基本操作单位的神经元具有操作和自我调节功能结构。

和神经认知语言学和认知语言学一样，认知功能取向的理论模式非常重视语言的感知运动神经认知基础，认为语言系统的形成以初概念和早期音节为神经认知基础。语言系统的形成就是在外部信号（包括语言输入信号）的作用下，初概念和音节之间的互相激活延伸，并形成通路的过程。

　　与此同时,认知功能模式强调图式的可分解整体性,关注可分解整体图式的神经基础。从认知功能理论原则的角度出发,语言系统是一个语符关系系统,所以语言研究必须关注概念语义。其中连通感知运动系统的概念语义部分,在认知功能模式中表述为概念框架和论元结构的连贯整体(详见第6章)。

　　认知功能模式是在语言认知和功能研究的基础上构建推出的。此模式受益于兰姆的神经认知语言学理论及其关系网络模式,受益于杰肯道夫的概念语言学及其平行模式,也受益于认知语言学的构式语法。但认知功能模式又不同于上述三种理论模式。以下三章(详见第3—5章)将重点讨论这三种理论模式的利弊以及认知功能模式对它们的延伸和发展(详见第6、7章)。

第三章

神经认知探究

为了有效逼近语言系统,理论模式有必要合理表述语言系统的生理基本特征。出于这一理论目的,认知功能模式将兰姆创立的关系网络作为表述语言系统的主要标记形式。神经认知语言学重视研究语言和大脑的关系,而不是研究语言和心智的关系。它的研究和神经科学更密切。西方语言学提出研究语言认知的理论模式有乔姆斯基的生成语法,有杰肯道夫的原概念结构及其平行模式,还有认知语言学。乔姆斯基的认知研究以心智作为理论表述的平台。杰肯道夫的认知研究向神经基础移了一步,自称是功能心智的语言研究。认知语言学开始关注语言的神经基础,但仍然在心智平台上表述语言。只有兰姆的认知研究直接以大脑作为理论表述的平台。相比之下,兰姆的理论模式明显不悖于语言系统的神经基本特征。

神经认知语言学对语言研究所作的贡献集中表现在它对语言和大脑载体之间关系的探究(Lamb 1999;程琪龙 2005)。就神经认知语言学而言,语言的研究主要是语言系统的研究,语言系统的研究就是大脑语言的研究(详见 3.4.1 小节)。兰姆甚至开诚布公地宣称,神经认知语言学的主要目标就是在语言学和神经科学之间架起一座桥梁。

在神经认知语言学的研究中,兰姆关注连通主义,采用模式法(详见第3.4.2 小节)。兰姆具体的做法是构建一个关系网络模式,在关系网络约束下系统分析语言现象,构建语言系统的内部连接关系(详见第 3.4.3 小节)。与此同时,通过对关系网络模式神经可行性的验证来保证关系网络模式的生理基本特征(详见3.4.4小节)。在表述的宏观层面上,兰姆注意探究大脑皮层的功能区位和语言子系统的对应关系(详见3.4.5 小节),并对神经连通关系的形成过程提出了两个假设(详见3.4.6 小节)。这些研究成果对关系网络理论模式的神经操作可行性验证具有积极意义。

3.1　神经认知观

语言系统以大脑神经通路作为其生理载体。这样的理论陈述是毋庸置疑的。但是,语言认知研究无论是在语言学领域,还是在心理学领域,大多是在语言心智的层面上展开的,而对大脑神经生理基础的存在并不予以足够的关注,导致有些心智语言模式表述的语言机制有悖于已经证实的神经事实。

虽然认知功能取向的语言研究不排除语言心智的研究,但这并不表明我们承认心智本身的物质存在。有一点必须肯定,心智语言的研究更是一种假设性探讨,作为研究成果的假设最终必须通过神经基础的论证,才能真正成为语言系统研究的正果。

神经认知语言学不仅将语言和大脑的关系作为研究的理论目标,而且坚持语言表述的神经认知视角。从神经认知视角出发,兰姆(1999:107)明确指出:语言系统是第一性的,然后才是系统的产品(即我们所说的语言现象)。有了语言现象,才有可能出现书写文字;有了书写文字才可能有语言学家们的语法规则。

兰姆早在 20 世纪 70 年代初就意识到语言学的传统并未深入研究作为神经基础的语言系统,而是研究作为语言系统输入输出的语言现象。兰姆用**透明幻觉**来形容这种理论谬误(Lamb 1999:12—15)。他认为语言研究者常常将语言系统视为透明的窗玻璃而不予理睬,反而对窗外的景致(相当于语言现象)大做文章。几乎没有人会认为牙膏在管中的形状和挤压出来的形状是相同的;同理,我们也没有理由将语言系统的组织和语言现象的组织等同起来。我们更没有理由只关注语言现象,而将语言系统束之高阁。

兰姆进一步认为,(第一性)语言系统、(第二性)有声言语、(第三性)语言文字、(第四性)用文字表述的语法规则,它们是不同的系统。当然,四个系统中,语言系统和语言现象之间的差异最值得我们关注。认知功能模式将语言视为物质世界的实体。从物质载体的视角出发,语言系统和语言现象之间至少存在以下五个方面的重要差异(程琪龙 2002:3)。

(1) 语言系统是有生命的,具体表现在它的生理载体是有生命的。语言现象是没有生命的,具体表现在它的物理载体是没有生命的。

(2) 语言系统的内部细节是无法观察到的。语言现象是可以观察到的,它的语音至少是可以听到的。语言系统的生物载体是有限的,所以语言系统必须是有限的。而语言现象却是相对无限的，就个人和社会而言，人们总是不停地产出（produce）各种句子、语篇。

（3）语言系统是神经元连接组织起来的生理网络系统，是多维立体的；神经系统中既没有单位，也没有规则，更没有智能鬼及其选择和匹配操作。作为语言现象的语音是多个语音串联而成，是一维线性的。

（4）语言系统是有生命的，所以它是动态的，它必定按生理规律进行激活操作，并在操作过程中改变自身内部连接方式和连通程度。总之语言系统是动态的。语言现象一旦产生，它自身的内部语言关系是不变的，其载体的物理变化也不能够改变语言。

（5）语言系统是一个巨并行生理机制。该系统可以分出语义和语音子系统。语言现象只是一个线性的物质表达，如果没有语言系统，它是无法被解读为语义的。

兰姆将语言系统的研究视为语言认知的研究，并将研究语言认知的语言学称作**"认知语言学"**（cognitive linguistics）。他将语言现象的研究称作**"分析语言学"**（analytical linguistics）。兰姆认为，分析语言学很重要，但语言学的最终目的是语言和（神经）认知的关系。

认知功能取向的研究将语言系统和语言现象视为语言的两个对立统一的重要元素。为了有效逼近语言系统，我们将语言系统设定为理论目标，将语言现象视为研究对象之一。语言现象的研究是在宏观理论模式约束下的系统分析和综合，综合构成的模式还必须进一步验证。

兰姆将"语法规则"置入第四性的意思是，语法规则是由文字来表达的。如果将文字也归入语言现象，那么语法规则的载体是语言现象，而不是语言系统。当然，我们不得不承认，语法范畴和语法规则（包括各种理论表述）都可以作为一种概念知识贮存在大脑中。即便如此，它们也不是语言系统的一部分。

如此理论陈述有令人信服的证据。英语学习者知道英语动词的第三人单数要加 s，但他们以正常语速进行即兴发言时仍然会犯错。对中国英语学习者而言，常见的语法错误还有 he/she 的交替等。之所以学习者会明知故犯，是因为在具体语言系统的操作中，学习者的语言系统中根本就没有如此连通关系存在。因此，第四性的语法知识不是语言系统的一部分，而是系统之外的语言知识。我们研究的是语言系统，而不是语言系统之外的语言知识。同时我们也必须头脑清醒地意识到，任何理论表述都是语言知识，是旨在表述语言系统的语言知识，而不是系统本身。

仅将"语法规则"置入第四性，并没有将理论模式的理论意义说清楚。

实际上,这里涉及一个理论表述的问题。科学研究是注重理论表述的,也重视理论表述的形式,这就是为什么科学将物理学视为最高层次的形式科学,因为它可以用抽象的数学形式来描述其研究对象。我们也知道语言系统的载体是神经网络。要对语言系统进行表述,我们可以用两种方法:一是用和神经网络相似的关系网络作为表述形式,神经认知语言学及其前期的层次语法和认知语言学都采用如此表述形式(Lamb 1966、1970、1984、1994;Lockwood 1972;Makkai & Lockwood 1973;Schreyer 1977;程琪龙 2001、2005);一是用自然语言(现象)或其他非关系网络形式作为表述形式。① 两种不同的选择表明了两种不同的理论倾向和研究作为。前者认为语言系统就是一种可以操作的关系网络系统,理论模式就是表述这样一个关系网络。这样的理论模式旨在构建一个系统,一个可以操作的关系网络系统,以此来逼近语言系统;后者在理论表述中不考虑这些神经生理特征的细节,而从宏观功能的角度,以语法规则为形式去理论表述语言系统,去"解释"语言系统的神经认知基础。

关系网络模式和非关系网络模式的重要区别是对关系的重视程度。兰姆(Lamb 2004:256)认为,非关系网络模式的研究者总认为心智或心脑系统中存在着物质实体及其相关四方面的因素,它们是:

(1) 界线。

(2) 固定的实体。

(3) 实体和过程的差异。

(4) 实体范畴、过程、关系的存在。

而兰姆认为,语言系统除了关系没别的,因为语言系统的神经网络载体除了神经路径和通路没别的。

兰姆这样来设定其理论目标是有科学意义的,甚至对许多人而言是超前的。他的理论目标设得更"认知",更"生理",更"神经"。如果语言学要理论表述的是语言系统的基本特征,那么兰姆设定的理论目标有许多可取之处。

当然,研究语言系统的生理基础不是去研究大脑神经网络的具体细节,或去理论表述语言系统的神经网络载体的生理特征,因为大脑生理特征的许多细节需要由神经科学的研究来完成。语言学要表述的是大脑语言系统的概括。它既涉及语言,又涉及其大脑神经生理载体。这就是为什么兰姆

---

① 　当然,我们还可以用数学形式来表述语言系统及其操作方式,但语言学一般不这样做。

希望能够在语言学和神经科学之间架起一座桥梁。

如果我们无法直接观察到大脑语言系统,那么构建模式并以此逼近语言系统是一个很好的科学方法。如果语言系统的理论表述主要是对它基本特征的表述,因为神经网络也是一种关系网络,所以用关系网络模式来表述语言系统,可以有效逼近语言系统的生物和生理特征。因此,神经认知语言学对大脑神经生理基础的重视以及它的关系网络理论模式在研究中所起的作用,都是值得认知功能取向的理论模式借鉴和吸收的。

3.2 连通和投射

关系网络模式并非神经认知语言学中才有,它在早期**层次语法**(stratificational grammar)中就出现了。层次语法始于 20 世纪 50 年代末,并以兰姆《层次语法纲要》的出版而正式向外界宣告其诞生(Lamb 1966)。层次语法继承了叶姆斯列夫(Hjelmslev)语符学的理论观点,将整个语言系统视为一个纯关系网络系统。后来人们发现兰姆所用的关系网络模式和神经网络有许多相似之处,从而引发对关系网络模式神经可行性的研究,并将其语言学冠名为**"认知语言学"**(cognitive linguistics)(Lamb 1971),后易名为神经认知语言学。要讨论语言系统和大脑的关系,关系网络模式是一种非常有利的表述形式。与此同时,它也成为层次语法难以推广的一个不该有的原因。

关系网络的研究者不以投射建模,而以连通建模。投射建模可有两种:**外投射**(projection)和**内投射**(interjection)。虽然两种投射的心理操作都是无意识过程,但两者的方向截然相反。外投射就是将认知系统投射到外部世界的建模过程;内投射则是将外部世界各特征投射到内部认知系统的建模过程(Lamb 1999)。

如果采用外投射的建模方法,那么研究者将认知系统投射到外部语言中。而外部语言主要指语言现象,因此外投射所建的语言模式竟成了语言现象的模式而不是语言系统的模式。由于语言现象的载体及其组织构造和语言系统的有巨大差别,所以用外投射法建模最终得不到合理的语言系统模式。研究者无法通过一个没有神经基础的"认知系统",对语言现象进行分析而最终得到语言系统模式。因为语言现象和语言系统之间存在着不可逾越的物质载体本质特征的差异。

内投射建模是将外部特征投射到内部认知系统中,并从中构建语言系统模式。如果内投射建模过程中,人们仍然关注语言现象,而不关注系统的神经认知基础,那么得到的系统模式可能是认知系统中的一个投射系统。如果将从外部世界投入的投射系统和神经认知系统对立起来,投射系统就不可能有神经可行性,这样的投射系统自然没有(神经)真实性。神经认知语言学明确指出,大脑世界中不存在与此不同的投射世界(Lamb 1999:104—105)。

从神经操作可行性的角度出发,术语"投射"本身就变得苍白无力。语言系统模式是大脑神经系统的一部分。它的构建过程实际上是一种连通过程,是相应路径连接关系权值—阈值增大的连通过程。

神经通路的发展是外部输入和内部脑脉冲互相作用所推动的。外部世界的各种物质信号(包括声音、光、气味、味道等)通过感知器官进入感知神经通路,并在大脑中综合加工处理,逐步形成经验知识。神经网络中积累的经验知识表现为通路的连通程度。所以大脑储存的经验知识又为今后处理输入信号所用。当然,外部输入还包括以声音(听觉)或文字(视觉)为载体的语言。

语言系统的发展也可以视为一种无意识的建模过程。许多证据指向这样的一个理论陈述:

语言系统形成的起始点是感知运动系统和体感系统的初级皮层,其中包括由三者建构而成的初概念系统。语言系统的发展,就是初概念系统和运动发音以及听觉语音的互相连通过程。概念系统和语音连通之前,它们之间至少存在一种人类仅有的低权值神经连接网络。

当语言系统形成后,它便具备了一个可以按不同通路不断激活的系统潜能。语言系统的可操作性研究就是系统潜能和激活连通关系的研究。当然,系统操作本身将对系统通路本身作出各种调整,其中包括通路权值的调整以及新通路的形成。由此可见,内部认知系统必须是动态的,它在处理输入信号的同时改变了自己的连通程度和连通方式。因此,包括语言系统在内的认知机制,它们不可能是一种静态的过滤机制。将外部输入和内部机制过分地对立起来,只会导致理论表述变得不合理。

3.3 关系系统

语言系统是一种纯关系系统。这样的观点首先出现在叶姆斯列夫

(Hjelmslev 1961)的**语符学**(glossematics)中。叶姆斯列夫怎么也不会想到,它的纯关系语符学理论竟然在神经科学中找到了知音。而兰姆在这个结合过程中,扮演了一个红娘的角色。

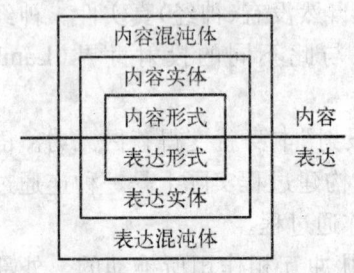

图 3.1　内容和形式

叶姆斯列夫的语符关系系统首先系统分解出两个不同的层次,一个是内容(content),另一个是表达(expression)。而内容和表达可以分别出现在混沌体、实体和形式三个不同的范围中(见图 3.1)。

语言系统是个关系系统。它的关系性可以在微观层面和宏观层面上进行讨论。微观层面上,关系系统由基本关系按各种方式连接而成(详见 3.3.1 小节);宏观层面上,基本关系组成的关系系统是一个层次系统(详见 3.3.2 小节),每个层次都是多维的(详见 3.3.3 小节)。

3.3.1　基本关系

语言系统是个关系网络,具体表现为它的神经载体是一种网络关系。在具有神经操作可行性的系统模式中,这些关系可以用最基本的**关系符**(Node)来表述。具有神经操作可行性的语言系统模式就是一种由各种关系连通而成关系网络。关系网络可以分解出若干层次(或次系统)。各层次之间的关系则由基本关系构成的**连元**(nection)表述。无论是关系符,还是连元,它们都有明确的逻辑定义。

关系符可以由三个参数,根据不同的方式融合成各种关系符。这三个参数是:关系、序和方向。为了便于理解,我们用语词的义形关系作为例子来展示基本关系符。语词是个语符关系,它是语词概念语义和语音表达之间的关系。

(1)"**关系**"是关系符的重要参数。关系可以有**组合与**(简称"**与**"(AND))以及**选择或**(简称"**或**"(OR))。所谓的"与"可以是一个概念语义和多个语音表达之间的关系,即一个概念语义和一个语音组合之间的"与"关系。例如:

$$\{马\} = \sqrt{m/ - /a/①}$$

语词"马"就是一种语符关系,就是概念语义{马}和语音组合/m – /a/之间

———————————

① {X} 表示概念语义单位,/X/ 表示音位。"="表示"体现关系","–"表示"有序与"。

的体现关系,即概念语义{马}可以体现为语音组合/m/－/a/。

所谓的"或"可以是一个概念语义和多个语音表达之间的选择关系,例如:

{父亲} = /b-a/ ｜ /d-i-e/①

如果不考虑两个语音表达都是组合语音串,那么一个概念语义{父亲}或选择体现为语音表达/b-a/(爸),或选择体现为语音表达/d-i-e/(爹)。

无论是与还是或,它们的体现关系(或语符关系)都是一对多的关系,例子中具体表现为一个概念语义对多个语音表达的关系。在公式表述中概念语义置于体现标记"＝"的左侧,语音表达置于右侧。只有一个单位的那端称作"单项端",有多个单位的那端称作"多项端"。以上两个例子中单项端都是概念语义,多项端都是语音表达。与关系中,多项端的各成分之间存在组合关系。例如,"马"的多项端有两个音位/m/和/a/,它们之间是一个组合关系。或关系中,多项端的各成分之间存在选择关系。例如,"父亲"的多项端有两组语音串/b-a/和/d-i-e/,它们之间是一个选择关系。

(2) **"方向"**就是关系的连接方向。以上各例子的多项端都在右侧,都表示语音。在具体语词的关系符中,我们也看到语义可以是多项的,而语音则是单项的。例如:

{美} + {女} = /e/②

该公式表述的是"娥"的语符关系。它的概念内容是{美}和{女}的组合,是一种与。但是,"娥"组合与的多项端不在语音表达,而在概念内容。可见语词"马"和语词"娥",两者的多项端位置不同。请比较:

{马} = /m/－/a/　　　　　　　　【与】
{美} + {女} = /e/　　　　　　　　【倒与】

在模式表述中,我们将一对多的语符关系设定为**"正向"**(Downward)关系,将多对一的关系设定为**"倒向"**(Upward)关系。正向组合与称作**"与"**(Downward AND),倒向组合与称作**"倒与"**(Upward AND)。倒向关系除了倒与,还可以有**倒或**(Upward OR)。例如:

{衣服}|{医治} = /i/

---

① "|"表示"或"。
② "+"表示"与"。

无论是概念语义{衣服},还是概念语义{医治},它们都可以表达为语音/i/。从语音表达的角度看,/i/或表达概念语义{衣服},或表达概念语义{医治}。为了便于系统掌握关系符的关系和方向两个参数的融合方式,我们将上述各例比较如下:

与: {马} = /m-a/

或: {父亲} = /b-a/ | /d-i-e/

倒与:{美} + {女} = /e/

倒或:{衣服}|{医治} = /i/

在图形表述中,"与"用三角形表示,"或"用横置的方括号表示,关系符的方向在图形表述中也比较直观地表示为"三角"顶角的方向和"方括号"所指的方向(见图3.2)。顶角在上面的表示(正向)与(如"马")(见图3.2a);反之为倒与(如"娥")(见图3.2b)。向下的方括号表示(正向)或(如"父亲")(见图3.2c),向上的方括号则表示倒或(如"衣服"或"医治")(见图3.2d)。

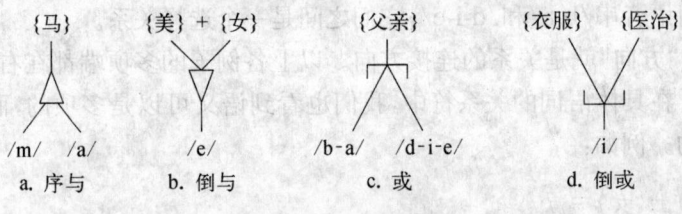

图 3.2   关系符

(3) "序"是指多项端各项之间的顺序关系。关系符除了有"与"和"或"的关系之分,有"正"和"倒"的方向之别,它还可以根据多项之间有无顺序,分出**"无序"**(Unordered)和**"有序"**(Ordered)。有序就是指各项之间有顺序关系。请比较:

{马} = /m/ - /a/

/m/ = [鼻] + [双唇]

概念内容{马}和音位/m/ - /a/之间的关系是有序与(简称**"序与"**(Ordered AND))的关系,其中/m/和/a/有固定顺序,/m/必须在/a/前面。语音表达/m/和发音特征之间的关系则是无序与(简称**"与"**(AND))的关系,其中发音特征[鼻]和[双唇]之间的关系是无序关系,发音过程中"鼻腔"打开和"双唇"关闭的先后顺序并不重要。在两个组合关系中,"马"的语音表达是有序的,用"-"标记;m的发音特征组合是无序的,用"+"标记。

"有序"和"无序"除了可以是"与"关系的,也可以是"或"关系的。例如:

{虎}= ^{文言文}/d-a–ch-o-ng/ \ /l-a-o–h-u/

{父亲}= /b-a/ | /d-i-e/

概念内容{虎}在文言文中表达为"大虫",没有这个条件时一般表达为"老虎"。两者的选择关系中"大虫"是条件优先选择(相当于有标记选择);当条件不存在时,概念内容体现为一般选择项"老虎"。因为选择中我们必须首先考虑优选条件是否存在,所以有标记选择项被当作优选项,而只有在条件不存在时,一般项才选中。这样的选择称作有序选择,它的关系符称作**"序或"**(Ordered OR),并用"^{条件}X \"标记。无序选择(简称"或"(OR))没有选择的先后。

　　上述三对参数(关系、方向、顺序)可以构成八个基本关系符(见表3.1)。

表3.1　关系符

关系	与		或	
方向	正向	倒向	正向	倒向
无序	与	倒与	或	倒或
有序	序与	倒序与	序或	倒序或

"正向"和"无序"视为无标记关系符,它们不作显性标记。而"倒向"和"有序"则分别显性标记为"倒"和"序"。

　　以上八类关系符同样可以用公式表述(见图3.3)。

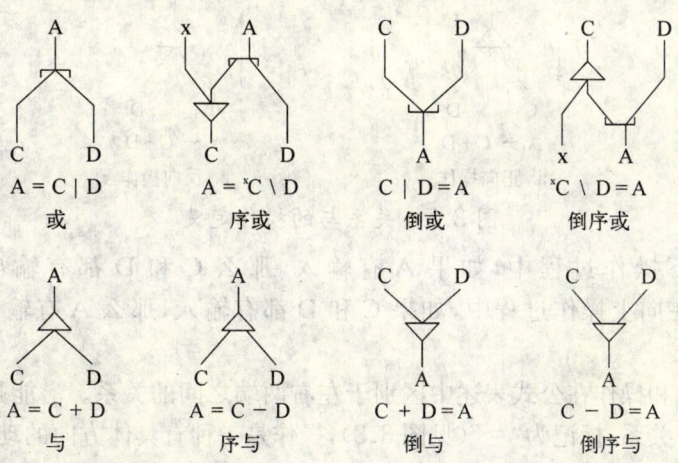

图3.3　基本关系符

(关系:—;无序选择:|;有序选择:^x\,其中^x表示选择条件;无序组合:+;有序组合:—。)

关系符所表达的关系可以有两种定义：一种是静态的定义，它仅说明连接关系；另一种是动态定义，它表示关系符的操作过程。静态定义说明关系网络的一种可操作的潜能，而动态定义则说明潜能的具体操作。

虽然公式和图形是两种不同的表述形式，但它们的定义相同，都可以有静态和动态两个定义。以"或"为例。图形和公式都表述 A 和 C 或 D 的静态连接关系（见下页图 3.4）。这种静态连接就是该关系符的操作潜能。

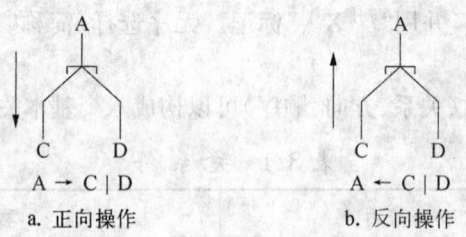

a. 正向操作   b. 反向操作

图 3.4   关系或的操作定义

而它的操作过程则可以有两个不同方向（由图形或公式中的箭头表示）。如果 A 是输入端，其操作方向是从上到下（或公式中从左到右）的过程，那么 A 有输入时，C 和 D 都有输出（见图3.4a）。如果 A 是输出端，其操作方向是从下到上的过程，那么 C 或 D 有输入时，A 有输出（见图3.4b）。

关系与的静态定义表述为 A 和 C＋D 组合的连接关系（见图3.5）。

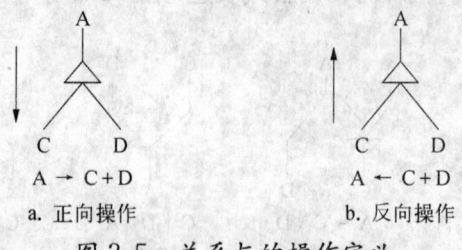

a. 正向操作   b. 反向操作

图 3.5   关系与的操作定义

它的向下操作过程中，如果 A 有输入，那么 C 和 D 都有输出（见图 3.5a）。在向上操作过程中，如果 C 和 D 都有输入，那么 A 有输出（见图 3.5b）。

潜能和操作在公式表述中区别于左右两端之间的关系。潜能是一种静态的语符关系，标记为"＝"（见图3.3），操作是一种有具体方向的动态过程，其方向用箭头表示（见表3.2）。如果我们设定从概念内容到语言表达的方向是产出操作，那么相反方向的是理解操作。

表3.2　基本关系符操作公式

关　系		或	与
产　出	无　序	A → C | D	A → C ＋ D
	有　序	A → ˣC \ D	A → C － D
理　解	无　序	A ← C | D	A ← C ＋ D
	有　序	A ← ˣC \ D	A ← C － D

　　关系网络中语词的语符关系最终构建成语符关系网络。在关系网络连接关系中,语词的概念内容和语音表达都会比较复杂。甚至两端都会出现多项连接。例如,"驹"的概念内容是无序组合{小}＋{马},语音表达是有序组合/j/－/ü/。它们的语符关系可以表述为:

　　{小}＋{马}＝/j/－/ü/。

又如,同音词"脚"和"角",它们的概念内容不同,但语音表达相同。就语音表达而言,两者之间是一种选择关系。这种语符关系可以表述为:

　　{脚}｜{角}＝/j/－/i/－/ao/。

这种两端都是多项连接的关系符,兰姆称作**连元**(nection)。在网络图中它们是两个方向相反的关系符(见图3.6)。

图3.6　连元

兰姆(Lamb 1999:323—326)甚至认为,连元的对应神经实体很可能是**神经束**(cortical columns)(或直译为"皮层柱")。

　　关系网络模式是由关系符连接构建而成的纯关系系统。关系符不仅构成词汇,它们也出现在结构中。语义和词汇之间的关系,词汇和形位之间的关系,以及形位和音位之间的关系,它们都用关系符来表述。

3.3.2　系统的层次性

　　语言系统是一个层次组织,它们至少包括语义、语法、语音三个**层次**

（strata）。英语的语法系统还应细分为语法和形位两个系统。所谓的层次就是互相连通，但又各自独立的半自主子系统。互相连通指的是各子系统在操作过程中可以互相激活；各自独立指的是各子系统有自己的内部结构，有自己的神经载体（见图 3.7）。

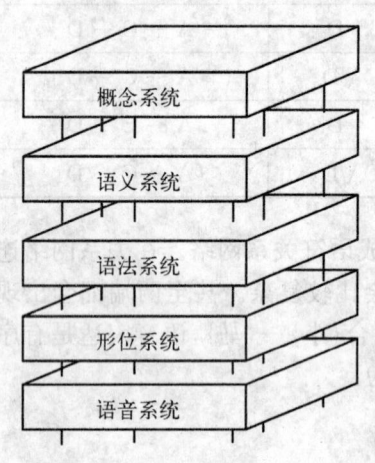

图 3.7   语言系统的层次

虽然在生理基础方面，三个层次之间的界线尚未确切定论，但它们的区别在失语症和语言现象的研究中，是可以找到间接证据的。例如，失语症患者常知道意思，却无法用语言来表达。看到同样的客体"水库"，失语症患者甚至将它称作"鱼塘"。能用手语交流的聋哑人，他们肯定有概念语义，但却没有正常人的语言表达，取而代之的是由运动系统双手部分司令的手语。一个一边说话一边打手语的人，他大脑中的概念语义甚至可以和两种表达形式（语音和手势）连通。这些证据似乎可以指证，概念语义和语词表达，它们的生理载体是可以分开的。

在语言现象中，语义和语法之间的差异就明显了。在语词方面，语义和语词之间可以不是一对一的对应关系。同义词反映一个语义和多个表达之间的差异；相反，多义词则是多个语义和一个表达之间的关系。又如，不同句式可以有几乎相同的语义结构，例如：

孩子打破了瓶子。

孩子将瓶子打破了。

瓶子被孩子打破了。

它们除了凸显的（语用）信息不同外，基本意义"孩子＋打＋瓶子"、"瓶子＋破"是相同的。因此，我们需要两个层次才能够既表述语义的相似性，又顾及语义凸显和语法体现的相异性。这两个子系统分别是语义子系统和语法子系统（见图 3.7）。

语音系统和其他系统之间的差异也是明显的，具体表现为语音结构和其他层面上的结构是不同的。语义有谓词语义和论元语义之间的组合关系，语法有不同语法成分的组合关系，语音则有声母韵母等的组合关系。语义系统甚至可以细分为概念和语义两个部分。

语言系统可以含四个子系统,形成互相连接的四个层次。在更精细阶面上,各层次内部还可以有各种平面,这些平面我们可以称为**级**(level)。例如,语法系统中的级至少可以有词、短语、小句、句组、句群等。语义系统也有相对应的级,其中语法系统的小句可以和概念语义系统的事件或性状对应。

从语言系统整体的连接关系看,从语义系统到语音系统,它们的内部连接关系数量表现出一种降级的排列。其中语义系统的连接关系最多最繁复;语法系统的连接关系其次,音位系统的最少。世界上任何语言系统,它们的音位最多在50个左右,而语义则数以万计。因此,语言层次系统应该是一个形似倒三角的模式。大脑皮层的概念区位同样比语音的区位要大得多。

语言系统的各层次子系统,它们的内部连接关系有很大的相似性。各子系统都含有概括性很高的连接关系组织。每一个层次上都设有"**位**"(-eme),位按一定的方式连接成位的组合结构。语音系统中设有"**音位**"(phoneme)。各音位可以组合成音位串,形成音节。例如,英语语词 stool。它含四个音位,并按先后顺序构成音节结构/s/- /t/- /u：/- /l/。语音系统包含许多音节,即含许多音位组合结构。这些结构连接构成二维的**音位组合式**(phonotactics)。

组合式中的各位可以有多个不同的变体,称作"**符**"(-emic sign)。符含不同的成分,称作"**素**"(-on)。从"位"(单位)到"符"(单位变体)再到"素"(变体成分),然后再到下一层的位,它们的纵向连接关系视为"**体现**"(realization)关系。例如,音位/t/可以有不同的变体符。它们可以是重音节首的送气 t^h 音符,也可以是出现在/s/后面的不送气 t 音符。音位/t/和它两个音符的体现关系可以表述为:

$$/t/ = {}^s t \setminus t^h。$$

其中音符 t 是有条件音符,即当音位出现在/s/后面时,不送气音符 t 才选中。

符体现为素(即符的成分)。例如,音符 t 以及 t^h 的音素分别是:

t = 塞 + 齿龈 + 清

t^h = 塞 + 齿龈 + 清 + 送气

从音位/t/,到音符 t 或 t^h,然后到音符的发音成分音素,这个纵向过程就是语音系统层次上的体现关系(见图3.8)。

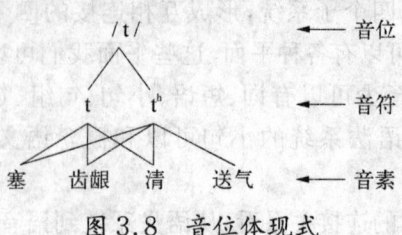

图 3.8   音位体现式

音位/t/到两个音符的关系主要是或的关系,音符到音素的关系主要是与的关系。最后将组合式和体现式连接起来就构成了一个子系统层次。例如,音位组合式和音位体现式可以连接构成**音位层**(phonemic stratum),即**音位系统**(phonemic system)。

除了音位系统外,语言系统还有**义位系统**(sememic system)、**词位系统**(lexemic system)和**形位系统**(morphemic system)。虽然这些子系统在整个语言系统中的连接位置不同,但它们有相似的内部组织结构,并用类似的术语表述(见表3.3)。

表3.3   层次的内部组织

层　　次	～位	～位组合式	～体现式
语义系统	义位	义位组合式	义位体现式
语法系统	词位	词位组合式	词位体现式
形位系统	形位	形位组合式	形位体现式
语音系统	音位	音位组合式	音位体现式

3.3.3　系统的多维性

语言系统的关系网络是多维的,这是一种很形象的比喻,用来说明语言系统的整体构架。当然,语言系统的生物载体也是立体的,它既有纵向的六层灰质神经元(包括灰质下面的白质神经纤维),又有横向的功能区位。

关系网络模式中的层次系统既含纵向的从位、符到素的体现式,同时又含横向的组合式。一个位是一个接点。几个位组合起来构成"位"的结构,如此结构是一维的关系线。例如:

福王在大厅里。

几个亲兵将战战兢兢的福王扔在地上。

两个小句语法结构的位包括"名"、"将"、"介"、"方位"。各自串连起来的一维语法结构分别是：

　　名—介—名—方位

　　名—将—名—动—介—名—方位

将两个结构连接起来，我们就有了一个二维的面（见图 3.9）。

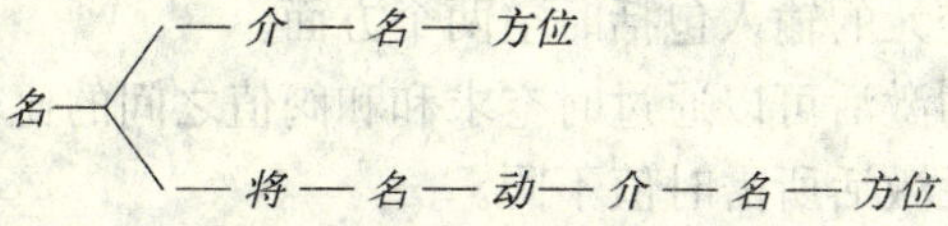

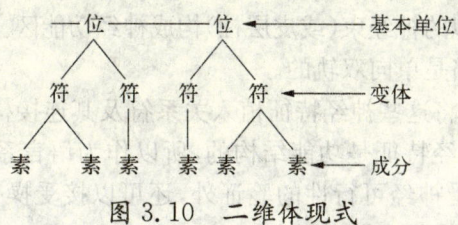

图 3.9 二维组合式

组合式就是多个一维结构连接而成的面。

　　再回到作为点的位。如果位和符（即变体），符和素（即成分）都是一对一的体现关系，那么层次就没有存在的必要了。当然，许多位可以有若干个符，符也可以有若干个素，体现式就形成了另外一个二维的面（见图 3.10）。

　　图 3.10 二维体现式

既然组合式是个面，体现式也是个面，那么组合式和体现式（交叉）连接而成的关系网络模式应该是一个多维关系网络。如果将每个层次的关系网络通过体现关系连接起来，就得到一个纵横交错多维立体的语言系统模式。

　　从模式神经操作可行性的角度出发，语言系统模式的构建越来越重视对体现关系的表述，而组合式中的组合关系将转述为体现关系。

3.4 神经可行性

　　许多认知研究都将大脑视为一个黑箱。实际上，现代神经科学已经通过实验发现了许多有关大脑神经的事实。如果一个世纪前语言研究者关注到大脑语言的生理特征，关注到当时生物学、大脑解剖学等研究成果，语言学格局、理论和研究目标可能不是现在这样的了。

　　当然，亡羊补牢为时不晚，语言学已经开始注意到语言系统的生理（生

物)基础。有关大脑及其神经网络,神经科学已经知道的信息至少包括:

(1) 一个神经元可以和许多其他神经元连通,但它不能和所有的神经元连通。

(2) 神经元根据其输出可以分出(正值的)激励神经元和(负值的)抑制神经元。

(3) 激活神经元的输入包括时空两个方面。

(4) 神经元的激活可以通过时空求和和阀值之间的比较关系来确定。

(5) 各神经元激活所需时值不同。

(6) 神经元激活延伸的方向是单向的。

(7) 大多数神经元生来连接权值很低。

(8) 神经元通过反复激活使权值和阀值不断提高,两者的比也不断提高。

(9) 大脑皮层的神经元纵向有六层,构成神经束(或皮层柱)。

(10) 神经元有通过灰质的短连接,也有通过白质纤维的长连接。

(11) 结构相似的神经束(或皮层柱)构成神经功能区。

(12) 神经通路是单向双轨的。

关系网络模式已经将这些神经特征植入关系符及其连接构成的组织中。由于以上所展示的神经特征是功能结构的,所以作为语言系统模式的关系网络,它除了可以接受神经可行性的验证外,还可以接受操作可行性的验证。这一点其他理论模式很难做到。

以大脑神经网络为载体的语言系统,能实施神经操作。神经操作过程不仅仅只是处理输入信号,并作出相应的输出,而在操作的同时,也调整了自身的操作能力。

表述语言系统的关系网络模式自然也应该具有神经操作可行性。认知功能的理论方法主要是通过理论模式来表述语言系统的基本特征。因此,认知功能研究有必要论证关系网络的神经操作可行性。要探究系统模式表述生理基本特征的合理性,我们有必要探究关系符、连元等对神经元、神经束的模拟合适性(详见3.4.1小节),同时关注模式宏观构架对大脑功能区位模拟的合适性(详见3.4.2小节)。我们通过两个合适性的验证,进一步逼近语言系统。

3.4.1 动态神经元

关系网络由关系符连接构建而成。构成的关系网络模式用来表述语言系统,表述语言系统的操作过程。神经认知语言学不仅关注层次、系统和关系,还设法进一步研究关系网络的神经可行性。

　　神经可行性可以从两个角度出发去研究:一个是神经连通的关系网络;另一个是神经网络激活传递脑脉冲的过程。前者表述语言系统的潜能;后者表述潜能系统的操作过程。无论是连通网络还是激活传递,无论是网络的操作可能性还是发展可能性,它们的最根本的基础都是动态的神经元。所谓的动态性就是指神经元是一个可以作自动生理操作并有记忆功能的生物结构体。从神经元的操作功能出发,它的结构可以分成输入端、运算中心和输出端(见图 3.11)。

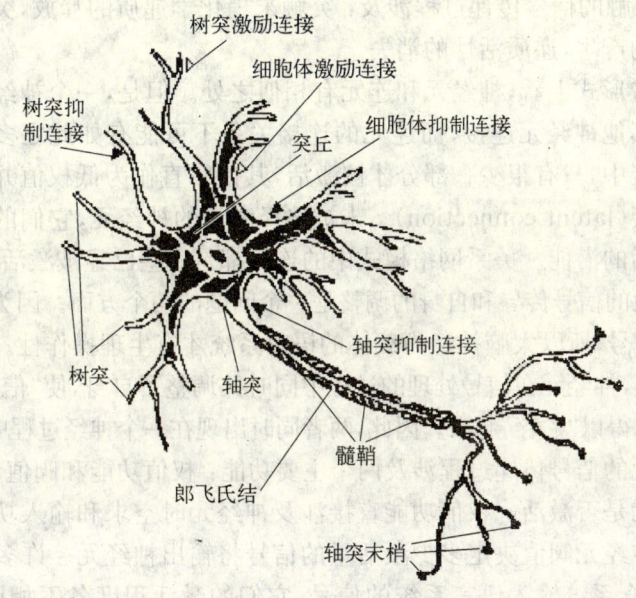

图 3.11　神经元构造

　　一般神经元的输入端是树突,但细胞体,甚至轴突也可以作为输入机制;输入的信号有些是正值的激励信号,有些是负值的抑制信号。神经元的运算中心是突丘,输出端是轴突末梢,连接突丘和轴突末梢的是轴突(见图 3.11)。

　　神经元的功能是传递信号。其传递信号的过程就是激活神经元,传递脑脉冲的过程;就是生物静电、深透的物理过程和化学物质的传递过程。

　　神经脑脉冲的传递过程可分作三个步骤:**突丘求和**(summation)、**轴突传导**(axonal conduction)、**突触传递**(synaptic transmission)。

　　(1) 信号输入神经元有输入渠道的差异,也有输入时间的差异。输入信号可以进入树突,也可以进入细胞体。在同一时间从不同位置进入神经元并汇集在突丘求和的过程称作空间求和。由于超极化和消极化信息能够维持约 1 毫秒,在 1 毫秒内信息量可以相加或相减,这种过程是时间求和。突丘的求和同时包括空间求和、时间求和,两者合为"**时空求和**"。

(2) 轴突的信号传导过程就是信号从神经元输入端传导到输出端的过程。神经元信号的传导遵循两个互补性的原则:**数码激活原则**和**输出频率原则**(程琪龙 2002:83—86)。数码激活原则就是激活潜能在轴突中或发射,或不发射,这种传导方法称作 0/1 的数码式激活。虽然神经元激活与否是 0/1 的数码关系,但它的输出量却可以不同。根据输出频率原则,当神经元激活时,输入的强度越大,输出脉冲信号的频率根据阀值功能函数关系而增大。

(3) 突触的信号传递过程涉及:突触末梢化学递质的释放,突触后位细胞膜潜能的产生,递质活性的消失。

从构造形式上看,神经元和连元有相似之处。但是,一个神经元可以和一百多个其他神经元连接,而连元的连接关系不可能有如此之多。神经元所有的连接中,只有很少一部分才被激活,其他一直作为低权值并难以激活的**惰性连接**(latent connection)。未被选择激活的神经元,它们的突触最终失去其激活的潜能。关系网络模式中的连元都是一些已经被激活的连元。

神经元的信号传导和自身的调整是一个问题的两个方面。因为神经元有能力处理信号,所以大脑神经为载体的语言系统才有生理操作性。神经科学的实验证明,神经元在信号处理的过程中同时又调整了自身,使"信号"以连接关系为形式得以"贮存"起来。因此,两者同时出现在一个神经过程中。

神经元的信号传递过程涉及两个主要功能:权值功能和阀值功能,它们决定神经元是否激活。权值功能直接涉及神经元时空求和输入功能。阀值功能就是神经元阀值决定多少激活量的信号将输出神经元。许多心理实验证明,从概念系统输入语言系统的信号,它们的激活程度各不相同,输入的激活程度越大,输出的量也越大。[①] 上文描述的神经元激活原则和输出频率原则,也证明了输入和输出信号强度的功能函数关系。

每一次神经元激活,神经元的突丘在通过轴突传递信号的同时,还向树突传递信号,这一点已被神经科学证实(Lamb 1999:322)。在该信号的作用下,输入端的权值得以相应增加;与此同时,决策端的阀值也相应调整。输入连接的权值和决策阀值的调整,使有一定激活经历的神经元变得更加容易激活,使该神经元具备了一定的"记忆"。记忆的产生和增强就是所谓的"固化"过程。

---

① 人工智能中 S 阀值型形式神经元模型就模拟这两个功能。有兴趣的读者可以参看有关人工智能、形式神经网络等著作。

人们已经初步证明，有三种生理特征的改变和连接权值增加有关系：(1) 化学改变引起前位递质释放容易度的增加；(2) 化学改变引起后位接受能力的增加；(3) 轴突末梢、轴突纤维和树突的增加。但是，它们增加的具体细节，还需要神经科学作出更详细的解释。

3.4.2 动态神经网络

大脑神经网络由神经元按一定的方式连接而成。神经元相连方式涉及连接权值、连接部位、连接距离等。

连接权值就是神经元连通程度。连通的神经元构成神经通路，并具备处理信号的能力。相连权值很低或权值是零的神经连接，不构成通路，也没有处理信号的能力。神经科学的研究表明，人一生可用的神经元约占总数的 10%—11%。所谓可用的神经元是指已经构成通路的神经元。其他神经元则处于低权值或零权值状态，即惰性连接（简称"**惰连**"）状态。人脑一生中有 90% 左右的神经元处于惰连状态。

所谓的连接部位主要指输出端轴突末梢和另一个神经元相连。不同的连接部位所引起的化学反应不同，所以连接权值也不同。

连接距离就是指在皮层中两个相连神经元之间的距离。神经元有短距连接，也有长距连接。短距连接主要指灰质皮层中临近神经元的连接；长距连接主要指神经元通过白质中长纤维的连接，长纤维的神经连接主要是非临近不同区位神经元之间的连通。由于长纤维神经元外部有髓鞘包裹，它可以阻止神经细胞内外物质的化学反应，从而加速信号传递；虽然它们是长距连通，但所耗时间并不多。我们所说的通路既包括灰质中的短距通路，也包括白质中的长距通路。

神经元是可操作，可变化连通程度的。多维神经网络是由神经元相连构成的，所以神经网络也可以操作，也可以改变连通权值。作为神经网络的语言系统，它的操作就是相关神经网络通路传递脑脉冲的过程。它的操作过程会导致语言系统通路的各种变化，其中包括通路连通权值的变化。

神经网络的连通权值变化可以发生在不同的时间段中。它可以发生在初生婴儿到青少年阶段，也可以发生在原始语言到现代语言的时间段。前者的变化过程称作"**发展过程**"（developmental process），后者的变化过程称作"**演化过程**"（evolutional process）。

语言系统的发展过程是从初生神经网络到成熟神经网络的发展过程。研究初生状态的理论观点大致归入两大类，反映了天赋论和后天论的两大哲学思想。天赋论认为，语言习得机制是与生俱来的；后天论认为，语言是后天习得的。神经认知语言学认为,语言系统的大脑功能区是由这些功能区惰性连接的神经元发展而成的,而且人脑惰性连接的神经状态和动物脑的不同。

认知功能模式接受神经认知语言学的语言发展说。另外,我们还注意到,人脑的皮层有六层;智能最高的动物,它们皮层只有三层。我们还认为,惰性连接的权值提升和外部输入有关,和儿童体验外部世界过程中与之互动有关。外部输入必须通过感知系统,互动还必须借助于运动系统。语言系统的形成,就是感知系统和运动系统(发音系统)之间的最终神经连通。

神经元的发展过程是神经元连通程度提升的过程。一系列神经元连通程度的同时提升便形成了神经通路。神经科学的研究证明,在神经网络中,同步神经通路构成**神经集**(cell assembly),它可以多次为相同的功能激活(Pulvermüller 1999)。如此连通网络局部习得了专门的功能,以后它只为该功能服务,形成了专门的皮层功能网络。特定功能区中的神经元连通关系表述为**专门连接**(简称"专连")(Lamb 1999)。

神经网络中的各通路及其连通程度常常是变化着的,因为输入信号和处理信号的系统之间是不平衡的。通路的形成是因为输入信号和系统之间出现了一定程度的信息平衡,系统已经调整到具备处理专门输入信号的能力。

在专连神经集形成之前,不同的输入信号会对神经网络的各种连接路径进行激励,并选择激活其中一部分相关的连接路径,使它成为容易激活的通路(Lamb 1999)。这样的选择激活连接过程简称为"选连"。选连过程除了是从惰连到专连的过程,还可以是改变有些专连,并激活其他竞争路径的过程。当然,连通惰连的选连过程,比改变专连通路的选连过程要容易得多。这就是为什么儿童学习母语比成人学习外语要轻松得多的其中一个重要原因。成人在外语学习中需要改变已有的通路,而儿童在母语习得中却没有这样的神经过程。

总之,大脑语言系统的生命意义如此重要和合理地表现为神经网络及其神经元的动态性。它们的动态性又如此具体地表现为两者的功能结构和神经过程。两者互为基础,相互影响,共同变化。在时间轴上,神经连通路径和程度,随着神经过程而产生各种变化。神经网络的新神经状态及其连通路径,又会产生不同的神经过程。在不断展开的时间轴上,神经状态和神经过程之间对立统一的变化,两者之间不平衡和平衡的交替变化,就是语言系统动态性的最基本的物质基础。

3.4.3　模式的神经操作可行性

神经可行性的验证不是对语言系统的验证,因为语言系统本身就是神经网络,它的存在毋庸置疑。我们所说的神经可行性是指所建理论模式的神经可行性。因为神经网络以及构成神经网络的神经元是动态的,所以关系网络模式必须通过验证证明它的动态可行性。神经网络的动态性表现为神经元及其网络的可操作性,以及操作过程中神经元以及神经网络连通程度的变化。关系网络模式有必要不悖于神经动态性的这两个生理特征。

关系网络模式的最基本构建单元是关系符。关系符通过三类不同参数产生八个最基本的关系符。除此之外,关系网络模式中还有表示逻辑反的关系符。模式的神经操作可行性,最基本的验证就是验证这些关系符的神经操作可行性。这一点神经认知语言学已经做了大量工作(Lamb 1999;程琪龙 2002:49—62)。

不言而喻,语言系统是一个神经网络系统,它物质存在于大脑,不仅在灰质,还在白质。或许是因为人类认知的局限,在描述自身认知过程时,研究者往往会采用一种虚拟的智能鬼视角。认知科学和许多语言学的描述,大多采用这样的描述视角。在如此描述中,智能鬼时时掌控着系统的操作,其中包括"选择"、"判断"、"匹配"等认知操作。

已知神经事实已经告诉我们,智能鬼视角没有认知可行性。神经网络是一种自动操作的系统。它的操作遵循各种生理规则,其中包括生化规则、静电规则等等,而且是无意识的。神经网络中除了连通路径外,没有任何可以实施神经操作的"精灵古怪"。所谓的"选择"就是关系或的具体操作,所谓的"判断"就是具体连通关系的激活,所谓的"匹配"就是两个"单位"的连通激活。

3.5　区位和功能

神经认知语言学在研究关系网络神经可行性时,不仅将注意力放在神经元以及神经束上,还关注大脑的(宏观)皮层区位及其功能。大脑操作功能的解释大致有两种观点:整体说和功能定位说。整体说认为,大脑操作过程中大脑整体的许多区位都参与处理脑脉冲信号,某区位受损会使其临近区位激活并代其处理脑脉冲信号。功能定位说认为,大脑区位和功能之间有一定的对应关系,一旦某区位受损,它的对应功能将受损。兰姆基本上支持葛西文德(Geschwind 1964)的功能定位说。

认知功能模式基本同意兰姆的观点,认为大脑区位有对应的功能(如,布洛卡和韦尼克的语言功能)。但从时空视角出发,区位和功能的关系不是一成不变的。现代脑损伤案例证明，大脑神经区位和动态功能之间的关系也是动态的，并和年龄有着密切关系。我们将它称作"动态区位功能"。

"动态区位功能"是指区位和功能之间的动态关系，即区位和功能之间有对应的关系，其对应关系又存在时空变化。大脑区位损伤会立即导致相应功能的失常，它证明区位和功能之间确实存在对应关系。大脑受损区位的神经通路虽然无法修复，其相应功能却有可能在临近区位恢复，这就是所谓的功能修复。但是，功能的恢复仅限于儿童，年龄越大恢复的可能性和程度就越小。有些功能成人基本无法恢复。

神经科学相关的领域都认为布洛卡区主管语言产出，韦尼克区主管语言理解。两者之间又由白质**弓束纤维**（arcuate fasciculus）连通。布洛卡和韦尼克的不同功能证明语言系统有产出和理解两种不同功能区位。由于弓束的存在，无论是产出操作还是理解操作，不同区位都互相激活。产出操作过程中布洛卡也被激活，理解过程中韦尼克也被激活。神经状态的如此特点说明，单向双轨的神经通路是存在的。单向指的是神经元的操作方向只能是一个；双轨指的是两条平行的神经通路却有两个不同的方向，以此完成产出和理解两种不同方向的神经激活。

兰姆在探究语言系统和大脑神经网络之间的关系并在关注皮层灰质的同时，还关注相应区位的白质及其功能（例如，布洛卡和韦尼克之间的弓束连通关系）。神经科学一般认为，大脑成熟的标志之一是其白质的形成。白质的成熟过程形成了大脑功能区位的层级组织（Benson & Ardila 1995；Lamb 1999：304）。它们在大脑的分布有一定的规律。其中感知系统主要在后脑，运动系统主要在前脑（见图 3.12）。

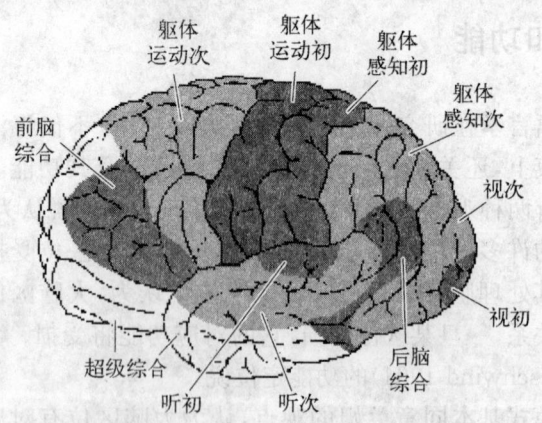

图 3.12　左脑功能区定位

从功能初级皮层到超级综合皮层,大脑可以有四个层级的神经区位(见图3.13)。从白质成熟的角度出发,功能区位的成熟顺序是:初级区、次级区、综合区到超级(综合)区,其中初级区位有与生俱来的白质(见图3.12和图3.13)。

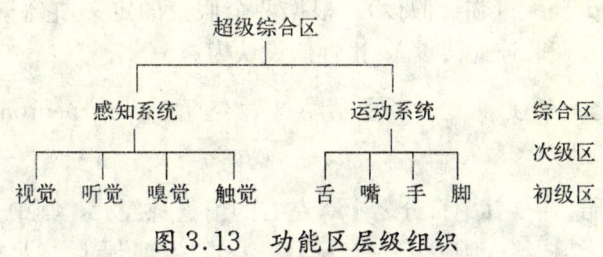

图 3.13 功能区层级组织

综合则可以分出感知综合和运动综合。感知综合表现为对同一事物同时进行的不同感知,运动综合表现为不同动作部位的协调。超级综合区用于感知和运动信号的综合。

基于区位定位观,兰姆(Lamb 1999)在讨论音位(phoneme)时指出,**语音系统**(phonetics)和**音位系统**或**音系**(phonology),两者的差异是真实的,具体表现在大脑功能区位的不同。前者为低平面结构,后者为高平面结构,两者互相连通。

语音系统细分为**发音语音系统**(articulatory phonetics)、**听觉语音系统**(auditory phonetics)和**自感概念语音系统**(proprioceptive phonetics)。发音语音系统在前脑**初级运动皮层**(primary motor cortex),并连通布洛卡区中的音位(即音系)功能区。发音功能区位可能还包括小脑。

听觉语音系统位于**颞叶**(temporal lobe)顶端的**初级听觉区位**(primary auditory area),和**大颞沟**(superior temporal sulcus)的韦尼克区,并和布洛卡区的音位功能区连通。

自感概念语音系统位于**顶叶**(parietal lobe)。它和相应的低平面的功能区连通。低平面功能区为监控口腔的**初级体感皮层**(primary somatosensory cortex)的初级功能区位。

3.6 足裕假设和临近假设

动态神经元的状态可以有惰连和连通两种。惰连神经元的权值很低,很难被激活;连通神经元的权值很高,很容易被激活。神经通路就是由一系

列权值很高的神经元连接而成。兰姆认为,神经元的学习过程就是:从难以
激活的惰连,通过反复激发的选择激活(即选连)到达激活连通的过程。

在表述语言系统的动态性时,兰姆(Lamb 1999)提出了两个非常值得关
注的假设:一个叫做 abundant hypothesis(足裕假设);另一个叫做
proximity hypothesis(临近假设)。根据两个假设的定义,它们有必要分别
译作"惰连假设"和"连通假设"。惰性假设认为:

> 人脑必定能够提供足够数量的惰连神经元(latent neuron)为人一生
> 所用。

人一生只激活连通了其中百分之十一左右的惰连神经元。其中一个原因是
大脑如此神经结构给人脑上了一个万无一失的"生理"保险。足裕惰连神经
元可以保证在大脑局部受损时,仍然有恢复的可能。

惰连假设说明大脑潜能的存在,要让大脑的潜能发挥出来,我们需要激
活大脑。在表述神经网络激活方式时,连通假设认为:

> 在惰连神经元的选择激活中,连接关系越近的神经元,越容易被选择激
> 活并连通。

连通的神经通路有固定的激活路径和专门的功能。因此,神经网络的学习
过程可以表述为"惰连—选连—专连"的激活连通过程。

3.7   关系和范畴

神经认知语言学最瞩目的理论特色是强调语言和大脑之间的关系。从
如此神经认知观的角度出发,语言系统必须是一个关系网络。关系网络自
然没有单位,更没有规则,只有关系。但是,除了神经认知语言学外,其他所
有的语言学理论模式都不同程度地在心智层面上探究和表述语言;甚至连
认知语言学也不例外。它们所看到的不是关系,而是范畴,是单位。我们将
前者简称为"关系模式",将后者简称为"单位模式"。

语言系统的模式自然需要表述其生理基本特征。而表述生理基本特征
的有效模式自然是关系模式,这一点无可非议。但是,将范畴、单位作为研
究对象的模式毕竟也获得阶段性成果。认知功能模式希望充分利用这些成
果中的合理部分。如果我们将心脑差异视为研究视角的差异,而不是研究
对象物质载体的差异,那么关系和单位同样可以视为表述形式的差异,而不

是表述对象的差异。尽管如此,它们的实质仍然是关系。如果我们将语言系统表述为一个范畴、规则系统,那么范畴之间以及范畴组合的规则内部就存在各种关系。因此,单位模式有望改写成关系模式,关系也可以表述为单位之间的关系。

语词在单位模式中是单位;但在关系模式中却是一种关系,是连接语义、语法和语音的关系。如果在模式中只出现语词,那么只要各语词之间的隐性关系合理,模式应该被认为是合适的。例如,"家具""床""桌子""椅子""单人床""行军床""高低床",它们都是实体单位,是范畴。根据这些语词的上下关系,可以组成一个范畴层级组织(见图3.14)。我们可以将"家具"和其他单位表述为由语词构成的层级组织。这样的层级组织是合理的,因为它不悖于各语词之间的语义关系。

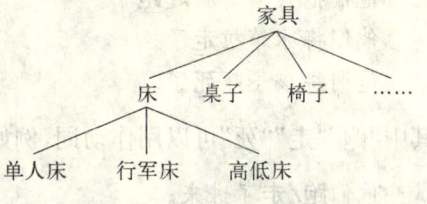

图 3.14　家具层级组织

总之,表述标记系统可以突显关系,也可以凸显单位,只要它们能够(显性或隐性)表述正确关系,模式都可以被接受。

认知语言学以范畴为其主要表述对象。范畴有典型和边缘之分。如果从关系的角度出发,那么典型范畴是激活频率比较高的单位。如果单位是一组通路,那么它因激活频率较高而权值较高,并容易激活。但是,容易激活的通路不一定是第一次被连通的路径。依此类推,典型范畴不一定是儿童首先习得的范畴。

从外部可观察到的行为出发,大脑记忆体中肯定有整体格式塔,肯定有各种意象图式(包括框架)。认知语言学将其作为理论支柱有其道理。从神经认知的角度出发,框架也是一组神经通路的集合,它们可以同时被外部输入信号激励,并处于整体半激活状态,共同参与处理输入信号。

认知语言学的理论表述中,常常用到心理学术语"**凸显**"(profile)。其中的道理有两个:一个是要证明语言系统不是自主独立的系统,它和其他系统一样受控于相同的认知机制;另一个是语义的重要程度各成分不是完全一样的。当然,目前认知语言学还无法解释语言系统中的凸显和歧义图解读中的凸显有什么异同,也无法解释凸显的神经认知机制。

在小句范围中,作为宾语的概念语义范畴(或论元)都标记为凸显成分(Langacker 1987、1991b)。宾语的语符关系相当复杂,表现为和宾语连接的概念内容很多。例如,宾语可以有对象宾语、处所宾语、工具宾语等等。因为宾语连接许多概念语义,所以它们在激活过程中会互相影响。复杂关系给操作过程带来了语义推导的空间。例如：

John loaded the truck with books.

中的处所宾语 truck，不同母语者甚至可以推导出不同的隐含语义。

在小句乃至语篇中，各构成成分的语义凸显程度各不相同。小句中宾语是凸显程度比较大的成分；而致使小句中，表示宾语变化结果的语义，它们的凸显程度比较低。例如：

他们把大嘴乌鸦赶**跑**了。

他们将冰箱拉**走**了。

他们将孩子吓**死**了。

其中"跑""走""死"可以用作动词，例如：

他们**跑/走**了进来。

孩子**死**了。

它们作主动词时表达的概念语义和表达致使倾向结果时的概念语义不同。作主动词时，它们的语义凸显，其中"跑""走"表示双脚导致身体移动的动作，"死"表示生命体结束的状态。但是作致使结果时，它们的语义不凸显，弱化的语义发生了变化，其中"跑""走"只表示"离开某位置"，"死"只表示"生命体受到负面影响，但不足以导致生命结束"。如果用语义特征分解方法来分析这三个语词，它们的语义特征可以表述为：

跑：［双脚、**前移**、快速］

走：［双脚、**前移**］

死：［**生命受到负面影响**、生命结束］

这三个语词在不同语义凸显位置上的两种不同用法，可以表述为不同语义特征的选择激活。作主动词时语义凸显，它们所有的语义特征均被激活；作结果动词时语义减弱，它们的语义特征只有一部分被激活（见黑体字表示的语义特征）。我们是否将后者视为语法化结果，这并不重要，因为它只是命名归类的问题。具有理论意义的是，根据我们的分析，语义凸显程度和语义特征的选择激活成正比。语义越凸显，激活的语义特征就越多。

和凸显程度不同的语义成分一样，作为语言表达的语音成分在语流中有轻重之别，我们一般称其为"轻重节奏"。英语中元音在轻重不同的音节中有不同的发音方法。请比较：

Where are you from?

I am from Shanghai.

前句的 from 是句重音，读作[frɔm]；后句不是句重音，读作[frəm]或[frm]。其中元音"o"重读时为[ɔ]，不重读时为[ə]或省略。元音的重读[ɔ]无论和元音省略比，还是和元音弱化[ə]比，它在发音时都需要更多的神经信号来司令发音器官的动作。

如果我们将轻重音节的元音和不同凸显程度不同的语义比较，我们可以得到这样一个规律。凸显程度和神经激活的量成正比，凸显程度越大（小），神经激活的量就越大（小）。重音节元音和宾语凸显程度大，所以重音节元音发音器官运动复杂，需要更多的神经信号；宾语可以推导出额外隐含语义。轻音节元音发音器官运动简单，需要较少的神经信号；致使结果的表达形式激活更少的语义特征。由此看来，从关系的角度出发，语义和语音似乎有一定抽象、概括性的神经认知关系。

3.8　小结和延伸

神经认知语言学是一个个性非常鲜明的语言学学派。它从事的语言研究，是语言学和神经科学交叉的研究。其理论目标是揭示大脑中语言系统的内部组织及其操作、发展可行性。就此研究范围而言，兰姆的神经认知语言学已经做出了重大贡献。

神经认知语言学的许多成果落实在它的关系网络模式及其神经可行性的论证方面。关系网络由具有高度概括性的关系符连接而成。关系符具有明确的连接潜能定义和激活操作定义，并具有神经可行性。由关系符构建的关系网络具有较强的操作可行性和发展可行性。兰姆在这方面的研究工作值得我们学习，成果值得我们采纳和应用。

认知功能模式遵循神经认知观，同时采用关系网络作为其表述模式，接受动态语言系统的惰连假设和连通假设。我们不反对大脑区位说，但强调区位和功能的时空动态性。我们认为，神经网络是个动态神经机制，它的动态性不仅仅是空间的，它更应该是时空的。具体表现为功能区位既是存在的，同时又是动态的。动态区位功能关系还受时间的限制和掌控。

认知功能模式将关系模式和单位模式视为两种不同的标记形式而已，只要它们能够合理表述关系，不管这种表述是显性的还是隐性的，我们都接受。从这个理论方法的角度出发，我们认为关系模式和单位模式是可以互补的。

神经认知语言学采用的是一种关系模式，并就其模式的构成关系进行神经可行性的论证。但是，由于种种原因，神经认知语言学理论构架中的"分析语言学"没有充分发展起来。以往各关系网络模式中，各小句语义也表述为一维的谓词结构。而认知语言学和功能语言学在这方面已经取得了许多成果。我们的研究表明，认知语言学的研究成果以及杰肯道夫概念语义的研究成果，许多可以通过修整用关系网络作出合理表述。这就为认知功能模式的研究提供了一些新视角。从这个意义出发，神经认知语言学和认知语言学、概念语义学有很强的互补性。

就目前的学术环境和本人工作单位所具备的实验条件而言，要系统开展脑扫描研究有较大的难度。虽然兰姆本人还是认为自己的研究仍然属于神经认知语言学的范围，但更多的是"分析语言学"的研究，同时关注神经科学的新成果。

另一方面，就目前脑扫描的设备技术和研究成果而言，要为语言提供系统而又细致的理论表述，也不可能。甚至目前的认知神经心理学、物理学、生理学也都无法对语言系统提出令人信服的系统解释。理论上语言系统的表述和解释主要还需要语言学研究来完成，因此语言学在语言系统的表述和解释方面，仍然有引领各学科的机会。

基于上述原因，本人的研究只能暂时归称为"认知功能"取向。但是，认知功能模式仍然关注神经科学的研究成果，仍然采纳神经认知语言学研究的成果和关系网络模式，仍然关注理论模式的神经可行性。这样做是因为任何语言学理论模式如果要逼近语言系统，就必须验证其神经可行性；这样做是因为理论模式的神经可行性不是方法论问题，而是无法回避的理论目标。

在"分析语言学"的研究中，我们发现关系网络模式中的语言系统是由一维论元结构连接构成的系统。笔者的研究发现，一维论元结构无法合理表述有些小句之间的语义异同，无法合理表述有些动词语义和小句句型之间的关系（程琪龙 2006：82—91）。认知语言学的研究也表明，小句的理解语义不是简单论元结构，而是复杂的百科语义（详见第5章）。因此关系网络模式中的语言系统必须包括概念语义，包括和感知、运动系统连通的概念语义（详见第6章）。

第四章

平行模式探究

认知功能模式除了以神经认知语言学的关系网络作为表述形式外,还和杰肯道夫(Jackendoff)的**平行模式**(parallel model)有着不解之缘。如果将平行模式和关系网络模式作一比较,它们都含语义、语法和语音三个子系统。当然,它们内部组织的许多细节是不同的,指导模式的理论观点也有同有异。

虽然认知功能模式的概念语义系统是独立于杰肯道夫的概念结构发展起来的,但是它和平行模式的原概念结构有许多相似之处,两者有一定的互补性。将认知功能模式和平行模式作一比较,尤其将两者的概念语义作一比较,对认知功能模式的合理有效发展十分有利。出于这一考虑,本章重点讨论杰肯道夫的原概念结构和概念框架相似的各部分,其中包括杰肯道夫的理论观点(详见 4.1 小节)、平行模式的双层概念结构(详见 4.2—4.5 小节)、词条的统一(详见 4.6 小节)以及语义域(详见 4.7 小节)。

4.1 理论观点

杰肯道夫称自己仍然是形式主义者,也许这是他出于对老师的尊敬。但是,他的理论观点似乎和形式语言学、功能语言学和认知语言学都有相似之处,同时也和它们有明显的区别。

杰肯道夫的理论模式和经典的形式语言学一样,也将研究的目标定为内化语言,即我们所说的语言系统,而不是语言现象(或语言行为)。这一点和认知功能模式的理论观点相同。

杰肯道夫也认为内化语言就是天生普遍语法。但它的普遍语法已经不再以自主句法为主了,而是以概念语义为中心。他认为在语言演化过程中,如果没有天生的概念语义部分,就不可能有天生句法(Jackendoff 2002:234)。他提出的语言起始状态有两个主要部分:-语言习得的专门认知能力以及功能心智的总体概括能力。后者包括认知外部世界的能力,认知社会的能力,分析时间信息节奏的能力,组织层级结构的能力等。这些认知能力受控于基因的设定,也受控于大脑发展原则,但它们的大脑实现和基因材料之间没有绝对的一对一关系。杰肯道夫提倡的理论观点和认知语言学有相似之处,并从某种意义上对语言整体模块论提出了异议。

基于神经认知语言学的观点,认知功能模式认为,语言系统的形成始于感知、运动、体感系统,并从这些系统延伸并激活相关惰连区位形成语言系统。就认知功能模式而言,语言系统的形成主要始于感知、运动、体感系统,然后根据(临近)连通原则激活并连通相邻惰连区位。就惰连潜能区位而言,语言系统是从惰连潜能发展到连通系统的神经过程。除了感知运动系统外,时间节奏的神经机制也是帮助语言系统形成的重要机制。

如果将纯心智视角的研究作为一端,将纯大脑视角的研究作为另一端。那么形式语法的研究倾向于心智那一端,而另一端则是神经认知语言学。杰肯道夫和认知语言学一样,他们都意识到大脑和语言之间的重要关系,但却仍然取心智为其理论研究的视角。因此,两者理论位置靠心智那一端。

虽然杰肯道夫没有像神经认知语言学那样重视语言的大脑神经机制,但和其他形式语言学的理论观点比较,更靠近大脑。虽然他关注语言和大脑之间的关系,但他将这种关系定位于传统心智、无意识心智和大脑神经载体之间,他称如此定位的理论单位为**"功能心智"**(f-mind)。功能心智中的语言知识称作**"功能知识"**(f-knowledge)。他提倡的概念语义是功能心智中的概念语义。这样的概念语义用于四个认知过程中(Jackendoff 2002:271—272)。

(1)语言表达的信息和功能知识(包括上下文)之间的融合过程。

(2)基于语言信息和功能知识融合的指涉和判断过程。

(3)用语言信息,对通过意义所感知的世界来实施注意力指向和判断的过程。

(4)用语言表达的信息来连接人作用于世界的动作过程。

根据杰肯道夫的宏观构架,概念语义在功能心智中的位置可以用图 4.1 表述。

从认知功能的视角出发,大脑中的概念语义是思维过程的重要载体,它既连通感知系统,也连通运动系统。另外,感知和运动系统之间确实也存在互相连通的神经纤维。所谓认知外部世界,就是由各感知器官获得外部世界输入信号,并通过感知通路上传到概念系统,并由其加工处理。所谓人脑和外部世界的互动,就是概念系统将处理结果下传到运动认知系统,司令相

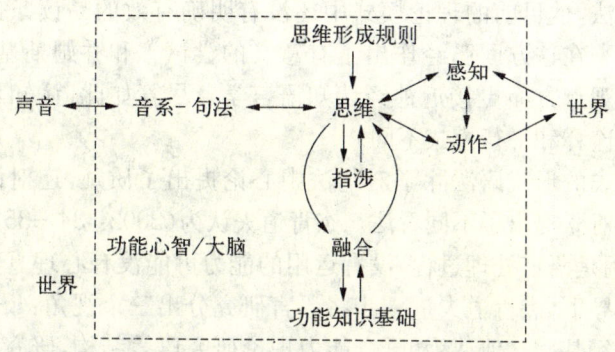

图 4.1　功能心智中的概念语义（Jackendoff 2002）

关身体部位动作的反复过程。人们经过"输入—概念运算—输出"的反复，积累和外部世界互动的经验知识。可见，杰肯道夫的概念语义理论位置和认知功能模式非常相似。

让人感到惋惜的是，杰肯道夫的功能心智和大脑神经基础还是保持着相当距离，他甚至将其功能心智归入形而上的领域中。他在看到神经科学研究给语言学研究带来可喜成果的同时，却对语言神经基础的研究持观望态度。他对语言研究向大脑神经基础的迈进是心有余悸的，也是不彻底的。尽管如此，他还是注意到大脑和心智之间的差异，具体表现在他对心脑和计算机的类比所持的反对态度：(1)他否认大脑智能鬼的存在；(2)他否认大脑"中央处理器"（CPU）的存在；(3)他承认大脑和心智是不可分的。

认知功能模式是比较包容的。任何理论只要将大脑和心智的异同视为研究视角的异同，而不是理论目标的异同，我们都可以包容。但如果两者论证发生冲突，我们将毫不犹豫地倾向和选择后者。

认知功能模式在反对"智能鬼""伪认知操作"的同时，强调模式操作的自动性。认知功能模式不接受高度抽象认知操作的皮层功能区，因为大脑至今未曾发现如此高度概括的皮层功能区。但是，在进一步发掘分布式功能区时，高度概括的操作原则是有意义的，因为大脑许多功能区的连接关系可能有相同之处，激活操作原则也是相同的。在神经基础的表述中，高度概括性操作原则具体实现为不同功能区基本相同的操作过程，甚至具体表现为不同子系统内部组织的相似性。

根据习得过程和演化过程，杰肯道夫认为普遍语法和平行构造有关。他的平行模式提出了含三个半自主平行的子系统：概念、句法和音系。其中概念还连接感知运动系统。

虽然乔姆斯基对句法提出了感知运动的易读条件，但他的天生语法仍然主要是句法,他目前的理论模式中还没有明确有效的易读条件的处理机制。杰肯道夫在这方面已经作出了有意义的尝试。和乔姆斯基相比,杰肯道夫在理论观点方面更接近神经认知语言学。尽管如此,认知功能模式对天生物质的诠释和平行模式不同。

杰肯道夫的形式语法除了对句法中心论提出了质疑,还对语言能力和语言运用的对立提出了不同看法。杰肯道夫认为(2002:34—35),能力是语言结构,运用是语言处理过程,没有运用的能力可能没有心理真实性。在功能心智的指导下,杰肯道夫进一步将语言研究分出三个视角:语言能力、语言运用和神经基础。他认为,语言能力理论研究语言结构,研究语言使用过程中功能心智如何组合构成"数据结构",研究这些数据结构的功能特征以及贮存机制。语言运用主要研究语言理解和产出过程中"数据结构"使用的功能特征。神经基础理论则研究两者在大脑中神经实现的方式。

杰肯道夫的这一观点实际上并不新鲜,层次语法早在 20 世纪 60 年代就提出,语言能力就是运用的能力,而语言运动就是能力的运用。

基于语言研究的三个视角,杰肯道夫在功能心智和语言的关系研究中,非常重视语言、操作和记忆之间的关系。就小句的操作而言,有些是在线组合,有些(如,成语)则直接从长期记忆中调用。构式语法也明确指出,有些构式的语义并不是由构式成分的语义组合而成的。例如:

What is the fly doing in my soup?

如果句子的意思是由在线组合加工的,那么它的意思应该是问"苍蝇在我的汤里干什么"。但是,该问句表达的意思却是"我汤里不该有苍蝇"。如此意思当然是无法由在线组合加工而得。杰肯道夫认为,如此构式及其语义应该作为一个单位贮存在长期记忆中。在语言运用过程中,它直接从长期记忆中调用。当然,认知语言学会认为它是一个心理格式塔式的整体性**构式**(construction),它无法通过在线组合而得。虽然,两种表述所用语词不同,但它们都指出心智中构式整体性的存在。

4.2   语义观

虽然杰肯道夫自认为是个形式语言学的研究者,但他并不以句法为独立自主的语言模块,也不以句法作为研究中心。他从功能心智的角度出发,提出语义研究的三个基础:(1)句子意义和大脑神经事件之间有一定的对应关系；(2) 意义的研究处于语言研究的中心位置，它涉及语言、智能、意识、自我和社会文化互动；(3) 语义的解释是自然的，而不是意想式的。事实上，杰肯道夫的语义研究基础基本正确，其中前两个研究基础有明确的证据。

杰肯道夫的语义是指概念语义。人们对他将概念和语义合二为一的做法颇有微词(Frawley 1992)。以语词"半死不活"为例。它毫无疑义地表达"活着"的概念，但"半死"和"不活"的语词语义却都是"死"。可见，有些语词的概念和语义是不同的。将概念和语义混为一谈有时会自相矛盾，给理论表述带来麻烦。

认知功能取向的研究认为，概念和语义是对立统一的，并构成一个可分解整体。概念语义在操作过程中具有图式效应，但它是逐步形成的，由此造成可分解的内部组织。概念语义整体中既含概念部分，又含语义部分。

杰肯道夫认为，概念语义是一组与生俱来的**原概念**(conceptual primitives)和基本概念结构。由这些原概念和基本概念结构组合的各种概念结构是思维的载体，是语言形式需要表达的心智机制。这些原概念和基本概念结构是什么有多少，这将是语义研究最终需要回答的问题。

从理论表述的角度出发，认知功能模式也将语义置于语言研究的重要位置，因为它将更直接地反映语言系统的基本特征。将语义和大脑事件结合起来研究，更是反映语言系统必须实施的重要研究部分。但是，原概念和基本概念结构是否与生俱来，还需要进一步论证(程琪龙 1997)。

杰肯道夫的语义观很有个性，它实际上和乔姆斯基、福德(Fodor)、维根斯坦(Wittgenstein)等学者都不相同。杰肯道夫(Jackendoff 2002：275—277)认为，乔姆斯基理论上主张包括内化语义的广义句法，但在具体研究过程中，他将重点放在不包括语义的狭义句法上。福德(Fodor 1987)所说的语义是语词符号的使用和真实世界之间的关系，他的语义观无法解释没有指涉意义的语词。维根斯坦(Wittgenstein 1953)主张语义解释基于上下文。但是，除了上下文之外，语词本身不可能没有语义。杰肯道夫重视概念语义和功能心智之间的关系。他在概念语义中试图解释三个问题：功能心智如何获得语义？人们在社会互动中如何形成语义、思维？个人又如何对不同语义作出自己的选择？他们如何感悟各自概念语义的异同？

杰肯道夫的功能心智研究和哲学传统的逻辑语义学有着重要区别。他认为，真值条件不是构成真实世界或可能世界的绝对真理，而是被语言使用者用来判断具体单位的所属范畴。根据杰肯道夫的功能心智模式，概念语义和感知运动系统也有切不断的联系。感知和语言的接口可以允许人们在观察外部世界时形成概念；而运动和语言的接口可以允许人们作用于外部世界。杰肯道夫的语义观和认知语言学的涉身心智观相似，两者都重视感知运动基础。神经认知语言学则注意到白质成熟的区位顺序始于与生俱来的感知、运动、体感的初级皮层。

概念结构在杰肯道夫的**平行模式**（parallel model）中，是三个平行的半自主子系统（或称"平面"（Level））中的一个。其中音系系统和听音、发音系统连接；概念系统和感知、运动系统连接（见图 4.2）。从宏观框架的角度出发，平行模式和神经认知语言学的关系网络模式是相同的，它们都含半自主的子系统。认知功能模式也重视概念系统和感知、运动认知的连通关系。

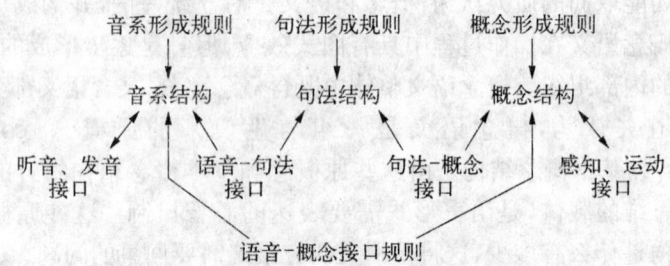

图 4.2　平行模式（Jackendoff 2002：123）

4.3　语义平面

平行模式中每一个平面可以进一步分解为若干**层面**（tier）。概念语义平面分出描写、信息和指涉三个层面。其中信息层面相当于系统功能语法的组篇功能系统，主要表述它的组篇语用意义。指涉层面表述指涉语义。

为了便于表述，将概念语义分出三个如此层面有一定的意义。但是，仅仅看到不同的层面不足以合理解释语言现象。各层面除了有相对独立的一面外，还应该有互相制约、互相限制的一面。许多语言现象无法仅在一个层面上作出合适表述。我们以描写层面的概念结构和信息层面的信息结构为例。两者的互相作用在英语语料分析中也许是微不足道的，但在汉语语料分析中却是必不可少的。例如：

老师叫我们进去。

我们被老师叫进去了。

在描写层面上，它们似乎有相同的概念结构，它们都表达"老师叫我们（动作结构），老师使得我们进去（致使结构）"。在信息层面上，它们有不同的信息结构。前句动作者作主题,后句受事作主题。不同的信息结构使相同的概念结构连接不同的句法结构,动作者作主题的概念结构连接主动句式,受事作主题的概念结构连接被字句式。在如此表述中,描写概念结构和信息结构只是简单的组合而已;前者表述了小句合理的描写概念结构,后者表述了合理的信息结构。但是这样的表述很快就会在其他一些汉语小句中捉襟见肘。例如:

他们叫老师跪在主席台上。

*老师被他们叫跪在主席台上。

如果我们将主动句式和被字句式的差异只表述成信息概念结构的差异,那么我们无法解释为什么第一对两个句式("叫……进去")都成立,而第二对句式("叫……跪在主席台上")中的被字句却不成立。因此,将概念结构和信息结构作简单组合无法表述两对例子中被字句式的语义差异。汉语的概念结构和信息结构之间必定有互相限制的机制存在。因此,要表述两者之间的差异,平行模式必须表述描写层面和信息层面之间的互相限制、互为条件的关系。

我们在第一对小句中已经论证了,被字句式的信息结构是什么。另外,我们注意到第二对小句中至少主动句式是成立的。如果描写概念结构是一个合理的表述形式,主动句式又是成立的,那么主动句式的描写概念结构也应该是成立的。如果被字句式的信息结构是成立的,那么被字句的差异可能有两个不同的原因:(1)主动句式的概念结构和被字句式的概念结构不同;(2)不同的概念结构和不同的信息结构之间有互相限制作用存在。

汉语研究的结果告诉我们,许多被字句式的主题参与者应该是受负面影响的单位,而主动句式没有这一限制机制。问题是,"老师"在主动句式和被字句式中,都是受负面影响的实体。可见,仅用"负面影响"作为限制机制仍然无法解释两对被字句式的差异。李临定(1988)认为,被字句式中,第二个动词不能是具体动作动词。试比较:

我们被老师叫进去了。

*老师被他们叫跪在主席台上。

前句的第二动词是"进",后句的第二动词是"跪"。"进"是趋向动词,所以它可以出现在被字句式中,而"跪"是具体动作动词,所以它不能出现在被字句式中。

杰肯道夫的概念结构有能力区分"叫……进"和"叫……跪"的不同。两者的差异主要表现在致使的变动结构中,前者的变动是"移动",后者的变动是具体动作,即"跪在主席台"。有了两者概念结构的不同,我们可以说,受事主题的信息结构只能和"移动"类的致使变动结构重合,而无法和"动作"类的致使变动结构重合。由此可见,至少在解释汉语语料时,概念结构和信息结构之间的互相限制作用是存在的。

4.4 描写层

描写层主要表述概念语义的形成规则。杰肯道夫(1990:45)假设,概念语义有一部分是与生俱来的。天生的概念语义形成规则包括一组原概念范畴。原概念的**"单位"**(entity)称作**"语义特征"**(semantic parts of speech),它和"语法特征"(即词性)对应。杰肯道夫认为,原概念单位至少包括:**客体**(Thing 或 Object)、**事件**(Event)、**状态**(State)、**动作**(Action)、**位置**(Place)、**途径**(Path)、**性质**(Property)和**数量**(Amount)。单位可以具体**细化**(elaborate)为不同的类型。例如:

$$[单位] \rightarrow \begin{cases} 事件/状态/客体/动作/位置/途径/性质/数量 \\ 实例/类型 \\ 功能([单位_1,[单位_2,[单位_3]]]) \end{cases}$$

以上的形式表述为:单位可以细化为(1) 事件、客体、位置、途径,同时细化为(2) 实例或类型,也可以细化为(3) 论元结构的功能或各单位。

具体的概念范畴可以进一步细化为各种论元结构,并出现在描写层的两个不同层面上。

杰肯道夫借用音系学的思路,在描写层中进一步分出两个层面,一个是**题元层面**(thematic tier)(详见 5.4.1 小节),另一个是**动作层面**(action tier)(详见 5.4.2 小节)。其中题元层面的概念结构和动作层面的概念结构**融合**(fusion)(详见 5.4.3 小节),并**连接**(link)句法结构。无论是题元结构还是动作结构,它们都表述为**功能论元结构**(function-argument structure)。功能论元结构由概念主范畴(即不同类型的单位)细化延伸而得。功能论元结构相当于一个功能函数,并由一个**功能**(function)和一个或数个**论元**(argument)组合而成。

4.4.1 题元层面

题元层面的功能论元结构由一个功能和一个或若干个**题元角色**

（thematic role）组合而成。题元结构的主要角色自然是**题元**（theme）。杰肯道夫和格鲁伯（Gruber 1965）一样，将题元定义为某动态或静态位置上的客体。例如：

树叶落在了地上。
The leaves fell onto the ground.

以上两个小句都描写"树叶"（leaves）移动的位置变化。以下两句描写它们的位置。

树叶在地上。
The leaves were on the ground.

它们在各自的概念结构中都指派为题元（相当于概念框架中的"客体"）。标志题元位置的可以分出位置和途径两类（相当于"位"和"延伸"标志）。原范畴"位置"和"途径"可以细化为功能，两个功能再细化为各自的论元结构。例如：

［位置］→［位置 位置功能（［客体］）］

$$
［途径］→［途径 \left\{ \begin{array}{l} TO \\ FROM \\ TOWARD \\ AWAY\text{-}FROM \\ VIA \end{array} \right\} （［ \left\{ \begin{array}{l} 客体 \\ 位置 \end{array} \right\} ］） ］
$$

其中大括弧表示选择关系，途径功能的实例可以选择各种途径类，细化为各种介词，途径功能论元结构的论元可以选择"客体"或"位置"。

英语的位置功能论元结构可以体现为介词短语。例如：

on（the table）

根据原概念的细化规则，位置可以细化为位置功能论元结构"位置 位置功能（［客体］）"。其中位置功能细化为实例 on，客体细化为实例 the table。当然，位置功能可以有各种实例，客体也可以细化为其他各种实例，例如：

in the classroom
beside the table

英语的途径功能论元结构也可以体现为介词短语，例如：

to the room

from the office

其中 to 和 from 都是途径功能的实例, the room 和 the office 则是客体的实例。所有的实例化,实际上就是参与者以及功能谓词和具体词项的连接关系。

途径功能除了可以细化为论元结构"_{途径}途径功能[客体]"外,还可以细化为一个递归式论元结构"_{途径}途径功能[位置]"。"位置"可以最终细化为另一个论元结构。如此递归式论元结构可以表述为:

途径功能[位置功能[客体]]

例如:

from (behind ([the tree]))

其中介词 from 是途径功能的实例,介词短语 behind the tree 是位置论元结构的实例,该论元结构的位置功能选择介词 behind 为实例,客体选 the tree 为实例。基于上述分析,途径可以细化为两个不同的论元结构,请比较:

from the tree
from behind the tree

两者的概念结构分别是:

_{途径}FROM[客体]
_{途径}FROM[位置]

如果将位置单位细化为位置功能,然后再细化为位置功能论元结构,我们便获得如下论元结构:

_{途径}FROM[_{位置}BEHIND[客体]]

在题元层面上,有些单位细化的论元结构体现为介词短语,这样的单位有"位置""途径";而有些单位细化的论元结构则体现为小句,这样的单位有"事件""状态"等。后者可以表述为:

[单位]→⟨事件/状态⟩。

其中事件有非致使事件和致使事件。请比较:

The horse ran into the garden.　　　【非致使】
Bill ran the horse into the garden.　　【致使】

前句的"马"是自己走进花园的,是非致使的;后句的"马"则是"比尔"致使它

进去的。非致使事件还可以有**变动**(GO)和**静止**(STAY)之分。例如:

Tom went to Beijing.	【变动】
Larry stayed in the room.	【静止】
程先生去了上海。	【变动】
俞先生待在家里。	【静止】

方位域的变动事件主要指客体在某时间段中有方位的变化。例如,Tom 和"程先生",他们的变化方位由途径 to Beijing 和"去上海"来表达。静止事件主要指客体在某时间段中没有方位的变化。例如,Larry 和"俞先生",他们的静止方位由位置 in the room 和"在家里"来表达。它们都是非致使事件,该事件或细化为变动事件,或细化为静止事件,两者可以形式表述如下:

$$[事件] \longrightarrow \begin{cases} [_{事件}变动([客体],[途径])] \\ [_{事件}静止([客体],[位置])] \end{cases}$$

致使事件主要表述客体变化以及致使其变化的客体或事件。方位域致使事件的变化自然是客体的方位变化。例如:

学生将球扔进了篮子里。
The student threw the ball into the basket.

以上例子中,致使者是"学生"(the student),变动事件是:

球进了篮子
the ball into the basket

当然致使者本身也可以是一个事件,例如:

吃满汉全席把他的胃都吃疼了。

其中"吃满汉全席"就是一个致使者事件,而"他的胃疼了"则是变动事件。又如:

Reading books made him sleepy.

其中 reading books 也是个致使者事件,而 him sleepy 则是变动事件。如此致使事件中,第一个论元可以有"客体"和"事件"两个选择,在表述形式中用大括号标记;第二个论元必须是个事件。因此,事件概念范畴还可以细化为致使功能论元结构,它可以形式表述如下:

$$[事件] \longrightarrow [_{事件}致使([\begin{cases} 客体 \\ 事件 \end{cases}],[事件])]$$

根据杰肯道夫的分析，状态概念范畴可以细化为三类，它们分别是**关系**（BE）、**方向**（orientation，简称为 ORIENT）和**延伸**（extension，简称为EXT）。关系功能具体说明客体的位置；方向功能具体说明客体的方向；延伸功能具体说明客体在空间中的延伸。例如：

词典在桌子上。   【关系】
我的书房朝南。   【方向】
安波路从虬江一直延伸到二军大干休所。   【延伸】

英语的相应例子有：

The dictionary was on the table.   【关系】
All the windows face south.   【方向】
The railway went from Beijing to Nanjing.   【延伸】

三个小类中，关系功能含位置成分（例如，在……上，on...），方向功能和延伸功能含途径成分（例如，朝……、从……到……、face...、from...to...）。这三类状态可以形式表述如下：

$$[\text{状态}] \longrightarrow \begin{cases} [_{\text{状态}}\text{关系}([\text{客体}],[\text{位置}])] \\ [_{\text{状态}}\text{方向}([\text{客体}],[\text{途径}])] \\ [_{\text{状态}}\text{延伸}([\text{客体}],[\text{途径}])] \end{cases}$$

4.4.2 动作层面

概念结构除了题元层面外，还有一个动作层面。动作层面的单位主要是动作，它可以细化为影响功能（affect，简单标记为 AFF）和两个论元：**动作者**（Actor）和**受事**（Patient）。动作者就是动作启动者。英语句子中，一个角色是否归入动作者可以用框架 *What NP did was*...来测试。例如：

Tom jumped on the ground.
(What Tom did was jump on the ground.)
The cotton absorbed the water.
(What the cotton did was absorb the water.)

通过测试的都能作施事动作者。但是，类似的测试框架无法用于汉语。尽管如此，我们知道动作起始者、自然力等常归作动作者；甚至动作实施者缺省时，工具也归作动作者，例如：

老李跳在地上。   【动作实施者】

　　　雨云正在放电。　　　　　　　　　　　　【自然力】
　　　那把刀将旗杆拦腰砍断。　　　　　　　【工具】

其中"老李""雨云""那把刀"都归作动作者。

　　动作功能论元结构中的另一个论元是受事。按传统的意义,受影响的单位就是受事。它可以用以下框架来测试。

　　{ What happened / What Y did } to NP was . . .

例如:

Ted flew <u>the plane</u> into the sky.

(What happened to the plane was Ted flew it into the sky.)

<u>Ted</u> fell to the ground.

(What happened to Ted was he fell to the ground.)

因此,以上两句的 the plane 和 Ted 分别作为各自小句的受事。再看以下的不同测试:

<u>Ted</u> flew the plane into the sky.

(*What happened to Ted was he flew the plane into the sky.)

Ted fell <u>to the ground</u>.

(*What happened to the ground was Ted fell to it.)

测试结果表明,第一句的 Ted 和第二句的 the ground 都不能指派受事角色。

　　含两个论元的影响功能论元结构连接及物小句;只含一个论元的结构则连接不及物小句。例如:

　　客人坐在客厅里。

它的动作论元结构是"坐〔动作者〕"。既然只有一个论元,它的结构就不存在"影响"的含义。

4.4.3　融合

　　在许多论元结构中,常常设有题元,表示该单位的方位或方位变化。杰肯道夫(Jackendoff 1990:125)认为如此定义的题元,在概念结构的表述中会有矛盾。他举了以下三个例子来说明自己的观点,本文在此将它们的次序改变如下。

　　The car hit the tree.

Sue hit Fred.

Pete hit the ball into the field.

他认为,三句中有位置变化的单位分别是 the car、Sue 以及 Pete 和 ball。第一句"车"的位置变化主要是从非"树"的位置变化到"树"的位置,而"树"的位置没有变化。因此,归入题元的应该是"车",而不是动作对象"树"。第二句的动作对象也没有位置变化,但杰肯道夫认为 Sue 的位置变化可能体现在她手和手臂的变化,所以 Sue 有理由归入题元。这样归类还可以将前两句一致起来。第三句的位置变化单位自然是"球"。但是,根据第二句的分析,Pete 似乎也该归入题元。由于一个小句不允许同时出现两个(不同的)题元,所以用题元来分析概念结构是不合适的。当然,许多论元结构的表述中,car、Sue 和 Pete 都归入施事,而不是题元。但这样做又会使 car 和 Sue、Pete 在指派角色时起冲突。

另外一个角色冲突发生在"终"(Goal)上。第一句的 car 如果视为题元,那么 tree 是它的终。同理,第二句的 Fred 以及第三句的 ball 也该归入终。如果将第三句的 ball 归入终,那么就和作为终的 field 冲突。

为了避免角色指派的冲突,杰肯道夫用两个不同层面,并通过两者的融合来表述它们的概念语义。以上三个小句的概念结构可以表述为:

The car hit the tree.

$$\begin{pmatrix} 题元 & & 终 \\ 动作者 & & 受事 \end{pmatrix}$$ 　【题元层】
　　　　　　　　　　　　　　　　　　【动作层】

Sue hit Fred.

动作者　受事　　　　　　　　　　　【动作层】

Pete hit the ball into the field.

$$\begin{pmatrix} 原 & 题元 & 终 \\ 动作者 & 受事 & \end{pmatrix}$$ 　【题元层】
　　　　　　　　　　　　　　　　　　【动作层】

其中题元层的"原"和"终"分别标志题元的方位。

在双层概念结构中,致使结构和非致使结构的概念结构差异,具体表述为动作结构的差异,请比较:

John threw the ball into the net.

$$\begin{pmatrix} 原 & 题元 & 终 \\ 动作者 & 受事 & \end{pmatrix}$$ 　【题元层】
　　　　　　　　　　　　　　　　　　【动作层】

John rushed into the hall.

$$\begin{pmatrix} 题元 & 终 \\ 动作者 & \end{pmatrix}$$ 　　　　【题元层】
　　【动作层】

其中致使结构和含受事的动作结构融合。非致使结构则和不含受事的动作结构融合。但是，及物和不及物小句有些没有动作结构，所以也就没有双层结构的融合。例如：

The leaves fell onto the ground.

题元　　　　　　　终　　　　　　　【题元层】

Tim received a greeting card.

终　　　　　　题元　　　　　　　【题元层】

它们只有题元位置变化，没有动作者对动作对象所施加的影响。再看汉语例子：

妈妈将糖放进了孩子的嘴里。

$$\begin{pmatrix} 原 & 题元 & 终 \\ 动作者 & 受事 & \end{pmatrix}$$ 　　　【题元层】
　　【动作层】

妈妈进了厨房。

$$\begin{pmatrix} 题元 & 终 \\ 动作者 & \end{pmatrix}$$ 　　　　　【题元层】
　　　【动作层】

汉语也有单概念结构的小句，例如：

大石头滚了下去。

　题元　　　　　　　　　　　　　　【题元层】

他接到一封长信。

终　　　　题元　　　　　　　　　　【题元层】

它们只有题元层的概念结构，却没有动作概念结构。

在杰肯道夫的表述形式中，动作概念结构的功能是"影响"（AFF）。正如以上例子所示，影响功能论元结构中，两个论元都是可有的。例如：

导游将石头扔进了山洞。

$$\begin{pmatrix} [\cdots\cdots] \\ _{事件}[影响([_{单位}导游],[_{单位}石头])] \end{pmatrix}$$

它的影响功能论元结构含两个论元。但是，有些小句根本不涉及动作，所以没有影响功能论元结构，例如：

他在主席台中央。

[状态关系([单位他],[在……中央[单位主席台]])]

以上例子的概念结构都比较简单。有些小句的概念结构有比较复杂的内部结构，它的两个层面并没有分得十分清楚。例如：

他叫我把行李放进书房里去。

$$
\begin{bmatrix}
致使([单位他], \\
\quad 致使([单位我],[事件变动([单位行李], \\
\quad\quad [途径进[里[去(单位书房)]]]]]]) \\
\quad\quad 事件影响([单位我],[单位行李]) \\
事件影响([单位他],[单位我])
\end{bmatrix}
$$

该小句含两个致使题元概念结构，一个是"他致使（叫）我做某事"，另一个是"我致使（放）行李进书房"。每个致使题元概念结构和各自动作概念结构融合。结果在表述形式中，一个双层的概念结构中内嵌着另一个双层概念结构。为了让我们看清内嵌关系，小句的概念结构可以简单表述如下：

$$
\begin{pmatrix}
致使([\ ],\begin{pmatrix}[致使([\ ],[\ ])] \\ 影响([\ ],[\ ])\end{pmatrix}) \\
影响([\ ],[\ ])
\end{pmatrix}
$$
内嵌双层概念结构

如此小句的概念结构，它的层面划分并不十分清晰。

总之，虽然许多小句的概念语义可以有明确的层面界线，但另一些小句则没有。由此可见，功能论元结构的概念结构类型才是重要的，而实际描写中层面则可有可无。

基于以上分析，小句的概念语义在平行模式中可以表述为一个功能论元结构，也可以表述为可以融合的多个功能论元结构。如果一个小句的概念语义表述为若干个功能论元结构，那么各论元结构中肯定有互相同指的成分。换言之，相同的词项可以在不同的功能论元结构中指派不同的论元角色。例如：

我把书藏在书箱里。

它的概念结构是：

$$
\begin{pmatrix}
致使([单位我]_i,[事件变动([单位书]_j,[单位书箱])]) \\
事件影响([单位我]_i,[单位书]_j)
\end{pmatrix}
$$

在平行模式中,致使结构的"我"和影响结构的"我"都标记为$_i$;致使结构的"书"和影响结构的"书"都标记为$_j$。标记为$_i$的论元连接主语语法位置(即和主语捆绑),标记为$_j$的论元连接宾语语法位置(即和宾语捆绑)。

4.4.4 和概念框架比较

虽然平行模式和认知功能模式都表述概念语义,但它们的出发点不同。平行模式旨在表述与生俱来的概念语义,而认知功能模式力图表述语言系统中概念语义的基本特征。后者认为与生俱来的神经状态可能仅限于连通的感知、运动、体感系统的初级皮层,以及和它们惰连的神经网络区位。

杰肯道夫评判概念语义的意想式表述,而推崇表述的"自然性"。他的表述风格基本上还是生成语法的,生成(即细化)过程贯穿始终。他认为,概念语义的形成始于与生俱来的原概念(称作单位),并通过一系列细化过程,形成基本概念结构,最终生成概念结构实例,并连接句法结构。

认知功能模式努力通过汇集证据来论证语言系统的基本特征。它更重视的是模式的操作可行性和发展可行性,而不是从单位到结构到小句实例的细化生成过程。认知功能模式的发展可行性指模式必须具备表述语言系统从初始状态发展到成熟系统的能力,或者模式至少有可能是如此发展而来的。当然,认知功能模式认为,语言系统的发展始于连通的感知、运动和体感系统,延伸到相应的惰连关系网络中,并激活网络形成(经验知识的)神经通路。认知功能模式同时认为,由于感知、运动、体感系统的初级皮层存在与生俱来的连通关系,所以儿童的初始概念只能是和这些初级皮层功能相关的初始概念。太抽象的原概念如果远离感知、运动、体感系统的初级皮层,它们就不太可能存在于初生儿童大脑中。

杰肯道夫认为,概念语义的其中一个作用是为问答和推理提供概念语义信息。但是,平行模式目前还做不到这一点。在这方面的探究,认知功能模式已经获得了初步成果(详见第6、7章)。

模式表述方面有两个问题需要我们关注。根据以上分析讨论,平行模式提出的题元层和动作层并不出现在每一个小句的概念语义中。在有些小句中,这样的表述层面没有必要存在。认知功能模式的概念框架就不设如此层面。

尽管概念框架不关注层面,但表述动作的动作结构,和表述客体空间的空间结构仍然是存在的。杰肯道夫的基本概念结构给了我许多启迪。事实上,杰肯道夫的基本概念结构已经涵盖了组成概念过程的三类基本概念结构(即空间结构、动作结构、致使结构)。其中空间结构和致使结构和题元层的位置结构、途径结构以及致使结构基本相同。但是,平行模式和认知功能模式对基本概念结构的连接方式不同。平行模式将它们置于两个层面上来表述其融合捆绑关系,认知功能模式则将它们从层面的束缚中解脱出来,并将它们连贯构成概念框架。

如果小句的概念结构既含题元结构,又含动作结构,那么两者之间有一定的融合和捆绑关系。匹配小句的融合、捆绑关系是明确的。例如:

例 子	他 将书 放在桌子上。
题 元	原 题元 终
动 作	动作者 对象

其中"动作者"和"原"捆绑,"动作对象"和"题元"捆绑。但是,错配小句的论元有些难以合理捆绑,例如:

例 子	裁判将球吹给了火箭队。
题 元	原 题元 终
动 作	动作者

很显然"球"不是动作"吹"的对象,所以动作论元结构中没有动作对象。整个概念结构中只有"原"和"动作者"捆绑。虽然动作对象不存在,但是题元却是存在的,而且连接句法结构中的宾语。

汉语除了有错配小句外,还有失配小句。失配小句中概念结构的两个层面之间没有任何捆绑论元。例如:

例 子	第二次瞄准才将子弹扣出去。
题 元	题元 终
动 作	

如果用杰肯道夫的模式来表述该句,那么途径功能"出去"细化出题元"子弹"。动作功能"扣"可以细化出论元结构的动作者和受事。但小句既没有动作者,又没有受事。由于动作结构没有动作者和动作对象,动作结构和题元结构融合或捆绑就成了问题。当然,无论是匹配小句、错配小句,还是失配小句,它们都不会给认知功能模式造成表述困难(详见第6章)。

4.5　功能的特征

杰肯道夫的平行模式是一个生成模式,其中概念结构由功能(可体现为动词或介词)细化而得。概念结构本身同时包括了和功能对应的论元。虽然杰肯道夫没有明确表达他的理论模式是支持中心词预示观的,但细化过程本身说明,中心词概念在细化过程中先于其对应的论元。

为了经济概括地表述基本功能的细类,杰肯道夫设立了一系列功能特征。本小节举例讨论位置功能的特征(详见 4.5.1 小节)和致使功能的特征(详见 4.5.2 小节)参与表述概念结构的方式。

4.5.1　位置功能特征

概念结构中的位置功能主要连接介词。位置功能细化的论元结构连接介词短语。请比较以下一对短语:

on the floor / all over the floor

两者在概念语义方面有相同的部分,也有不同的部分。相同的是:两者都可以表示和地板接触,都可以用 ON 功能来标记;不同的是:前一个短语表示**普通位置**(ordinary location),而后一个短语表示**分布式位置**(distributive location)。所谓的分布式位置就是接触点布满所标志的位置。以上两个短语可以用相同的功能标记它们相同的部分,不同之处则由一个特征"分布"(+ dist)来标记。两个短语可以分别标记为:

on the floor
$[_{Place}\ ON_{-dist}[_{Thing}FLOOR]]$
all over the floor
$[_{Place}\ ON_{+\ dist}[_{Thing}FLOOR]]$

普通位置和分布式位置的区别还出现在 along 和 all along 之间,以及 in 和 throughout 之间(Jackendoff 1990:102—103)。该功能特征甚至可以区分陶弥(Talmy)讨论的虚述句和实述句。例如:

The paint ran all over the floor.　　　　【虚述句】
The kid ran all over the room.　　　　【实述句】

按陶弥(Talmy 2000)的分析,前句是虚述句,后句是实述句。杰肯道夫的分析注重两句的结果。根据他的分析，第一句的位置是一种分布式位置（distributive location），即油漆"虚拟移动"的结果，使得地板布满油漆。第二句的位置则是普通位置，孩子移动的结果没有留下"孩子布满地板"之意（Jackendoff 1990：105）。

普通位置和分布式位置的差异还可能导致句子无法成立，例如：

Tom loaded the truck with books. 　　　　　　【分布式】
* Tom loaded the truck with some books.

这样的句式含"完整"的意思，即某位置充满了客体（Fillmore 1968；Chomsky 1972；Anderson 1971）。第二句不成立是因为"一些书"无法充满该位置。但 some books 可以出现在以下句式中：

Tom loaded some books onto the truck. 　　【普通】

因为该句式的位置可以是普通位置，而不需要分布式位置。

4.5.2　致使功能特征

功能特征在致使概念结构中也得到了充分的发挥。杰肯道夫设定的致使功能论元结构，并非人们常说的致使语法结构，而是基于力变图式构建的概念结构。陶弥的基本思想是，致使只是力变概念的一个具体实例。力变图式含相互作用的两个抗争单位。例如：

Tom forced John to give up.

该句的两个抗争者是 Tom 和 John。John 有"不放弃"的自然倾向；而 Tom 作用于 John，力图使其放弃并改变倾向。

杰肯道夫在讨论抗争者自然倾向（相当于概念框架中的"致使倾向"）及其结果（相当于"致使结果"）之间的关系时举例论证两者之间的差异，例如：

Tom forced Rose to go away. 　　[Rose went away.]
Tom urged Rose to go away. 　　[Rose went/didn't go away.]

前句的倾向和结果是一致的，都表示罗丝离开了；后句的倾向和结果不一致，罗丝是否离开由罗丝本人决定。因此，前句的结果是确定的，后句的结果是不确定的。两种不同的致使结果，杰肯道夫用不同的致使功能特征来标记。肯定结果的标记为上标"+"，不确定结果的标记为上标"ᵘ"。以上两句可以分别用两个不同的功能特征表述如下：

Tom forced Rose to go away.

$$\begin{bmatrix} 致使^+([\text{Tom}], \begin{pmatrix} 变动([\text{Rose}],[\text{away}]) \\ 影响([\text{Rose}],) \end{pmatrix}) \\ 影响([\text{Tom}],[\text{Rose}]) \end{bmatrix}$$

Tom urged Rose to go away.

$$\begin{bmatrix} 致使^u([\text{Tom}], \begin{pmatrix} 变动([\text{Rose}],[\text{away}]) \\ 影响([\text{Rose}],) \end{pmatrix}) \\ 影响([\text{Tom}],[\text{Rose}]) \end{bmatrix}$$

杰肯道夫(Jackendoff 1990：133)认为,致使功能还可以有否定特征"⁻"。它可以用来表述以下小句的概念结构。

The arrow missed the target.

其中 miss 的意思相当于 fail to hit,即它的结果是"箭没有射中箭靶"。从致使结果的角度看,将该事件标记为否定致使功能似乎是有其道理的。但是,这样的分析存在一个问题。我们很难确定抗争单位"箭"的自然倾向为什么应该是射中箭靶,而"箭"本身又对其产生反作用力,使其改变致使倾向。

合理的解读应该是:射箭者的意图是将箭射中箭靶,而且没有射箭者的努力箭不可能射中箭靶。但是,射箭者的努力不成功,所以射箭者没有能够得到预期致使结果,箭还是顺应了其"自然倾向",即在没有外力作用下,它一般不会中靶(中靶的概率几乎是零)。如果说否定致使是存在的,那么正确的解读应该是我的解读,其中箭的自然倾向应该和杰肯道夫所述相反。如果要形式表述如此概念内容,杰肯道夫的致使概念结构似乎过于简单。

杰肯道夫用功能特征合理表述了致使结构的不同类型,表述了致使倾向和致使结果的内在关系。但是,功能特征对致使功能的精细分类,仍然无法合理表述汉语语料。笔者的研究表明,汉语小句中除了动词可以确定致使结果是否出现外,句式也可以确定致使结果是否出现。例如:

老总已经请老师来参加聚会了,但他们没有来。
*老总已经把老师请来参加聚会了,但他们没有来。

两句的动词相同,都是"请";其他词项也相同。唯一不同的是句式。前者是一般句式,后者是把字句式。一般句式的致使结果是两可的,老师来不来由他自己决定;而把字句式的致使结果是确定的,老师一定来了。在这对致使结构中,确定致使结果的不是动词,而是句式。这一对小句本身也证明,以动词来生成致使结果类型,在英语中也许可行,但在汉语中是不可行的。

平行模式中的功能特征可以是各种各样的。无论是什么特征，无论它们标记在哪一类功能上，它们的出现都可以让该功能有更大的表述范围，因此表述形式可以有更大的概括性。但是，功能特征究竟有多少，需要研究完成后才有可能知晓。这就需要我们在设置特征时，尽可能地避免特征设置的随意性（程琪龙1997）。就小句平面上的概念结构而言，功能特征的设置必须有一定的句法意义，即它们必须能够解释句法差异。

但是，功能特征不是万能的，它的表述能力是有限的，因为动词语义的预示能力有限。有些小句的概念结构无法由功能细化而得，功能再设特征也无济于事。例如，汉语小句中致使倾向和致使结果之间的关系不仅和动词有关，还和句式（相当于构式语法所说的构式）有关。因此，仅用功能特征细化而得的论元结构无法合理表述这些汉语小句。这样的小句，动词和变式的语义共同起作用（详见第5章）。

4.6　词条的统一

形式表述的概括性和经济性是成熟语言学理论必须关注的一个理论标准。杰肯道夫在构建其概念语义结构时，也非常注意表述形式的经济性，其词项概念结构的统一表述就是理论表述经济性的一个具体表现。另外，统一性的考虑也为模式的认知过程可行性研究打下了良好的基础。

在词项次范畴（subcategorization）的形式表述中，语言学的普遍做法是，词项可以含若干个概念语义的结构信息，这些信息足以体现为若干个语言表达片断。可习得词库的理论必须面临这样一个重要问题：如何将一个词项的若干个关联的用法统一到一个词条中。杰肯道夫（Jackendoff 1990：71—83）的概念结构就试图来解决这一问题。例如：

John glided the plane into the sky.

The plane glided into the sky.

如果从动词的语法特征出发，那么前句的 glide 是及物动词，后跟宾语 the plane；后句的 glide 是不及物动词，后面没有宾语。如果用论元结构来表述两句，那么它们是：

glide［施事，题元］

glide［题元］

及物小句有两个论元,一个是施事,表示动作的实施者;另一个是题元,表述有方位变化的单位。不及物小句只有一个题元,只表述方位变化的单位。杰肯道夫将两句的概念语义表述为:

$$[_{事件}变动([_{单位}]_j,[_{途径}]_k])$$
$$[_{事件}致使([_{单位}]_i,[_{事件}变动([_{单位}]_j,[_{途径}]_k])])]$$

其中前句的概念结构和后句致使功能中的第二个成分相同,两者都是变动功能论元结构。杰肯道夫认为,两者可以进行**论元融合**(argument fusion),构成以下统一的概念结构。

$$[_{路径}致使([_{单位}]_i,[_{事件}变动([_{单位}]_j,[_{途径}]_k)])]$$

其中"$_{路径}$致使$[_{单位}]$"在统一的概念结构中是可有成分。如此处理自然可以将语义关联的各小句统一到单个词条中,为理论模式赢得了表述形式的经济性。

虽然杰肯道夫就词条统一问题提出比较经济的表述形式,但他的形式表述却没有充分展开,至少没有进一步讨论如何在两个层面上完成词条概念结构的统一问题。以上杰肯道夫所表述的只限于他所说的题元层。事实上,整个相关章节的讨论也只限于题元层。这不禁会让人提出这样一个问题:"在完整的双层面概念结构中,词条的形式表述是否还能保持统一?"我们仍然用以上小句来验证双层概念结构的可行性。两个小句的双层概念结构分别表述为:

The plane glided into the sky.
$$[变动([plane]_j,[TO(IN([sky]))]_k)]$$
$$[影响([\ ],[plane]_j)]$$

John glided the plane into the sky.
$$[致使([John]_i,变动([plane]_j,[TO(IN([sky]))]_k)])]$$
$$[影响([John]_i,[plane]_j)]$$

如果简单地将两者合起来,我们可以得到以下概念结构:

$$[致使([John]_i,[变动([plane]_j,[TO(IN([sky]))]_k)])]$$
$$[影响([John]_i,[plane]_j)]$$

就两个小句的概念结构而言,题元结构和动作结构中都有由虚线划出的可有成分。如果仅将划出的成分视为简单可有成分,那么该双层的概念结构可以生成四个具体的概念结构。

(1) 两个可有部分都出现，它的概念结构是：

[致使 ([John]$_i$, [变动 ([plane]$_j$, [TO (IN ([sky]))$_k$)])]
[影响 ([John]$_i$, [plane]$_j$)]

概念结构可以连接以下小句。

John glided the plane into the sky.

(2) 题元层的可有成分(致使)不出现时，它的概念结构是：

[变动 ([plane]$_j$, [TO (IN ([sky])$_k$)])]
[影响 ([John]$_i$, [plane]$_j$)]

但是，它没有相应的句法结构。

(3) 动作结构没有施事时，它的概念结构是：

[致使 ([John]$_i$, [变动 ([plane]$_j$, [TO (IN ([sky]))$_k$)])]
[影响 (, [plane]$_j$)]

它也没有相应的句法结构。

(4) 两个结构都没有可有成分时，它的概念结构是：

[变动 ([plane]$_j$, [TO (IN ([sky]))$_k$)]
[影响 (, [plane]$_j$)]

概念结构可以连接以下小句。

The plane glided into the sky.

根据以上分析，双层概念结构中的两个可有成分必须同步，它们要么同时出现，要么都不出现。因此下划虚线不再只是可有成分，而是同步同现可有成分，简称"可有同现成分"(optional co-occurring element)。基于以上的分析，要真正统一词条，仅用杰肯道夫的表述形式是不够的。至少还要设置同步(可有)成分。

以上句对在概念过程中表述形式要简洁得多。首先，两句的概念过程可以分别作以下表述：

John glided the plane into the sky.

动作者$_{John}$ + 动作 + 对象$_{plane}$
致使者$_{John}$ + 致使 + [客体$_{plane}$ + 变$_{glide}$ + 终位$_{into the sky}$]

The plane glided into the sky.

$$客体_{plane} + 变_{glide} + 终位_{into the sky}$$

如将两个概念过程作一比较,会发现致使小句的致使倾向的概念语义和非致使小句的概念语义相同。在公式表述中,我们可以对共享语义只作一次表述:

$$\begin{pmatrix} 动作者_{John} + 动作 + 对象_{plane} \\ 致使者_{John} + 致使 + \end{pmatrix} \begin{bmatrix} 客体_{plane} + 变_{glide} + 终位_{into the sky} \end{bmatrix}$$

在具体操作中,动作结构和致使结构可以同时出现,而自变结构只作为致使结构的一部分,并体现为及物小句;或者动作结构和致使结构都不出现,只有自变结构出现,并体现为不及物小句。

词条统一不仅仅只将一个动词的所有用法归入相关功能论元结构中去,还有必要对词条的异同作出合理表述。例如,动词 glide 和动词 throw,它们在有些小句中都含"投掷"的意思。

Tom glided the plane to the ground.
Tom threw the stone to the ground.

但是,glide 可以用作不及物动词,而 throw 没有如此用法。请比较:

The plane glided to the ground.
* The plane threw to the ground.

两个动词的不同用法也表现在两者概念过程的不同,请比较不同动词的概念过程:

glide 的概念过程:

$$\begin{pmatrix} 动作者_{Tom} + 动作 + 对象_{plane} \\ 致使者_{Tom} + 致使 + \end{pmatrix} \begin{bmatrix} 客体_{plane} + 变_{glide} + 终位_{into the sky} \end{bmatrix}$$

throw 的概念过程:

$$动作者_{Tom} + 动作_{throw} + 对象_{plane} \\ 致使者_{Tom} + 致使 + \begin{bmatrix} 客体_{plane} + 终位_{into the sky} \end{bmatrix}$$

glide 的概念过程中,致使倾向的"变"是显性的,既 glide 和 plane 搭配,是 plane 的变化性状,所以它们可以出现在非致使小句中。而动词 throw 和 Tom 搭配,是后者实施的动作,所以动词无法和 plane 出现在非致使小句中。

它们不同的搭配关系在概念过程中有不同的表述。如果致使倾向有显性谓词,那么致使倾向所表述的概念结构可以体现为一个独立小句。如果致使倾向没有显性谓词,那么它就不能体现为一个独立小句。请比较:

Tom marched the students into the square.

The students marched into the square.

Tom pushed the cart into the square.

* The cart pushed into the square.

其中 march 的动作者是 students,所以致使倾向可以体现为独立小句;而 push 的动作者却是 Tom,所以后者不成句。

4.7 语义域

许多语义研究者都观察到,客体的性状可以表述为静止状态,也可以表述为变动状态。客体的静止或变动,可以是方位的、领属的,也可以是性状的。这些客体所处的(方位、领属、性状等)范围,杰肯道夫称作**语义场**(semantic field)(作者则称为**语义域**(semantic domain))。

格儒伯(Gruber 1965)首先清晰展示了语义场的题元关系,并提出**题元关系假设**(Thematic Relations Hypothesis),后来安德森(Anderson 1971)提出了类似的**方位观**(Localism)。杰肯道夫(Jackendoff 1972、1976、1983、1990)则扩充了题元关系假设,并用概念语义结构对题元关系进行形式化表述。

杰肯道夫的题元关系假设认为,语义可以归入若干语义域,各语义域处于平行的关系中(Jackendoff 1983:188 - 203)。常见的语义域包括**方位域**(spatial field)、**领属域**(possessive field)、**性状域**(identificational field)、**存在域**(existential field)等。例如:

The book was on the table.   【方位】

The book belonged to her.   【领属】

The book was thick.   【性状】

The book disappeared. 【存在】

汉语也有相同的概念结构,但句法结构不同,例如:

书在桌子上。 【方位】

书属于她。 【领属】

书很厚。 【性状】

书不在了。 【存在】

任何其他语义域的事件和状态中,事件功能、状态功能、途径功能和位置等功能,所有这些基本功能都是空间位置功能和位置移动功能的次集。

认知功能模式的三个基本概念结构中,语义域的差异主要表现在空间结构(相当于杰肯道夫题元层上的概念结构)。空间结构解读为抽象的概念结构,它含"客体""标志"以及两者之间的"空间关系"。以上汉语例句中方位标志是实体"桌子上",领属标志是实体"他",性状标志是实体状态"坏",存在标志则由动词"在"表达。

涉及空间结构的功能,可以有静止(BE)功能、变动(GO)功能和致使(CS)功能。它们也可以出现在不同的语义域中。请比较:

礼物掉进了水里。 【方位】

她收到了一份礼物。 【领属】

礼物变坏了。 【性状】

礼物消失了。 【存在】

作为客体的"礼物"它在不同的语义域中表现出不同的变化,其中包括方位、领属、性状和存在形式的变化。

空间结构还可以出现在**时间域**(temporal field),例如:

婚宴在晚上七点。 【静止】

婚宴挪到了晚上八点。 【变动】

题元关系假设所说的关系是一种跨域的题元关系,即不同语义域有相似的功能论元结构。在理论表述方面,方位观的论元结构只用一套论元来表述不同语义域的论元结构。这样的理论表述中论元系统概括性强,表述形式简洁(Gruber 1965;Anderson 1971)。杰肯道夫的概念结构表述中既保持了方位观理论表述的简洁性和概括性,同时又用下标标明具体语义域。

跨域的概念语义相似性是无需争议的。但对概念语义相似性的表述和

解释,杰肯道夫的平行模式和认知语言学的概念隐喻理论却不同。纪博
(Gibb 1994：167—169)认为,杰肯道夫的题元关系假设表述的不是题元关
系形成的原因或认知过程,而是形成的结果。如果将认知语言学的概念隐
喻观和平行模式的平行跨域观作一比较,纪博所说似乎有一定道理。

　　认知功能取向的研究认为,语言系统及其概念语义系统的动态性表现
在语言系统的操作过程、发展过程和演化过程。如果感知、运动系统的初
级皮层是与生俱来的,那么很有可能方位域的概念结构至少最早形成。人
类和动物都有感知、运动的能力,那么从方位概念结构演化出其他结构的
可能性也是存在的。如果语言系统是一个语符关系系统,那么语言的发展
和演化过程是语符关系逐步延伸的过程。由此推导,方位域延伸到其他语
义域的过程既涉及两者的概念语义,又涉及它们的词汇语法。例如:

Tom threw the ball to Mary / Tom threw Mary a ball.
Tom gave the ball to Mary / Tom gave Mary a ball.

就动词而言,前句对属于方位域,后句对属于领属域。但是,就句式而言,两
句对的第一句表达方位变化,第二句表达领属变化。由此可见,无论从跨域
的角度分析,还是从词汇语法的角度分析,方位域和领属域的关系都是密切
的。如果发展、演化的过程设定为从"方位"到"领属",那么从方位小句到领
属小句的过程,它们的相似基础既有概念语义的,又有词汇语法的。

　　当然,跨域的词汇语法结构有同也有不同。请比较:

他把书放进了书包。　　　　　　　　【使移】
他把书送给了老师。　　　　　　　　【使获】
他把书撕成了碎片。　　　　　　　　【使成】

这些小句不仅仅是概念语义有跨域的概念隐喻联系,句法表达也相同。它
们都是把字句式,动词后面都有一个表示变化的语词,都和终关联,不同的
只是"进"表达方位变化,"给"表达领属变化,"成"表达性状变化(程琪龙、王
宗炎 1998)。当然,相同的跨域联系在其他句式中则无法保持,请比较:

??他放了本书进书包。
他送了本书给老师。
*他撕了本书成碎片。

三个不同域的小句,只有领属域的小句是成立的;方位域的有争议,大多数
人认为是不能成立的;性状域的小句所有人都认为是不能成立的。

　　如果跨域小句的语符关系不完全相同,那么纯粹的方位观模式可能在

表述不同语义域的小句时会遇到麻烦。杰肯道夫至少能够用下标来标明相同概念结构语义域的不同,这样的理论表述可以为不同的词汇语法连接提供条件。

跨域的概括性是不言而喻的。但是,它必须有一个前提,即每一个小句必须只表达一种语义域。但事实表明,有些小句却可以同时显性表述两个语义域的结果。例如:

孔明最后把自己气死在五丈原。

其中"死"是"气"的结果,属于性状域;而"在五丈原"则是"死"(后)的位置,属于方位域。因此,这样的小句既属于性状域,同时又属于方位域。当然,概念框架由多个概念结构构成,每一个概念结构只表述一个语义域的概念内容,而多个概念结构构成的概念框架可以表述多个语义域的概念内容。

4.8 小结和延伸

研究语言认知的现代语言学理论学派,都会在心智和大脑之间给自己找一个理论落脚点。杰肯道夫提倡语言是功能心智的语言,他的功能心智自然比形式语法的心智观更接近大脑。与此同时,杰肯道夫的语言研究已经开始意识到概念语义的重要性,意识到概念语义和感知、运动认知之间的关系。因此,杰肯道夫的表述框架和神经认知模式以及认知功能模式有互补性。

理论模式方面,杰肯道夫推崇的是平行模式,并承认语言系统是含半自主层次的。这一观点和神经认知语言学的相同。认知功能取向的研究则认为,宏观框架的问题还没有最终解决。就目前而言,半自主分层次的模式有可能是一种比较可取的理论模式(详见第 6 章)。

杰肯道夫的概念语义模式,是一种生成模式。它始于一组有限原概念,并由这些原概念细化为功能,功能再细化出功能论元结构,然后和句法结构连接。当然,这样的细化生成过程,可能和语言系统的真实发展过程和演化过程还有一段距离。

认知功能模式的基本概念结构和杰肯道夫的功能论元结构非常相似。其空间结构和致使结构相当于杰肯道夫的"位置"、"途径"和"致使"细化而得的论元结构。但是,基本概念结构和平行模式的论元结构有一个明显而又重要的差异。平行模式的概念结构是功能论元结构,其中论元是功能细化而得的,而且动词特征还可以抽象区别不同的概念结构。这种理论观点和动词预示观区别不大。认知功能模式中谓词和参与者之间是一种组合与的关系。汉语小句的分析明确告诉我们,小句语义不是都能由功能及其特征细化而得,也不是都可以由动词指派而得,而是不同概念结构重合连接而成(详见第 6 章)。

杰肯道夫在研究动词和句式关系时,试图将动词的不同句式统一到一个词条中表述。这样的表述方法自然简洁。可惜用杰肯道夫的表述模式,统一词条的任务无法彻底完成。在认知功能模式中,动词和变式之间的语义关系表述为概念框架和论元结构之间的语义连贯关系。这样的连贯模式至少可以合理表述小句的事件结构。和杰肯道夫的理论模式相比,它应该是一种进步,一种有意义的发展。

总之,平行模式中的原概念结构为认知功能模式中的概念框架构建以及基本概念结构的设定提供了许多有意义的信息。但是,认知功能模式不是生成模式,它更关心模式的操作可行性和发展可行性。它借用并改造了原概念结构,用它们的不同连接来构造出各种概念框架。在概念框架的基础上,认知功能模式对杰肯道夫提出的两个任务((1) 问答、推理的认知操作,(2) 词条的统一表述)进行了研究,并提出了合理的理论表述。虽然这些问题的解决是在认知功能模式中进行的,但是认知功能模式的构建在很大程度上受益于平行模式的研究成果和遗留问题。

第五章
构式语法探究

构式语法（construction grammar）有两个意思，一个意思是认知语言学范式中研究语法的学科，另一个意思是由最基本义形范畴**构式**（construction）组织起来的构式系统。

英语术语 construction 在不同的理论模式中有着不同的意思。它们可以分别译作"结构""结构体"或"构式"。

在结构语法中 construction 是一个语法单位，可以译作**结构体**（或结构单位）。结构体和**结构**（structure）不同，结构强调它内部不同成分之间的组合关系，而结构体则指充当结构成分的结构。例如：

John kissed the kid who could speak Chinese.

在小句级阶上，语法结构由三个成分构成，它们是"名词短语—动词短语—名词短语"。其中句尾的名词短语是个结构体，它在小句级阶上作为宾语的同时，作为中心词的 kid 又由一个从句修饰限定。

生成语法中的 construction 也是一个句法概念，一般译作"结构"。在乔氏"原则参数"模式之前，生成语法的规则主要作用于结构。但是，以天生普遍语法为理论目标的生成语法自然认为，将作用于具体语法结构的规则，视为天生普遍语法规则可能缺乏概括性。因此，在后来的理论模式中，生成语法不再将结构及其规则作为研究的主要对象。

认知语言学和生成语法的基本理论观点是对立的。生成语法持自主句法的理论观点，而认知语言学强调概念语义对语言研究的重要性。在认知语言学理论系统中，construction 已经不是单纯的语法结构或句法结构；而是义形的符号关系单位，它既涉及概念内容、语言表达，又涉及两者之间的关系。因此 construction 不是一个句子的句法结构，而是一组小句的义形构造骨架。首先，它不是表达形式的句式，译文"构式"有重视表达形式之嫌，所以认知语言学的 construction 可以翻译成"构架"。但是，许多中国学者习惯于将其译作"构式"。笔者随意，暂且用"构式"。但是，在认知语言学的术语中,构式(construction)是一个义形结合的抽象构架,而不是单纯的句法单位。

构式语法可以有许多不同的形式,比较瞩目的有:菲尔墨等(Fillmore & Kay 1993)的(大写)**构式语法**(Construction Grammar),**葛德博格**(Goldberg 1995)的**论元结构构式语法**(argument-structure construction grammar),**柯绕福特**(Croft 2001)的**激进构式语法**(radical construction grammar)和**兰讷克**(Langacker 1987、1991b)的**认知语法**(cognitive grammar)。它们同属认知语言学范式,均关注义形关系,都重视构式的整体性。

从义形之间的关系出发,构式有(习惯性)不可分解的整体性构式(详见5.2小节),也有内部可以分解的组合性构式。两者相当于杰肯道夫(Jackendoff 2002)所说的词项记忆中的习语性构式和在线加工组合性构式。

本章主要讨论小句的论元结构构式语法(下文简称"**构式语法**")。论元结构构式的研究,比较瞩目的要数葛德博格。

构式语法的研究涉及构式内部结构的研究,还包括构式外部连接关系的研究。根据葛德博格(Goldberg 1995)的研究,论元结构构式主要由小句的概念语义和形式表达的连接而成。构式的概念语义由动词框架和论元结构融合连接而成(详见5.3小节),概念语义再连接句法结构(见图5.1中的"内部组织"部分)。各构式根据它们之间的继承关系连接成层级组织系统(详见5.4小节)(见图5.1)。在构式层级组织中,每一个构式都有相同的内部组织,它们都有自己的概念语义和句法结构,并都有自己语义和句法之间的连接关系。

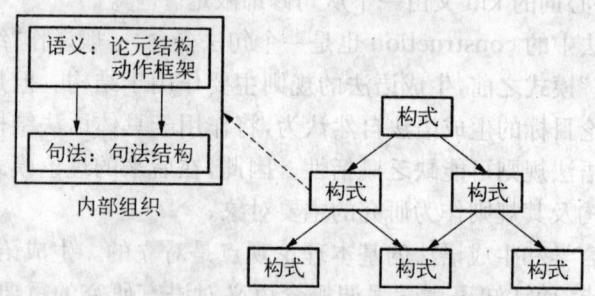

图5.1　构式的内部和外部连接关系

5.1　构式的整体性

构式语法中的构式是义形的结合单位,这点认知语言学的基本理论观点和生成语法形成鲜明对立。生成语法认为,句法结构是通过动词次范畴指派的。生成语法通过动词的次范畴组合出句子。但是,这种预示组合观在菲尔墨的构式语法研究中受到了有力的挑战。

菲尔墨在构式研究方面最值得称道的是他和他的同事、追随者比较早地注意到构式作为独立理论实体的重要性。菲尔墨等(Fillmore et al. 1988)认为,有些构式无法由成分通过组合规则构造而成。例如,一个顾客在用餐时对酒店服务员说 *What is the fly doing in my soup*,那么他是因对酒店食品卫生条件的不满而抱怨,而不是想要知道苍蝇在汤里干什么。这样小句的语义绝对不是由动词语义派生而得,更不是由各成分的语义组合而成。它的意思实际上是一种固定存在的习语性构式的语义。菲尔墨等将该构式称作 WXDY 构式,并发现该整体性构式有一定的**能产性**(productive),它作为一个图式可以具体化为数以百计的实例小句,例如:

What are you doing in my office?

What are you doing in my pajamas?

如此习语性小句本身确实可以作为证据证明:(1)该类小句不是由动词语义派生而得;(2)习语性构式的整体性是有一定的理论意义的,如此构式可以作为一种理论实体。由此推导,有些构式只有不可拆解的整体语义,它的整体语义不是由各成分的语义组合而成。

如果将整体语义作为一端,将组合语义作为另一端,那么小句可以在如此两端之间形成一个连续统。总之,构式语法反对自主句法,强调义形关系;反对绝对的组合性,强调整体—组合的连续统。由于有些小句语义可以是不可拆解的整体,所以构式语法必须研究义形关系。

小句语义的整体性值得认知功能模式关注。那些不可拆解的概念语义,它们就不再是"论元—短语"语符关系的组合。它的识解结构和概念内容之间的关系,变得更加间接。

5.2　构式的内部结构

构式的整体不但表现在概念框架和论元结构之间的间接性连接(如,菲尔墨的 WXDY 构式),也表现在构式语法所说的动词框架和论元结构之间的融合。后者涵盖的构式有明确的内部结构。葛德博格(Goldberg 1995)的论元结构构式主要讨论后者。

构式是由语义和句法连接构成的。其中语义则由动词框架和论元结构融合而成(详见6.2.1)。英汉两种语言除了匹配小句外,还有错配小句。预示观可以合理表述匹配小句,但却难以合理表述错配小句(详见5.2.2),而构式可以通过动词框架和论元结构之间的融合关系,来合理表述错配小句(详见5.2.3)。但是,在失配小句的表述中,连构式语法也无能为力(详见5.2.4)。

5.2.1　动词和论元结构

论元结构构式主要讨论小句级阶上的构式。在论元结构构式(下文简称"构式")的讨论中,葛德博格将**词汇语义学**(lexical semantics)的理论观点和模式作为其理论发展的竞争对象。

构式语法和词汇语义学的区别主要表现为构式语法强调概念语义,并认为构式的概念语义是由动词框架和论元结构**融合**(fusion)而成。构式语法同时还强调和论元结构融合的动词语义不是简单的词典语义,而是菲尔墨所提出的语义框架,它含丰富的百科语义。

在构式语法中,动词框架抽象表征为由**参与者**(participant)组合而成的**语义框架**(semantic frame),论元结构表征为由**论元**(argument)组合而成的论元结构。无论是参与者还是论元,它们仅为丰富百科语义的形式表征,本身没有理论意义。

根据构式语义的内部结构,小句可以分出两种结构:动词框架和论元结构。例如:

Joe threw the ball into the pit.

在该句的构式语义分析中,动词 throw 的语义框架所含的参与者有:

throw〈扔者,被扔实体,方位〉

小句的论元结构表述"致使者致使题元移动到终位",归入**使移构式**(caused-motion construction)。它所含的论元有:

使移〈施事,题元,终位〉

构式的概念语义由参与者和论元融合构成。两者的融合关系是:

【论元结构】	使移	〈施事	题元	终位〉
融合 ┈┈▶		|	|	|	|
【动词框架】	throw	〈扔者	实体	方位〉

其中施事和扔者融合，题元和被扔实体融合，终位和方位融合。融合的原则是：参与者可以作为论元的一个**具体实例**（instantiated），或参与者能够识解为论元。

在以上使移构式中，只要扔者可以识解为施事，被扔实体可以识解为题元，方位可以识解为终位，同时 throw 可以识解为"使移"，那么使移构式及其体现的具体实例小句就成立。换言之，只要扔的动作过程可以识解为"扔者致使被扔实体移动位置到终位"，那么使移构式就能成立，并连接相应的句法结构：

动词［主语，宾语，附属语］。

上述构式语义和句法结构连接成一个使移构式。该使移构式可作如下表述：

【论元结构】	使移	〈施事	受事	终位〉
融合 ……▶					
【动词框架】	throw	〈扔者	实体	方位〉
连接 ……▶	↓	↓	↓	↓
【句法结构】	动词	主语	宾语	附属语

其中施事连接主语，受事连接宾语，终位连接附属语。

以上小句的动词和论元结构完全融合，即动词框架的所有参与者和论元结构的所有论元完全融合。这样的小句称作完全匹配小句。汉语也有完全匹配的小句，例如：

服务员将枕头放在床上。

该小句也是一个使移构式。该使移小句的构式可以表述为：

【论元结构】	使移	〈施事	题元	终位〉
【动词框架】	放	〈放者	实体	方位〉
	↓	↓	↓	↓
【句法结构】	动词	主语	宾语	附属语

其中放者识解为施事，被放实体识解为题元，方位识解为终位。

当然，小句除了有完全匹配的，还有错配的（即不完全匹配的），例如：

John sneezed the foam off the beer.

其中动词 sneeze 一般不作为及物动词，它的语义框架含一个参与者"打喷嚏者"；而句子却是及物的，其使移论元结构含三个论元，它们是施事、题元和原位（即 foam 的原本位置）。它们融合构成使移构式的语义部分：

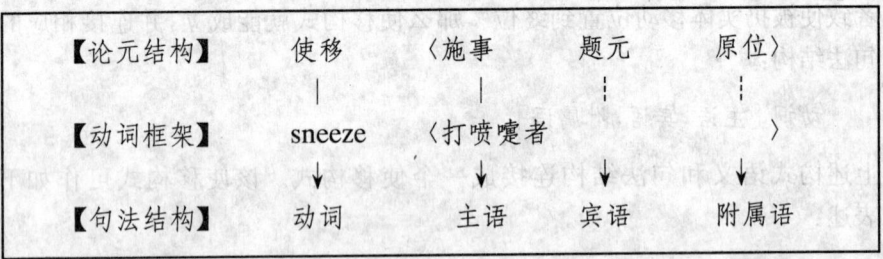

在融合关系中我们看到，动词框架只含一个参与者"打喷嚏者"，所以题元和原位不是由动词派生的，而是由论元结构本身提供的。"打喷嚏者"直接和施事论元融合。但动词框架中却没有和题元以及原位融合的论元（在构式中用虚线表示）。

动词语义和小句语义之间的错配，除了表现在两者角色数目的不同外，还表现在角色的不匹配。例如：

Larry drank Rose under the table.

该句中动词 drink 的参与者是"饮者"和"饮品"，论元结构的论元却是"施事""题元""终位"。两个参与者需要和三个论元融合。很显然两者的数目不同。与此同时，动词框架的"饮品"没有和任何论元融合，也没有任何显性表达形式。另外，终位论元不是动词语义框架派生的，而是论元结构本身固有的。如此论元结构和动词框架的融合可以用构式形式表述如下：

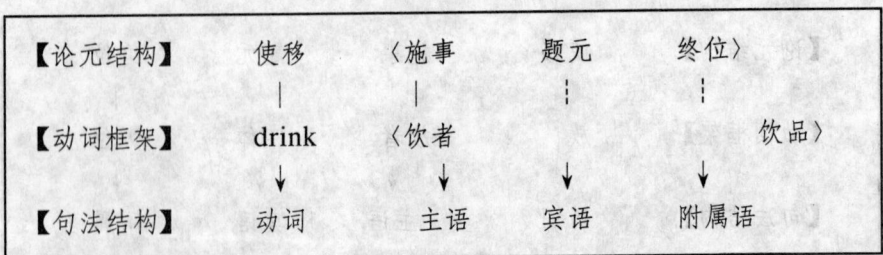

该小句的参与者"饮品"是动作"喝"的对象，一般和论元角色"受事"融合，但

小句中"饮品"参与者没有出现。因此,三个论元只有施事和动词框架的饮者融合,而其他两个论元角色没有相应的匹配参与者。

汉语的错配小句也不少,许多汉语结果状态小句(即使成小句)都属于错配小句的构式。例如:

胖子压塌了椅子。

动词"压"的语义框架有两个参与者:"压者"和"被压者";但小句的论元结构却有三个论元:施事、受事、终状(即葛德博格所说的 resultative goal)。它们的融合关系可以表述如下:

【论元结构】	使成	〈施事	受事	终状〉
【动词框架】	压	〈压者	被压者	〉
【句法结构】	动词	主语	宾语	形短

其中压者识解为施事,被压者识解为受事,而终状由论元结构提供。再比较以下两句:

胖子坐塌了椅子。
胖子压塌了椅子。

两者的句法结构相同,论元结构也相同,但它们的动词语义框架不同,融合的方式也不相同。动作"压"的两个参与者是:"压者"和"被压者",而动作"坐"的两个参与者则是:"坐者"和"位置"。由于两者的动作框架不同,它们和相同论元结构的融合方式也不同。其中"坐"动词的融合关系可以形式表述为:

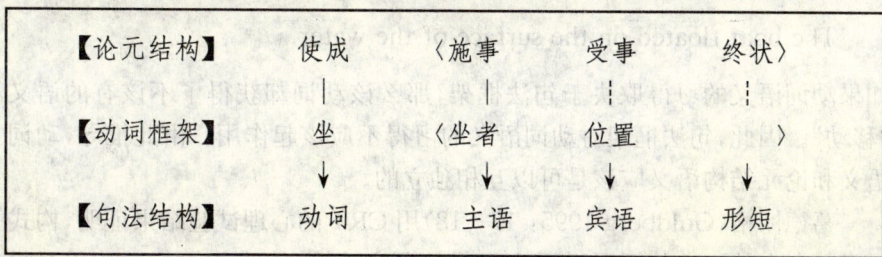

【论元结构】	使成	〈施事	受事	终状〉
【动词框架】	坐	〈坐者	位置	〉
【句法结构】	动词	主语	宾语	形短

当然,有些研究者将"坐塌"视为动词短语整体。椅子是该动词短语的受事宾语。但是,这样处理会让动词短语的数量不必要地急剧大增。如果将它

们作为词项整体,那么至少构式将失去表述的经济性和概括性。

5.2.2　预示观的失误

构式语法在概念语义的处理中将动词和论元结构视为同等重要,我们将构式语法的如此理论观点称作"融合观"。和构式语法处于竞争状态的词汇语义学则突出动词的重要性,认为论元结构是由动词语义派生的。词汇语义学的如此理论观点可称作"预示观",它和"融合观"对立。

预示观认为,论元结构是由动词**次范畴**(subcategorization)指派的(Levin 1985;Chomsky 1986;Levin & Rapoport 1988;Pinker 1989;Gropen et al. 1989)。但是,许多语料表明,预示观至少有三个方面的缺陷值得关注:

(1)如果论元结构由动词派生而得,那么理论模式会陷入逻辑循环的怪圈。如果动词根据价的数目派生论元结构,那么一价动词派生一个论元的论元结构,N 价动词派生 N 个论元的论元结构。问题是我们如何得知某动词价的数目。回答是:根据动词所出现的论元结构。如果动词出现在 N 个论元的论元结构中,那么动词就是 N 价动词。结果,动词价的数目和论元结构的论元数目互为表里,形成逻辑循环。

(2)在语言习得研究中,动词预示观的推崇者认为,动词出现在具体句法框架,这本身已表明动词有和句法框架关联的意义,许多试验也试图证明以上观点是对的(Goldberg 1995)。

但是,葛德博格用品柯(Pinker 1989)的观点和例子证明了构式存在的理论意义。例如:

The boat floated into the cave.

该句的动词 float(浮)本身并不一定有移动的意思。例如:

The boat floated on the surface of the water.

如果动词语义的习得取决于句法框架,那么该动词却获得了不该有的语义"移动"。因此,句法框架对动词语义的习得不应该起作用。由此推导,动词语义和论元结构语义应该是可以互相独立的。

葛德博格(Goldberg 1995:17—18)用 CRT 的心理试验结果证明,构式本身是存在的。她甚至通过语言习得的研究论证,构式能够帮助孩子习得动词语义(Goldberg 1995:18—21)。

(3)在理论描述方面,如果动词和论元之间的语义关系都是匹配的,那么动词预示观是最简洁的一种理论表述方法。问题是,动词并非总是和论元结构一致。小句中动词和参与者有时不是完全匹配的。例如:

John sneezed the tissue off the table.

英语的 sneeze 是个不及物动词,它不可能指派一个使移构式,预示观难以解释为什么不及物动词可以出现在及物小句中。又如:

Pauline smiled her thanks. (Levin & Rapoport 1988)

英语 smile 也是个不及物动词。根据预示观的分析,它不可能指派一个双及物使获构式。

无论是理论方法方面,还是语言发展(即语言习得)方面,还是语言系统表述方面,我们都看到预示观确实存在难以弥补的不足。当然,预示观的这些问题在融合观的构式表述中并没有出现。

认知功能的研究认为,动词和小句之间有概念语义的联系。它们的联系可以表现为两者享有相同的概念语义(如,匹配小句)。也可以表现为两者的概念语义可以推导连通(如,错配小句)。例如,动词 float(浮)和"移动"可以根据经验知识推导连通,因为经验知识告诉我们会浮的实体,会因水的移动而移动。在心智记忆中,动词语义和论元结构应该没有非常明确的界限。尽管如此,动词有其核心语义。例如,"浮"和"沉"都涉及实体以"水"为方位标志的语义。但是,它们的核心语义是对立的。"浮"在水面上,而"沉"则在水面下。至于"浮"是否含"移动"意思并不重要,因为"移动"不是"浮"的核心语义,而可以是一个推导语义。核心语义可以出现在任何非隐喻的语义结构中,推导语义则是可有成分。

5.2.3　融合原则

构式中并不是任何动词参与者都可以和任何论元融合。葛德博格认为,融合就是语义限制,就是同时作用于动词参与者角色和论元结构角色的语义限制条件(Goldberg 1995：50)。动词和论元结构的融合受控于两个原则:**语义连贯原则**(The Semantic Coherence Principle)和**对应原则**(The Correspondence Principle)。葛德博格的两个融合原则在很大范围中是可行的,但汉语语料中仍有反证。

(1) **语义连贯原则**:只有论元角色和动词参与者角色的语义是匹配的,那么两者才可以融合;当动词参与者角色识解为论元角色的实例,那么两者语义才是匹配的(Goldberg 1995：50;Goldberg & Jackendoff 2004)。例如:

Bill kicked the ball into the net.

该小句是个使移构式。其中动词 kick 的"踢者"可以识解为施事的一个实例,所以"踢者"参与者可以和施事论元融合。同理,"被踢对象"可以识解为题元。它们的融合关系可以表述如下:

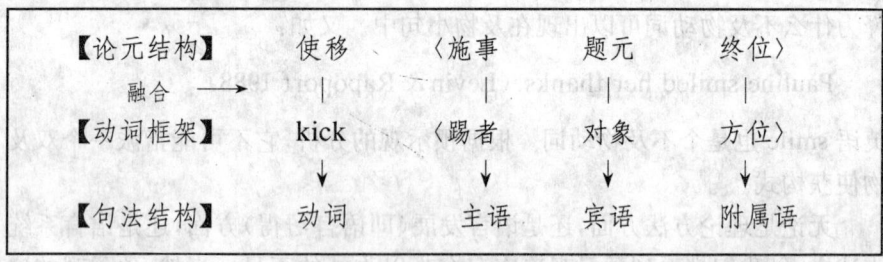

根据构式语法的语义连贯原则,无法被识解的参与者无法和论元角色融合。例如,施事角色不能和受事角色融合(Goldberg & Jackendoff 2004)。

汉语语料中我们发现有些小句和上述融合原则相悖。例如:

那场球把他们都看累了。

当然,如此义形关系的构式英语是没有的。西方许多理论模式对如此构式的表述自然也有些力不从心。如果用构式来表述,那么该句的动词框架应该表述为:

看〈**看者**_{他们}　**对象**_球〉

其中"看者"和"对象"应该是必有参与者。小句是个使成(结果)构式(resultative construction),其典型构式的小句可以是:

他们把大侠的眼睛打瞎了。

使成构式的论元结构表述为:

使成〈施事　受事　结果〉

从句法结构连接关系的角度出发,"看"小句中的"那场球"应该指派施事论元角色,"他们"指派受事论元角色,"累"指派结果角色。如此论元指派的结果是,作为受事对象的"那场球"却识解为施事,而作为施事看者的"他们"反倒识解为受事。这正是融合关系所不愿看到的。但在汉语中这样的构式确确实实地存在。

认知功能模式中,该小句的概念框架视为由动作结构和致使结构重合连贯而成。动作结构表述动作过程,而连贯动作结构的主要是使成构式。两者之间概念语义的连贯可以解读为"他们看球"(动作结构)使"他们累了"(致使结构)。当然,这样的解读表明动作结构和识解结构之间是语义连贯的,它们之间的连贯语义可以表述如下:

那场球把他们都看累了。

动作者他们 + **动作**看 + **对象**那场球
[动作者+动作+对象]致使者 + 致使 + [动作者客体他们 + 终状累]
对象**致使者**那场球 + **致使** + [动作者**客体**他们 + **终状**累]

动作结构和致使结构之间还有起连贯推导作用的隐性概念结构[动作者+动作+对象]致使者 + 致使 + [动作者客体他们 + 终状累]。从概念语义的角度出发,致使者自然应该是一个事件,是一个"他们看那场球"的事件。但是,该事件致使者紧缩识解为事件中的对象"那场球"。这样的紧缩局部识解在汉语中有一定的能产性。例如:

那碗面把他吃病了。

那些文稿把他看累了。

冰淇淋将他的胃都吃坏了。

那些考卷将他的手都做酸了。

而且后两句的结构比前两句的更复杂。

(2) **对应原则**:词项突显并作显性表达的参与者角色和凸显论元角色融合。例如:

Sam mailed her a letter.

该小句含使获论元结构,它有三个凸显论元角色:施事、终属、受事。动词 mail 也有三个参与者角色:寄者、收者、被寄物。其中动词的三个参与者和论元结构的三个论元融合。它们的融合关系可以表述为:

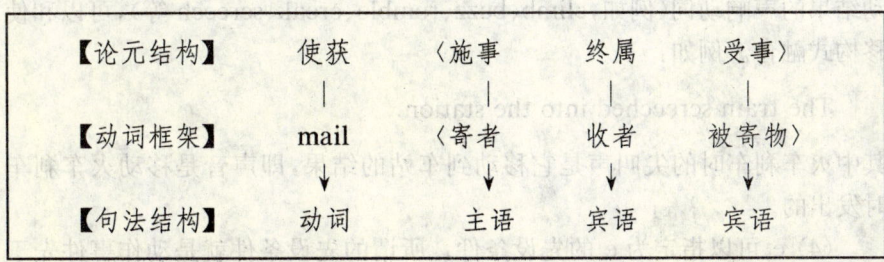

【论元结构】	使获	〈施事	终属	受事〉
		|	|	|
【动词框架】	mail	〈寄者	收者	被寄物〉
		↓	↓	↓
【句法结构】	动词	主语	宾语	宾语

如果一个动词有三个凸显参与者角色,那么其中一个可以和构式的非凸显论元角色融合,构成领属使移构式。例如:

Sam mailed a letter to her.

该句的凸显论元角色只有两个:施事、受事。

其中识解收者的终位不是凸显论元,只能连接附属语。

基于融合原则,葛德博格总结出五类动词事件 e_v 和构式事件 e_c 之间的关系。

(1) e_v 可以是 e_c 的次类。例如:

Sam put the book on the table.

动词 put 指派一个使移事件的类型,使移构式语义也是"使移"。因此,动词事件是构式事件的一个次类。

(2) e_v 可以指定为 e_c 的**手段**(means of identifying)。如果声响动词不表示移动结果,但它却是确定移动途径的手段,那么动词仍然可以和表示移动途径的构式融合,构成勉强成立的小句。例如:

? The police car screamed down the street.

所谓的声音为确定途径的手段,在此例句中表达为一路的警笛声确定了警车驶过的路径。

(3) e_v 可以指定为 e_c 的结果。科绕福特(Croft 1991)认为,有些表示移动结果的声响动词(例如,climb、buzz、rumble、creak、screech 等),可以和使移构式融合。例如:

The train screeched into the station.

其中火车刹车时的尖叫声是它移动到车站的结果,即声音是移动火车刹车时发出的。

(4) e_v 可以指定为 e_c 的先设条件。所谓的先设条件就是动作事件先于

构式事件存在,前者为后者的条件(Goldberg 1995:65)。例如:

Mary baked Larry a cake.

其中创造事件(to bake a cake)为使获事件(to give Larry a cake)的先设条件。两者之间存在一种顺序关系。

在具体语料的研究中,我们发现这一融合原则值得商榷。如果创造类动词是个先决条件,那么何为创造类动词? 这个问题似乎并不怎么容易解决。动词 cut 和 carve 理解为"雕刻"时,自然可以创造一个"新"终体,两者作为创造类动词当之无愧。这两个动词也确实能够出现在双及物句式中,例如:

Tom cut / carved her a model boat.

那么动词 engrave 是否可以归作创造类动词? 该动词和 cut、carve 一样,都表达切刻动作,同时切刻动作都能创造一个新的实体。赖雯(Levin 1993)至少将它归入图文创造类。当然,三个动词概念语义的细微差别还是存在的。前两个动词可以表达雕刻和镌刻事件,第三个动词只能表达镌刻事件。雕刻事件可以解读为通过切刻动作创造一个被雕刻的实体;镌刻事件则解读为通过切刻动作在某实体表面创造出图文。例如:

Tom engraved a seal with his name.

其中"图章"只有在章石上出现文字才成其为"图章"。从这个意义出发,engrave 至少可以创造"图章"或"章石上的文字"。但是,engrave 解读为"镌刻"进入使获构式,它的小句在母语者中有语感争议。例如:

?? Tom engraved her his initials / a seal.

但是,同样是图文创造类动词,write 就可以出现在使获构式中,例如:

Tom wrote her a poem.

相比之下,同样是图文创造,engrave 和 write 的语感却不同,和雕刻动词 carve 和 cut 的语感也不同。其中 engrave 的用法和构式融合原则 4 抵触。

(5) 在有限范围中,e_v 可以指定为 e_c 的方式、确定手段、意向结果。

所有这五类融合中,至少有一个参与者和一个论元融合(Matsumoto 1991)。我们不妨将它称作"最小融合关系"。

最小融合关系也许是英语必守的融合原则之一。但是,它却在汉语中被打破。英语没有完全不匹配的失配小句,任何英语小句至少有一个参与者必须和一个论元融合。汉语却有完全不匹配的失配小句。例如:

　　第二次瞄准才将子弹扣出去。

如果用构式来分析，那么动词"扣"的语义框架至少有两个参与者，它们是"扣者"和"被扣实体"。上例小句的论元结构有三个论元，它们应该是"施事""题元""终向"。问题是动词"扣"的两个参与者都没有出现，其中"第二次瞄准"和"子弹"都无法指派任何动词框架的参与者。当然，它们也无法分别识解为施事和题元。因此，任何一个参与者都无法识解为任何一个论元。虽然参与者无法识解为论元，但小句却是成立的。由此可见，葛德博格推崇的"最小融合关系"在汉语失配小句中是不存在的。

　　虽然动词框架和论元结构之间没有融合关系，但在概念框架表述中，概念框架和(使移)论元结构之间是语义连贯的(详见第 6 章)。汉语失配小句的语义合理性并不表现为动词框架和论元结构之间的融合关系，而是表现为概念框架和论元结构之间的语义连贯性。

　　无论是哪种融合原则，它们存在的意义是表述哪些融合是合理的，能够成句；哪些不能融合，不能成句。葛德博格等人的融合原则能够表述许多句子合理与否。但是，这些原则却不是穷尽的，它们的反证还是有的，它们的应用范围是有限的。英语的 engrave 小句以及汉语的失配小句都是融合原则的反证。

　　动词准入变式的条件是大多数语言学理论都会去面对的研究领域，它同时也成了语言学理论合理与否的一个试金石。构式语法力图通过融合原则来揭示动词准入变式的条件，并取得了成果。但是，问题并非已经全部解决。在今后很长时间内，动词准入条件，仍然是语言学(包括构式语法在内)研究的一个需要攻克的难题。

5.2.4　论元结构

　　无论是持融合观的构式语法，还是持预示观的词汇语义学，它们的理论模式中都存在语义论元结构。当然，融合观的论元结构和动词语义框架同样重要，它们没有主次之分，也没有派生和被派生之别。而预示观的论元结构则由动词派生而得。构式语法已经成功论证了，错配小句的论元结构是无法由动词词典语义生成而得。

　　在构式语法中，构式是义形连接整体性范畴。它的论元结构可视为用来识解动词框架，并连接句法结构。根据构式的定义，不同的论元结构应该连接不同的句法结构。连接不同句法结构的构式，应该是不同的构式。但是，这样的构式定义，有时在构式语法中会出现一些问题。而且出现的问题似乎很难用预示观和融合观来解决。汉语的被字句式就是如此一个难以琢磨的构式。

根据汉语的语感,被字句式的典型意思是句首成分被解读为受负面影响的实体,否则在没有其他条件的作用下被字句式不妥。请比较:

> 房子被烧成了灰。
> 藏羚羊被人杀了。

从句法结构的角度出发,汉语被字句式应该是一种构式,否则我们的语法表述就缺乏概括性。但是,出于概念语义的压力,我们似乎很难用单个论元结构来表述被字句构式。请比较:

> 药被人下鱼塘里了。(药没了。)
> 鱼塘被人下了药。(鱼塘污染了。)

它们都有负影响含义。如果不考虑"了"的用法,那么它们的句法结构都是:

> 名—被—名—动—名

它们的动词框架也相同,都可以表述为:

> 下〈下者 被移实体 终位〉

如果从动词的角度出发,那么两个小句的论元结构分别是:

> 药被人下鱼塘里了。
> 下〈题元,施事,终位〉
> 鱼塘被人下了药。
> 下〈终位,施事,题元〉

这样设定的缺陷是,"负影响"含义无法合理表述。

如果从句首受负影响实体的角度出发,那么两句的论元结构分别是:

> 下〈题元,施事,终位〉
> 下〈受事,施事,题元〉

这样表述的优势是两个论元结构都可以表述受"负影响"的句首实体。前句的因题元移动而受影响,后句的受事表达受影响的实体。如此表述的劣势是:它们无法表述两句相同的语义部分,即"药下到鱼塘里"的语义部分。

概念框架既可以表述两句的相同概念内容,又可以表述它们之间的差异。首先,它们有相同的动作结构:

$$动作者_人＋动作_下＋对象_药＋终$$

和动作结构连贯的致使结构可以有两个，一个表述动作对象的移位，另一个表述移位后对象对终位造成的"负影响"。这两个概念结构可表述为：

$$致使者_人＋致使＋[^{对象}客体_药＋^{终位}终位_{鱼塘里}]$$
$$^{对象}客体_药＋影响_{【污染】}＋^{终位}对象_{鱼塘}$$

对两个被字句而言，第二个影响结构是个可有结构，它是前两个结构的延伸。它表述的概念内容只出现在第二句中。因此，"下"小句的概念框架可以表述为：

$$动作者_人＋动作_下＋对象_药＋终$$
$$^{动作者}致使者_人＋致使＋[^{对象}客体_药＋^{终位}终位_{鱼塘里}]$$
$$(^{对象}客体_药＋影响_{【污染】}＋^{终位}对象_{鱼塘})$$

和"下"概念框架连贯的论元结构有两个，它们可表述为：

$$^{动作者}施事＋谓词＋^{客体}客事＋^{终位}终位$$
$$^{动作者}施事＋谓词＋^{终位}客事＋^{客体}影响体①$$

论元结构中的客事都体现为句首名词短语，施事的语法体现也相同。虽然终位和影响体的语法体现位置相同，但它们的语法范畴不同，其中后者体现为名词短语，不含方位词"里"。

　　和构式表述比较，概念框架可以明确详细表述各被字句之间的丰富概念语义异同，合理表述识解方式的异同，以及正确表述语法体现的异同。概念框架的表述不仅有更宽泛精细的表述范围，表述形式同时又有更高的概括性。

5.3　构式的外部连接

　　构式层级组织和关系网络模式以及平行模式一样，都强调语符关系的重要性，但它们的宏观构架却不同。关系网络模式和平行模式强调语义（S）和句法（G）有各自的半自主系统，语符关系是两个半自主系统之间的关系（见图5.2a）。构式语法将语符关系（即义形关系"S/G"）的构式作为一个整

---

① "影响体"表示影响客事的实体，在此体现为句尾名词短语。在不同的句式中，影响体可以识解不同的参与者。

体性范畴,并由构式构成层级系统(见图5.2b)。

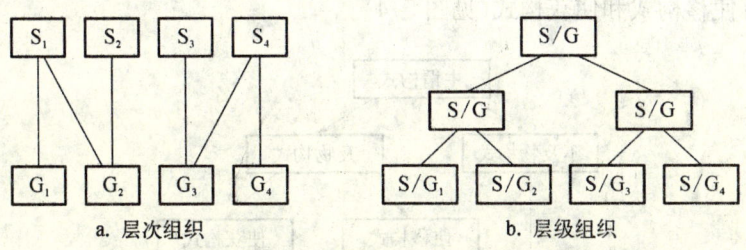

a. 层次组织　　　　　　　　　　b. 层级组织

图 5.2　两种语符关系组织

　　构式语法的基本范畴是构式。构式外部关系就是指在构式系统中各构式的连接关系。构式语法认为,语法系统是个构式层级系统(详见5.3.1小节)。构式层级系统是由构式按不同的继承关系连接起来的(详见5.3.2小节)。根据认知语言学的研究,层级系统中有一个基本层级。构式层级系统中也有一个基本层级。该基本层级上的构式称作基本构式(详见5.3.3小节)。

5.3.1　构式层级

　　根据构式语法的定义,构式可以是语词,也可以是论元结构。语词系统(即词库)是一种层级组织,语词作为范畴只是层级组织中的连接点(见图5.3)。

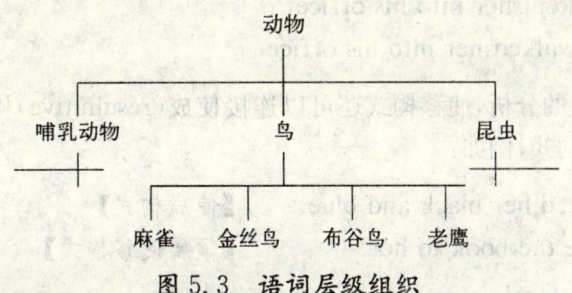

图 5.3　语词层级组织

然语词构式是义形连接范畴,但是在层级组织中,它们互相之间的连接关系却是概念语义的,而不是作为语词表达的语音。例如,范畴"鸟"和"麻雀"　下位关系是语义的,不是语音的。因此,语词构式层级实际上是构式语　　级,而不是构式表达的层级。

　　　结构系统和词汇系统一样,其构式系统也表述为层级组织。和词　　同的是,论元结构构式系统的范畴,即构式层级组织中的接点范畴　　　构式。葛德博格(Goldberg 1995:109)就构式之间的承接关系　　　层级组织。它的最高层级是**主谓构式**(Subject-Predicate

Construction），下一层有**不及物构式**和**及物构式**。其中及物构式的下层还可以有使移构式和使获构式（见图5.4）。

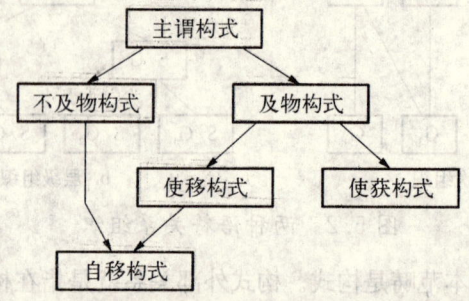

图 5.4　构式层级组织（Goldberg 1995：109）

　　基于构式语法的分析，及物构式下连**使移构式**（caused-motion construction）和**使获构式**（ditransitive construction）。使移构式（A）作为典型构式连接其他四个延伸构式（它们共同构成亲缘相似性构式集）：

A. Sam pushed her into his office.

B. Sam invited her into his office.

C. Sam let her into his office.

D. Sam kept her into his office.

E. Sam walked her into his office.

根据葛德博格的分析，使移构式还可以连接**使成**（resultative）构式和**领属使移**（transfer）构式，例如：

Sam kicked her black and blue.　　【使成构式】

Sam gave the book to her.　　　　【领属使移构式】

其中构式 A 是表达中心意思的构式，其他构式以它为中心，是它的延伸边缘构式（见图5.5）。

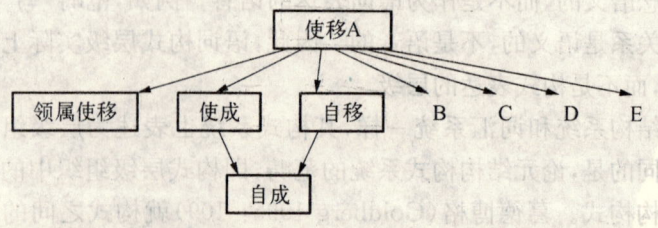

图 5.5　使移构式的连接关系（Goldberg 1995：109）

使获构式(A)作为典型构式连接五个延伸构式：

A. Tom gave her a computer.
B. Tom promised her a computer.
C. Tom denied her any comforts.
D. Tom left her a big fortune.
E. Tom allowed her an ice-cream.
F. Tom stole her a ticket.

它们的连接关系可以用图 5.6 表示：

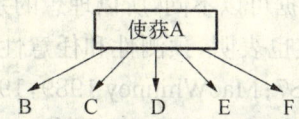

图 5.6　使获构式连接关系(Goldberg 1995：109)

当然我们可以将三个层级(图 5.4、5.5、5.6)组织连接起来构成相对完整的构式层级(见图 5.7)。

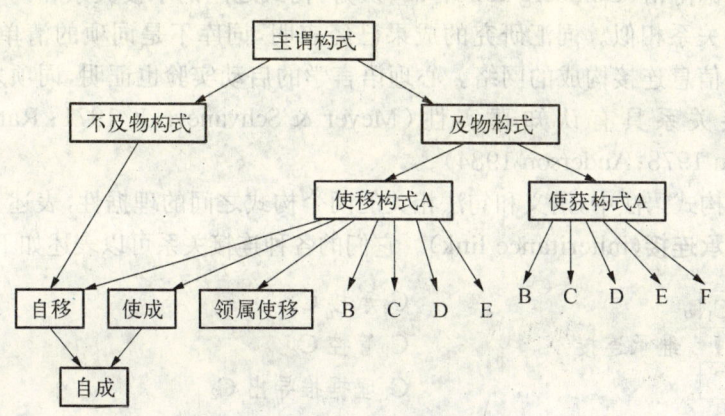

图 5.7　构式层级组织

5.3.2　继承关系

认知语言学在研究构式组织中，非常关注各构式之间的理据
(motivation)。认知语言学认为，构式之间的主要关系既不是可以预测，
也不是任意的，而是理据性的。兰讷克(Langacker 1987)举例论证了预测
性和任意性之间的理据性的存在。他指出，scissors(剪刀)、pants(长裤)、

glasses(眼镜)、binoculars(望远镜)等,它们的复数表达形式是无法由其概念内容直接预测到的,但它们都选用复数形式也并非完全是任意的。这些名词之所以用复数形式是因为名词所指实体都由明显的两个部分构成。这些语词构式之间的义形关系就是居于预测性和任意性之间的理据性。如果从义形关系的角度出发,各构式之间的理据性实际上就是各语词之间无法完全预测(但有一定对应关系)的义形相关性。

莱考夫(1987)将理据性定义为构式的继承关系(inheritance)。一个构式承接(inherit)另一个构式可以定义为一个构式承接另一个构式的所有和自己不矛盾的特征。承接构式的冗余特征越多,理据性就越强。最理想的系统理据性最强。由于理据可以不同,所以理想的系统可以是各种各样的。

儿童语言习得的研究也表明,预测性和任意性之间不存在明确的界线(Bates & MacWhinney 1987;MacWhinney 1989,1991;Pinker 1987)。语言习得研究还表明,理据性越强的概念,学起来越容易(Gelman, Wilcox & Clark 1989)。人工智能的连通主义表征也认为预测性和任意性之间没有明确界线。不同的连通程度只是表现为不同的权值(Rumelhart & McClelland 1986)。

葛德博格(Goldberg 1995:72)认为,构式之间的承接关系和词项之间的连接关系相似。词汇研究的成果已经表明,词库不是词项的清单,而是词项按信息连接构成的网络。心理语言学的启动实验也证明,词项之间语义连接关系具有认知真实性(Meyer & Schvaneveldt 1971;Ratcliff & Mckoon 1978;Anderson 1984)。

在构式语法中,语义和句法相关的两个构式之间的理据性,表述为不对称的**继承连接**(inheritance link)。它们的各种连接关系可以表述如下:

C_1

↓ 继承连接

C_2

C_2 承接 C_1

C_1 管控 C_2

C_1 理据推导出 C_2

葛德博格的构式语法的承接机制不是在线操作机制,而是共享信息的静态关系。在构式语法中,常有的继承连接类型有:**多义连接**(polysemy (I_p) link)、**局部连接**(subpart (I_s) link)、**实例连接**(instance (I_i) link)和**隐喻(延伸)连接**(metaphorical extension (I_m) link)。

多义连接(I_p):构式的多义连接就是一个表达形式可以和多个语义的连接。多个语义中其中一个是中心语义,称作**典型**(prototype);其他的构式是典型构式的延伸。按葛德博格(Goldberg 1995:75)的分析,使获双及物构式至少可以有五个延伸语义：

（A）X 致使 Y 获得 Z（中心意思）

例如：John gave May a book.

（B）承诺兑现时 X 致使 Y 获得 Z

例如：John promised Mary a diamond ring.

（C）X 允许 Y 获得 Z

例如：John permitted Mary one disc.

（D）X 致使 Y 无法获得 Z

例如：John refused Mary an ice-cream.

（E）X 意想致使 Y 获得 Z

例如：John cooked Mary a bowl of noodles.

（F）X 致使 Y 在未来获得 Z

例如：John bequeathed Mary a fortune.

其中（B）—（F）的五个构式都是典型构式（A）的多义连接。

使移构式也存在多义连接，而且它们和使获双及物构式的多义连接存在着惊人相似之处：

（A）X 致使 Y 移动到 Z（中心意思）

例如：Jane pushed the cart into the garage.

（B）条件满足时 X 致使 Y 移动到 Z

例如：Jane ordered him into the garage.

（C）X 允许 Y 移动到 Z

例如：Jane allowed him into the garage.

（D）X 致使 Y 无法移出 Z

例如：Jane locked him into the garage.

（E）X 帮助 Y 移动到 Z

例如：Jane assisted him into the garage.

其中典型构式（A）多义连接（B）—（E）构式。多义构式看似相同，至少它们的句法结构相同，但葛德博格却认为，它们需要逐个单独习得（Goldberg 1995：76）。

无论是使移构式，还是使获构式，它们概念语义都属于陶弥（Talmy 1976；1985）所讨论的力变图式。两者的差异在于变化范围，使获构式的变化是领属，使移构式的变化是方位。在杰肯道夫（Jackendoff 1990）的平行模式中,两者处于一种平行关系中,它们有相同的概念结构,但语义域特征不同。虽然两类构式处于平行关系中,它们的句法行为,即和句法的体现关系仍然有差异。例如:

Sam helped her into the cave.

*Sam helped her the chocolate.

很显然,帮助类使变图式在使移构式中是允许的,但在使获构式中是不允许的。所以杰肯道夫的平行模式中具有高度概括性的平行构式,它们同时又需要许多限制条件。

在一个亲缘连接的多义构式局部网络中,所有的多义构式都连接一个相同的句法结构,其中各使获语义连接双及物构式,各使移语义连接予格句式。

局部连接(I$_s$): 如果一个构式是另一个构式的局部,那么这个构式局部连接另一个构式。例如:

The ball dropped into the pit. 　　　　　　　　【自移构式】

Larry dropped the ball into the pit. 　　　　　　【使移构式】

自移句式中,"球"是自己移动的;使移句式中,"球"的移动是 Larry 造成的。无论是自移构式还是使移构式,它们都含"球移动至洞内"的语义。但是,自移构式只表达如此语义,而使移构式除了表达"球移动"的语义外,还说明"球移动"是由外力致使的,所以自移语义是使移语义的局部。

局部连接除了是方位语义域的,也可以是性状语义域的,例如:

The princess turned into a white swan. 　　　　【自成构式】

They turned the princess into a white swan. 　　【使成构式】

Tim got a letter. 　　　　　　　　　　　　　　【获得构式】

They sent Tim a letter. 　　　　　　　　　　　【使获构式】

其中自成构式局部连接使成构式,获得构式局部连接使获构式。

实例连接(I$_i$): 如果构式甲是构式乙的实例,那么构式甲实例连接构式乙。例如,构式语法可以有各种使成构式,但就使成构式而言,以下例句只是一个实例:

Tom drove her mad.

因此,上例具体构式实例连接使成构式,同时,我们也可以说使成构式局部连接其实例构式,因为概括性抽象使成构式只是使成实例构式的局部,其例构式中除含概括性使成构式的信息外,还含一些其他具体信息。

　　隐喻连接(I_m):隐喻连接是指两个构式之间的隐喻**映射**(mapping)关系。葛德博格认为,使移构式和**领属使移构式**(Transfer-Caused-Motion Construction)之间就存在隐喻连接。例如:

Tom threw the gun into the water.　　　【使移构式】
Tom gave the gun to Mary.　　　　　　【领属使移构式】

两者有相同的句法结构,隐喻连接可以允许使移构式的句法结构来表达领属转移。根据葛德博格的分析,使成构式和使移构式之间也可以由隐喻连接。例如:

Ted beat him black and blue.　　　　　【使成构式】
Ted put the cucumber into the plate.　　【使移构式】

如果用语法功能来表达,那么它们的句法结构也相同,都是"主语—宾语—附属语"。句法结构相同的两个构式中,使成构式的变化是性状的变化,使移构式的变化是方位的变化,它们构成隐喻映射关系。

　　笔者认为,两种构式的句法结构并不完全相同。如果从语法位置和语法范畴的角度出发,它们不是相同的句法结构,具体表现在语法范畴的不同。前者的附属语是形容词短语;后者的附属语是介词短语。当然,我们仍然能够找到附属语为介词短语的使成构式,例如:

Ted cut the cucumber into pieces.　　　【使成构式】

如果将所有受事性状变化的构式都归作使成构式,那么以上小句就是附属语为介词短语的使成构式。这样的使成构式自然和使移构式有相同的句法结构。

　　根据葛德博格的分析,构式层级中的各种承接连接可以用上述四种类型来标示(见图5.8)。通过承接类型的表述,我们发现层级组织中层级和承接类型之间有一定的对应关系。构式层级组织中从最高层级的主谓层,通过不及物构式、及物构式,然后到使移构式、使获构式层,这三个层级之间的承接关系都是实例连接。其中不及物构式和及物构式都是主谓构式的具体实例;使移构式A(或称**"典型使移构式"**)和使获构式A(或称**典型使获构式**)都是及物构式的实例(见图5.8)。

　　使移构式、使获构式以下的承接关系要复杂些,但它们的主要承接关系是多义连接(见图5.8)。其中典型使移构式还有其他承接关系,因为方位域构式是各语义域中比较早习得的基础构式,它的句法结构可用来表述其他

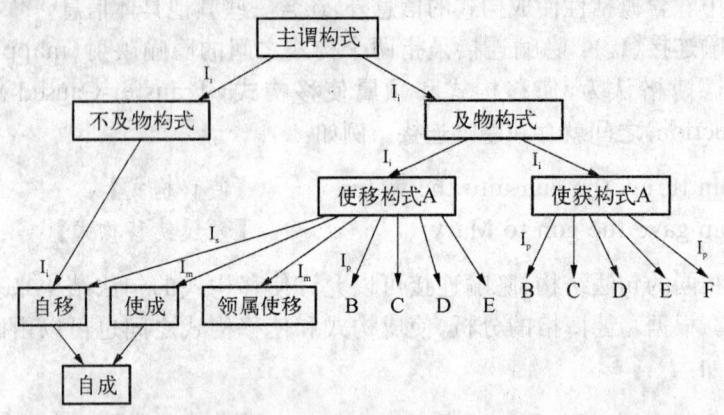

图 5.8　构式层级的承接关系

语义域的相应构式。使成构式通过隐喻继承关系承接使移构式,领属使移构式通过隐喻继承关系也能承接使移构式。自移构式承接两个构式,它通过实例继承关系承接不及物构式,同时还通过局部继承关系承接使移构式。葛德博格将这些继承关系视为语义关系,但是它们的种类和语词层级中的语义连接关系不同。

5.3.3　基本构式

词项层级组织有若干层级,其中一个层级视为基本层级,基本层级上的概念称作**基本平面概念**(basic-level concept),简称"**基本概念**"。图 5.3 所示的层级组织中,"鸟"就是一种基本概念。根据认知语言学研究,语词的基本范畴有明确的意象(不管是什么鸟,它们都有羽毛、有翅膀、有硬壳嘴、卵生),使用频率高,而且较早出现在儿童言语中(Ungerer & Schmid 1996)。

葛德博格(Goldberg 1995:39)认为,论元结构构式也构成层级组织,层级组织中也有**基本层级构式**(basic clause-level construction)(下文简称"**基本构式**")。每一个基本构式都表示一个人类相关的情景(scene)。基于以上分析,葛德博格提出一个**情景编码假设**(Scene Encoding Hypothesis):

和基本句子类型对应的构式,它们反映人类基本经验的事件类型,并编码为中心意思。

例如:

小王在屋里。　　　　　【某人/某物在某处】
小王有部电脑。　　　　【某人有某物】

　　小王很高兴。　　　　　【某人/某物处于某状态】

基本构式是抽象的构式，它可以有许多实例，例如：

　　【某人/某物的方位变化】
　　小王掉进了沟里。
　　纸飞上了天空。
　　落叶飘进了水潭。

具体的构式不可能是基本构式。例如，"某人掉进了某处"、"某物变了颜色"、"某人变胖了"等，它们都不是基本构式，而是基本构式的实例。三个构式的第一个应该归入基本构式"某人/物的方位变化"，后两个应该归入基本构式"某人/物的性状变化"。

　　兰讷克（Langacker 1991b）认为，语言是围绕着概念**主要类型**（archetype）构成的，这些主要类型尽量地用来构造我们的概念。由于语言是描述经验的手段，那么这些主要类型就具备基本语言构造的典型价值。这些典型类型将尽可能地延伸其用法，因为人们在认知新鲜或不熟悉的事物时，总是以已知的有限构造为延伸基础。

　　基本构式同时又和语言习得有关。儿童最早使用的常用动词，它们的语义和构式语义相似（Clark 1978）。这种语言现象有一定的普遍意义，其中包括芬兰语研究成果（Bowerman 1973）、法语研究成果（Grègoire 1937）、日语研究成果（Sanches 1978）和韩语研究成果（Park 1977）。

　　语言习得的研究还发现，儿童语言的第一个语法标记出现在表达"典型情景"的构式中，而不是出现在动词中。所谓的"典型情景"就是经常出现的活动和感知经验，这些经验又成为以后发展的基础（Slobin 1985；Schieffelin 1985）。许多语言习得的研究还发现，儿童首先习得的语言表达限于一定范围的语义，其中涵盖**施事**（agency）、**动作**（action）、**方位**（location）、**领属**（possession）、**存在**（existence）、**重复出现**（recurrence）、**不存在**（nonexistence）和**消失**（disappear）（Bloom 1970；Bowerman 1973；Schlesinger 1971；Slobin 1970）。葛德博格（Goldberg 1995：42—43）以语言习得研究的资料作为证据提出：由构式"编码"的事件是人类经验的基础。儿童习得的句法次范畴框架自然直接和语义及其人类经验的情景关联。一般认为许多句子习得前儿童已经获得了相关经验。例如，儿童习得双及物句子前，已经懂得了传递或获取实物。那么儿童习得句法就成了将表达形式用来编码人类经验的具体情景而已。因此，构式具有延伸和产生变体的可能性。

事实上，葛德博格（Goldberg 1995）讨论的构式就是基本构式，它包括使移（caused-motion）构式、双及物（ditransitive）构式、结果（resultative）构式和途径（way）构式。① 其中前三个构式可以出现在任何语言中。英语的例子有：

Bill threw the rock into the well.　　　【使移构式】

Tim gave her some money.　　　　　　【使获构式】

Sam beat the iron flat.　　　　　　　【使成构式】

这三个基本构式也出现在汉语中，例如：

他放了部手机在桌子上。　　　　　　　【使移构式】

他送给学生一本书。　　　　　　　　　【使获构式】

他踩扁了塑料瓶。　　　　　　　　　　【使成构式】

5.4　操作可行性验证

从认知功能取向的理论观点出发，语言系统模式必须表述语言系统的基本特征，其中包括语言系统的动态操作。我们意识到，这个理论目标并不是构式语法所追求的。尽管如此，我们还是希望构式语法能够为语言系统模式的构建提供有效信息。为了更好地让构式语法为我所用，我们对已有的构式语法系统进行操作可行性验证。本小节以模式可操作性为验证标准，进一步探究构式内部和构式之间的关系。其中构式内部有句法结构的表征问题（详见 5.4.1 小节），构式外部的连接关系有层级组织的操作可行性问题（详见 5.4.2 小节）。

5.4.1　句法结构的表征

构式是义（概念语义）和形（句法结构）的连接组织。其中句法结构表述为语法功能的组合结构。如果句法结构用语法功能来表述，那么在理解操作中，会出现一些问题。请比较以下两个小句：

---

① 为了让术语更加系统化，我们分别有使移（cause-to-move）构式、使获（cause-to-receive）构式、使成（cause-to-become）构式。其中使获构式和使成构式，就是所谓的双及物构式和致使结果构式。

Tom gave Ted five dollars.

The book cost him five dollars.

大家都接受前句是双及物结构;而后句是否属于双及物结构,有争议。宏比(Hornby)(1974)将两者归入不同的句型。根据 Hornby 的归类方法,两句的语法功能是:

主语—动词—宾语—宾语₂

主语—动词—宾语—附属语

在理解操作过程中,词汇语法的输入是词串。每一个词可以从词库中调出各自的词性(在此暂不详细讨论多词性的消解)。语法功能的确定,不在词库中实施,而在小句的整体处理中实施。在确定语法功能前,语言系统获得的是具体语法位置上的语法单位。各词项首先具备的标记应该是语法单位或类型。语法功能的确定是在具体位置的语法范畴基础上进行的。但是,用语法关系来表述小句,两个小句却是相同的,它们都是:

名₁—动—名₂—名₃

因此在操作过程中,我们还必须表述语法关系和语法功能之间的关系,分清相同语法关系句尾名₃和不同语法功能宾语以及附属语之间的体现关系。完整的并具有操作可行性的模式必须考虑句法输入的形式,它必须首先是语法位置上的语法范畴。

5.4.2　层级组织的操作

　　构式系统是一种层级组织系统,它的主要范畴是构式。范畴的层级组织是有认知操作可行性的。以词项层级组织为例。作为基本范畴的"鸟"及其表达形式可能是较早习得的范畴(Ungerer & Schmid 1996)。范畴"鸟"可以连接的概念语义特征至少有 "有硬嘴""有羽毛""有翅膀""会飞"……。在操作中"鸟"的概念语义及其语言表达可以互相激活。例如,小孩看到会飞有羽毛的东西,可能会称其为"鸟"。如果后来小孩看到了一只麻雀,并听成人说这是"麻雀"。儿童通过可视特征,可以将"麻雀"和"鸟"通过共享概念语义特征连通(见图 5.9 所示)。

　　连通的词项概念语义组织具有实施判断认知操作的能力。例如,"麻雀"的激活,可以通过共享的概念语义特征,激活"鸟"。结果,麻雀被判定为"属于鸟"。儿童以同样的方式在"金丝鸟""布谷鸟""老鹰"等和"鸟"之间构成了连通关系。结果,"鸟"和多个下位范畴构成层级的继承关系。

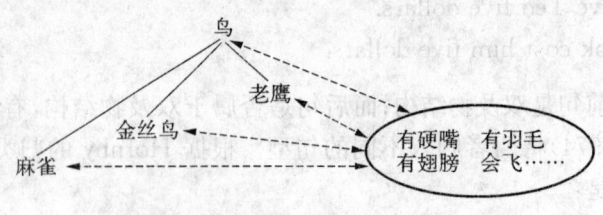

图 5.9 判断归类认知操作

概念语义特征中有些可能为所有下位实例范畴共享(例如,有羽毛),有些则被部分实例范畴共享(例如,会飞,因为鸵鸟等可以归入"鸟",但它们不会飞)。

根据以上阐述,层级组织确实有操作可行性。但它的操作性仅限于两个范围:(1)层级组织的操作主要用于范畴归类的认知操作,(2)层级组织的操作轨迹不遍及整个层级组织。例如,判断"麻雀"属于哪一范畴,不必激活"鸟"的上位,更不必激活"麻雀"的下位。

语词层级组织的操作特征,同样用于构式层级组织。如果要判断某句是否属于使获构式,我们没有必要从最高层级的主谓构式开始,先判断它是否为主谓构式,然后再判断它是否为及物构式,然后再判断它是否为双及物使获构式。判断的认知过程实际上仅在使获构式的层级及其下位上进行。

系统模式操作可行性验证的一个重要内容是模式的理解和产出的可行性。理解的认知过程主要是从表达形式到概念内容的过程,产出的认知过程主要是从概念内容到表达形式的过程。两者都不会是从低层级构式到高层级构式的过程,也不会是从高层级构式到低层级构式的过程。因此,从产出和理解的操作可行性出发,语言系统的整体构架不是一个以构式为基本范畴的层级组织。构式语法系统可能没有理解和产出的认知操作可行性。

5.5 小结和延伸

构式语法是认知语言学范式中研究语法系统的学科。构式语法研究的基本范畴是构式,论元结构构式语法的基本范畴自然是论元结构构式。

构式是从整体性到整体可分解性的一个连续统。前者无法用组合性构式来表述。后者则是有一定的组合性。这一理论观点,为概念框架的构建,提供了非常有意义的信息。

　　构式语法对组合性构式进行了内部结构和外部承接关系的研究。构式是一个义形关系结构,其中语义部分由动词语义框架和论元结构融合而成。两者之间的融合则受控于一定的融合原则。

　　就义形关系以及动词和句式之间的关系而言,小句可以有匹配小句、错配小句和失配小句之分。匹配小句可以用一维的论元结构表述,所以预示观是可行的;错配小句无法单独用动词语义来生成论元结构,句式语义需要论元结构提供信息,所以预示观是不可行的,而构式语法的融合原则可以解决错配小句的问题。但是,在汉语失配小句面前,融合原则仍然显得苍白无力。在概念框架的理论表述中,失配小句的概念语义仍然是连贯的。

　　构式语法系统是一个继承层级组织。它比较合理地表述了各构式之间的语义承接关系。从操作可行性的角度出发,构式层级系统可以部分用于构式范畴的归类判断的认知操作。但是,构式层级组织对理解、产出的认知过程却没有太大作为。另外,构式的语法功能在认知操作过程中,也会遇到非常棘手的问题。

　　语符关系系统在认知功能模式中由半自主的概念语义系统和半自主的词汇语法系统连接构成。因此,它不存在构式组织系统所遇到的操作问题。另外,认知功能模式中的词汇语法系统以语法位置上的语法范畴作为语法系统的成分,而构式的句法结构是以语法功能作为成分。因此,认知功能模式没有构式句法结构所遇到的理解操作问题。

　　认知功能模式和构式语法系统有明确的区别,前者保持了理论表述的合理性以及模式操作的可行性。尽管如此,两种模式还是有相同之处。两种模式都强调义形语符关系,都强调概念语义的丰富性和百科性,强调概念语义用多维机制(即概念框架和论元结构)来表述。但是,认知功能模式认为,和论元结构重合(或融合)的不是动词框架,而是连通感知运动系统的概念框架。概念框架可以合理表述概念语义,识解概念框架的论元结构主要表述语法语义。这样做可避免一维语义结构的表述缺陷。

第六章

表述概念语义

6.1 语符关系

语言系统是一个语符关系系统,是语言表达及其概念语义之间的体现关系所连接构成的系统。语言学各理论模式大多用论元结构来表述语义部分。但研究表明,一维的论元结构在表述小句语义时,会遇到难以解决的问题(程琪龙 1993、1995;Schlesinger 1995:211)。在系统分析中,小句之间的语义异同及其语符关系也无法得到合理表述。我们的结论是,仅用一维的论元结构无法合理解决上述小句的语义问题。为此,笔者提出了多维多概念结构的解决方案(程琪龙 1995c、2005c、2006)。

2006 模式中的概念框架是作为一种多维多概念结构的解决方案,用来表述概念语义的全部内容,它和词汇语法结构连接构成语符关系(程琪龙 2006)。在概念框架的基础上,认知功能模式开始考虑概念语义和感知、运动等认知系统的连接关系,同时开始考虑概念语义和词汇语法系统的连接关系。然后由这些连接关系来进一步调整概念语义的内部结构,并对模式的术语作出相应的调整。

根据叶姆斯列夫(Hjelmslev 1961)语符学的分析方法,语符系统首先系统分解为概念语义和词汇语法。概念语义进一步系统分解出连接感知运动的**概念内容**(conceptual contents),和连接词汇语法的**识解语义**(semantics of construal)。在认知功能模式中,概念内容表述为**概念框架**(conceptual frame),识解语义表述为**语义论元结构**,下文简称为**论元结构**(argument structure)。其中概念框架是概念的,它向外主要连接感知运动系统;论元结构是语法语义的,它向外主要连接词汇语法。概念框架具有一定程度的普遍性,论元结构则可以是各语言不同。概念框架和论元结构之间的关系是体现关系,这种体现关系可以诠释为:概念内容通过具体语言识解为语义结构,或概念框架体现为论元结构。整个小句的概念语义表述为**构式语义**

（semantics of construction）（见图6.1）。

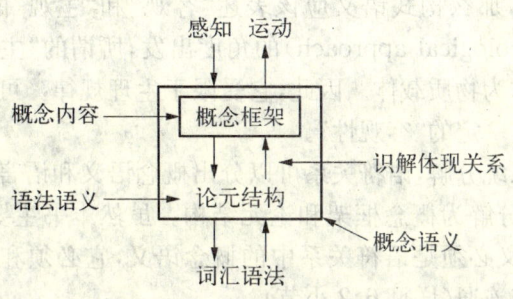

图6.1　构式语义

本书的构式语义主要指小句的概念语义。构式语义表述为概念框架和论元结构的连接关系。将构式语义和语言表达连接起来，可以得到一个语符关系构架（见图6.2）。

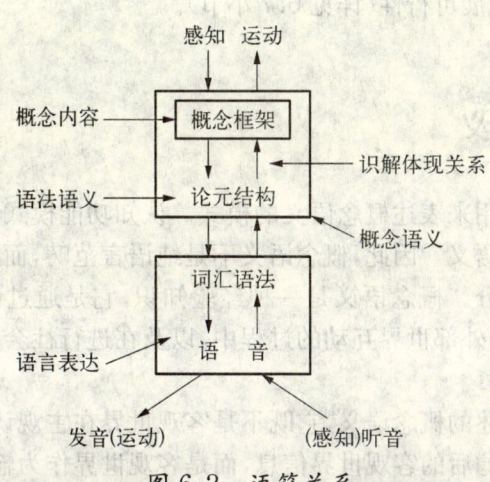

图6.2　语符关系

概念内容端可以在语言产出的过程中通过各种感知器官获得输入信号，并激活相应的概念框架；也可以在语言理解的过程中通过概念框架向运动系统输出信号。语音端在语言产出过程中通过运动系统的相应部位向发音器官输出信号，在语言理解过程中从感知器官（主要是听觉器官）获得语音输入信号。

从语符关系的角度出发，表述概念内容的概念框架通过感知、运动神经认知系统，连通外部世界的输入输出信号；表述识解语义的论元结构通过语法结构连通外部世界的语言现象信号。如果概念框架因临近感知、运动系统而视为"相对客观"的概念内容,识解语义因临近语言表达而视为"相对主观"的语义结构,那么构式语义应该表述"客观"和"主观"的互动结果。当然,从**生态观**(ecological approach)的角度出发,所谓的"主观"本身也以客观的神经网络作为物质载体。因此,它受限于生理规律。可见,"主观"的识解语义本身也有一定的"客观性"。

　　基于以上系统分解,语符关系可以分出概念语义和语言表达;在系统模式中,概念语义分解为概念框架和论元结构。虽然本书主要探讨概念语义部分,但概念语义必须是语符关系中的概念语义,它必须和感知、运动系统和词汇语法系统连通(详见 6.2 小节)。

　　概念语义在认知功能模式中由概念框架(详见 6.3 小节)和论元结构(详见 6.4 小节)连接构成构式语义表述。在认知功能模式中构式语义和词汇语法可连接构成关系网络,而概念框架和论元结构只是关系网络中的一部分(详见 6.5 小节)。与此同时,认知功能模式强调模式本身的操作可行性(详见 6.6 小节)和发展可行性(详见 6.7 小节)。

6.2　构式语义

　　构式语义是用来表述概念语义的模式。认知功能模式的概念语义涵盖概念内容和语法语义。因此,概念语义不是纯语言范畴,而是语言系统和概念系统连接的部分。概念语义是一种经验知识,它是通过语言在认知外部世界过程中,在和外部世界互动的过程中,以及在进行社会交际中积累形成的经验知识。

　　构式语义表述的概念语义,它既不是客观世界在主观认知上的映射,也不是主观认知过滤后的客观世界信息,而是客观世界作为输入信号,通过感知器官和已有的大脑神经通路互相作用的结果。输入信号体现为进入神经元的生化递质,它通过和神经通路的互动,体现为神经元的激活和自我修整的生理过程(详见第 3 章)。

　　构式语义含概念框架和论元结构,它们又分别和感知、运动以及词汇语法连通。在认知功能模式中,从上到下可以有感知运动、概念框架、论元结构和词汇语法结构。它们既连通又不同。

　　就概念框架而言,动作概念和运动认知连通。但是,两者又是不同的。例如,"吃"动作概念可以出现在一个吃事件中,它可以有"吃者""食物"等,而动作系统中"吃"实际上是一系列动作。这一系列动作至少包括:

> 将食物放入口腔；
>
> 嚼食物；
>
> 吞咽食物。

换言之，"吃"概念和运动系统的三个顺序动作连通。我们当然不会在表述吃事件时将上述系列动作都作显性表述。但是，它们在动作系统中是必须存在的。由此可见，概念内容和运动系统的表述是不同的，但又是互相连通的。在视觉感知系统中，我们可以看到以上三个动作，同时看到动作者致使食物位置的变化。在味觉和嗅觉系统中，我们可以感受到食物的味道和气味。

如果概念内容可以和感知、运动系统的表征分开，那么它是否同样可以和论元结构分开呢？实际上，这个问题我们已经作出了回答。论元结构是一维的，它仅表述语法语义，例如：

> 鱼缸被人倒了煤油。
>
> 煤油被人倒进了鱼缸。

它们的概念内容有相同的部分，都含"'某人'实施动作'倒'，致使'煤油'进入'鱼缸'"。当然，前句还有额外的含义，即鱼缸因此而受到影响。

虽然两句有相同的概念内容，但相同内容却识解为两个不同但又相似的论元结构。由此可见，两个论元结构和一组概念内容之间不是一对一的对应关系。其中第一个被字句的客事是"鱼缸"，第二个被字句的客事却是"煤油"。所以，概念内容和语法语义应该表述为两个不同的组织机制。在认知功能模式中，两者有理由分开表述为概念框架和论元结构。

我们的论证发现论元结构不仅和概念框架不同，和语法结构也不同。例如：

> 他放了本书在床上。
>
> 书他放在床上了。

两句的论元结构都是：

> 施事_他＋放＋客事_书＋终位_{在床上}

但是，它们在不同的条件下体现为不同的语法结构。由此可见，论元结构和语法结构也不是完全一对一的对应关系，两者也都有分开存在的必要。

从语符关系的角度出发，认知功能模式的构式语义研究，除了将概念框架和论元结构分开，还有必要完成以下五项任务：

(1) 概念框架必须表述概念语义的可分解整体性，整体框架内部由各成分连接组合而成；
(2) 概念框架必须合理连通感知运动系统和论元结构，论元结构必须合理连通词汇语法结构；
(3) 构式语义必须合理表述**句式变体**（alternation）（下文简称"**变式**"）的语义异同；
(4) 构式语义必须合理表述动词准入各变式的概念语义条件；
(5) 表述语符关系的认知功能模式具有一定的操作可行性，它能合理表述产出、理解、问答和语义推理等认知操作过程。

6.3 概念框架

从语言系统出发，小句表达的概念语义称作**情状**，相当于英语的 situation。情状可以细分为两个小类：**事件**（event）和**性状**（state and property）。表述事件和性状的概念框架分别称作**事件框架**和**性状框架**。事件涉及动作和活动，性状包括实体的方位、领属、性质、状态等。例如：

老师将书放在桌子上。　　　　　　　　　　　　【事件】
书在桌子上。　　　　　　　　　　　　　　　　【性状】

前句表达某事件，其中包括"放"的动作过程，后句表达实体的方位。

概念框架和**语义框架**（semantic frame）有异有同（详见 6.3.1 小节）。在模式表述中，概念框架的核心是概念过程，并由先设和后续界定（详见 6.3.2 小节）。概念框架由基本概念结构连接构成（详见 6.3.3 小节），各概念结构之间必须语义连贯（详见 6.3.4 小节）。

6.3.1 对比语义框架

概念框架和语义框架有许多相似之处。语义框架是**框架语义学**（frame semantics）的研究目标（Fillmore 1982）。作为一种表述形式，框架用来表述语言和知识结构（也称概念知识）以及语言和经验之间的关系。作为一种表述形式，框架表述的是语言单位的概念语义。框架涉及的语言单位可以是语词、短语、小句，甚至还可以是语篇。换言之，各级阶上的语言单位，它们的概念语义都可以是一种语义框架。

菲尔墨（Fillmore 1982：115；1985：233）认为，要完成言语理解仅用抽象的词典语义是不够的，受话者必须借助于自身丰富的百科知识。一个语词的知识结构就是理解该语词时**激励**（evoke）的概念知识。这种知识结构，或概念知识表述为框架。例如，英语语词 land 和 ground 都指涉陆地，但它们的框架不同。前者的语义框架包括不潮湿的陆地，和海洋对立；后者的框架语义则和天空对立。要理解这两个英语语词，人们需要不同的语义框架。

框架可以表示不同的文化背景知识，这些背景知识在词典中也是见不到的。以语词"性感"（sexy）为例。就许多中国老年人而言，该词接近贬义；就中国年轻人而言，它可能接近褒义，至少是中性的；而西方人一般将其视为褒义词。由此可见，在不同社会文化背景的言语者大脑中，相同的语词会激励不同框架。

语义框架表述的不是外部世界真相，而是表述心智大脑的信息组织。框架语义学和认知语言学其他理论模式一样都反对真值语义学。框架语义学认为，概念语义和真实世界不匹配，所以真值语义学对有些语言现象无法作出合理表述，但框架语义学可以合理处理这些难题。例如，真值条件必须和外部事件所发生的时间关联，而有些小句在不同的运用时间中，可以有不同的"值"（Fillmore 1985：238—239）。例如：

那天上午，我在教室里给孩子们上美术课。

虽然真值条件语义学可以通过回想将该句判断为"真"，但该句却不可能出现在 1819 年。原因很简单：当时连"我"的父母都还没有出生。

菲尔墨（Fillmore 1985：249）认为，框架还可以合理表述跨语义和语用的一些难题，而真值语义学在处理这类小句时，会遇到真值判断的困难。例如：

Mary didn't regret signing the contract.

该句可以有两种解读：一、她签了文件，她没有后悔；二、她没有什么可后悔的，因为她没有签文件。根据这两种解读我们得知，否定句中的预设可以有两种相反的真值判断。而两种不同的后悔事件，在框架语义学中可以表述为两种不同的框架。

"框架"作为语言学的术语，可以直接追溯到格语法中的格框架（case frame）（Fillmore 1968）。在格语法中，语义格和动词语义构成语义结构。格框架被当作一种抽象图式化**场景**（scene）。对语义结构的理解，就是对抽象图式化框架特征的理解（Fillmore 1982：115）。菲尔墨在早期论著中将场景看作认知概念单位，即经验单位，将框架视为语言单位（Fillmore 1975）。后来，框架发展成认知建构机制（Fillmore 1982）。

"框架"作为一种心理格式塔首先运用于人工智能的认知研究中。闵斯基曾将"框架"定义为表征常规情景的资料结构(Minsky 1975：212);项柯等则将"剧本"(script)定义为一系列顺序事件的知识结构(Schank & Abelson 1977)。强调理想化经验格式塔的理论模式还有兰讷克的**域**(domain),他强调格式塔中聚焦成分和背景之间的不对称关系,关注语义成分和语法关系之间的对应关系(Langacker 1987)。虽然各理论陈述所用的术语各不相同,但它们都表示人类记忆体中,存在有限格式塔整体性经验知识。笔者的概念框架也接受这样的理论观点,但强调格式塔整体是可分解的,含内部结构的,能够实施认知操作的。

框架语义学在语词框架的研究中取得了瞩目的成果,创建了语词**框网**(Frame Net)。它将为词典学的研究,为认知心理学、语言学、自然语言处理、外语教学的研究,提供高质量的在线服务。现在,互联网上美国、英国、加拿大、德国等国家都已经有了框网的网站。

框架不只是词汇语义学的模式,它同时也可以用来表述小句的概念知识。例如,交易框架所涉及的小句就可以表达买事件、卖事件、收款事件和付款事件等,其参与者包括交易双方以及交易的钱和物(Fillmore 1985：11;程琪龙 2003)。例如:

Tom bought a computer from Joe for 100 dollars.

Joe sold a computer to Tom for 100 dollars.

Tom paid 100 dollars to Joe for the computer.

Joe obtained 100 dollars from Tom for the computer.

这些小句的动词都不同,但它们所在的小句,却都可以视为交易框架的凸显成分,这些不同凸显的小句共享一个交易框架。

概念框架和菲尔墨提倡的语义框架有相似之处。和语义框架一样,概念框架也重视使用中的语言,重视义形语符关系,重视涉身经验,重视语言和经验的延续性,强调格式塔心理整体性。

但是,支持概念框架的认知功能理论观点认为,我们在模式中表述的不仅是使用中的语言,而且试图保持模式表述的神经操作可行性。概念框架之所以要构建义形语符关系模式是因为模式表述需要保持神经操作可行性。而神经操作过程已经告诉我们,它们既涉及语言表达,又涉及概念语义。神经操作过程应该是语言表达和概念语义之间的语符过程。

概念框架的探究之所以重视涉身经验,是因为认知功能语言观认为语言系统的形成始于感知、运动、体感神经认知系统,激活延伸于相关皮层区位的低权值连接网络。概念框架重视语言和经验的延续性,因为语言系统的激活一定激活概念系统,并激励运动系统。在认知功能模式中,概念框架的整体性是指它在具体激活操作中有一系列通路可以反复激活调用,而且神经科学的实验已经证实这样的神经集是存在的(Pulvermüller 1999)。

从认知的角度出发,将神经网络分割成语言单位和认知概念单位、经验单位本来就是一种隐喻方法。语言系统和概念系统之间,概念系统和感知运动系统之间,甚至它们这些神经认知系统和情感系统之间,只有连通,没有明确分界。它们的分割是理论探讨的需要。因此,概念框架表述的机制既不是一个纯粹的概念系统,也不是一个纯粹的语言系统,而是概念系统连接语言系统的连接通路(或称接口);它既是概念的,同时又是语言的;它既反映外部信息的感知运动认知特征,又反映语言识解的方式。

认知功能模式中的概念框架有其不同的内部结构。最显著的不同是,概念框架需要让感知运动系统和语言表达系统"读懂"框架的信息,即概念框架需要和感知运动系统连通,并通过语法语义连通语言表达系统。它在整个神经认知系统中起着承上启下的作用。

6.3.2 概念过程

概念框架是一个可分解的概念内容整体,它具有内部组织结构。概念框架可系统分解为**概念过程**(conceptual process)和**先设**(precondition)、**后续**(post-condition)(程琪龙 2006)。

概念过程是概念内容的核心。认知功能模式中的概念过程就是一个情状到另一个情状的过程。先设是概念过程的起始端情状,后续是概念过程的终止端情状。例如:

他把票子扔了。

该句的概念过程包括动作"扔"以及动作致使"票子"的方位变化。如此概念过程的始端先设自然是"他"领有并控制"票子",终端后续则是"他"失去了领有和控制权。"扔"的概念过程可定位在先设和后续之间。在概念框架的表述形式中,它们可以表述为:

先　　设	他有票……
概　念 过　程	扔动作 致使票方位变化
后　　续	他无票……

作为框架核心的概念过程，它由一个或多个**概念结构**（conceptual structure）构成。由一个概念结构构成的概念过程称作"**简单概念过程**"，由多个概念结构构成的概念过程称作"**复合概念过程**"。所有概念结构虽然构成的方式不同，但概念结构的类型是简单而有限的。我们将如此概念结构类型称作"**基本概念结构**"（basic conceptual structure）（程琪龙 1995c）。

概念过程可以有静止过程和变化过程之分。静变的区别可以是空间的，也可以是动作的。静止过程就是在单位时间段内不变的过程，变化过程则反之。其中空间的静变对立主要表现为客体空间的静变。例如：

苹果在树枝上。　　　　　　　　　　　　　　　【静】
苹果从树枝上掉了下来。　　　　　　　　　　　【变】

它们的差异"在……上"和"从……掉下来"除了由概念过程本身明确表述外，还表现在先设和后续。两句的概念框架分别是：

静：苹果在树枝上。

先　　设	苹果在树枝上
过　　程	苹果在树枝上
后　　续	苹果在树枝上

变：苹果从树枝上掉了下来。

先　　设	苹果在树枝上
过　　程	苹果从树枝上掉了下来
后　　续	［苹果在树枝上］＋否

静止小句和变化小句的先设相同，但是后续却不同。前者的先设和后续相同，以此界定静止空间的概念过程；后者的先设和后续不同，以此界定变化空间的概念过程。

6.3.3　基本概念结构

概念过程表述为基本概念结构。许多复杂的概念过程由多个基本概念结构连接构成。概念过程虽然数量庞大，但构成概念过程的概念结构类型只有三个。这本身表明，概念框架是一种相对经济的理论表述体系。

概念结构之所以可以称作基本概念结构是因为它同时有以下三个必有

特征：
  （1）能够独立表述非单部小句的概念语义；
  （2）能够完整表述小句的概念语义；
  （3）概念结构不能再进一步分解。
例如：

  空间：客体_{椅子}＋静＋位置_{在门口}
     椅子就在门口。
  动作：动作者_他＋动作_{跑步}
     他正在跑步。
  致使：致使者_{音乐}＋致使_让＋[客体_{孩子}＋性状_{静下来}]
     音乐让孩子静了下来。

  以上空间和动作概念结构如分解后，所得的概念成分都不完整，都不能单独出现在一个非单部小句中。例如：

  *椅子 / *就在门口。
  *正在跑步 / *他

虽然致使概念结构可以细分出一个表示空间变化的空间概念结构（如，"孩子静了下来"），但将空间概念结构分出去后，剩下的部分就不完整了。例如：

  *音乐让孩子。

虽然致使概念结构是个复合概念结构，但它却不能再进一步分解成两个合法的概念结构。

  通过分解试验，我们得出三个基本概念结构：空间概念结构（conceptual structure of space）、动作概念结构（conceptual structure of action）和致使概念结构（conceptual structure of causation）（程琪龙 1995c）。

  任何概念结构都表述为**参与者**（participant）和功能谓词的组合。但是，概念结构和语法结构不同，语法结构是各语法范畴的有序组合，而概念结构则是各参与者的无序组合。在公式表述中，参与者和功能谓词后面的下标语词，表示该参与者或功能谓词所连接的具体词项概念。例如：

  电话机在桌子上。
  客体_{电话机}＋静＋位_{在桌子上}

其中参与者客体连接语词概念"电话机"，参与者位（即位置）连接语词概念

"在桌子上"。符号"＋"表示相关参与者以及功能谓词的无序组合关系。以上例子中，概念结构由客体、静类谓词和位三个成分无序组合构成。

（一）**空间概念结构**是最基本的经验知识。空间概念结构（下文简称**空间结构**）主要有两类参与者：一类是处于某空间的实体，称作"**客体**"（Object）；另一类是标志客体所处空间的一个或一组实体。实体处于某空间就是客体和标志实体之间的空间关系。例如：

美丽的北川就在山脚下。解放军都在抢救现场。

小句的客体是"解放军"，标志实体是"抢救现场"。两者之间的空间关系是一种不变的"在"位置关系。

空间关系可以有两类：标志位置的点关系，记作"**位**"（Location）和标志（面或体的）延伸关系，记作"**原**"（Source）、"**途径**"（Path）和"**终**"（Goal）（见图 6.3）。

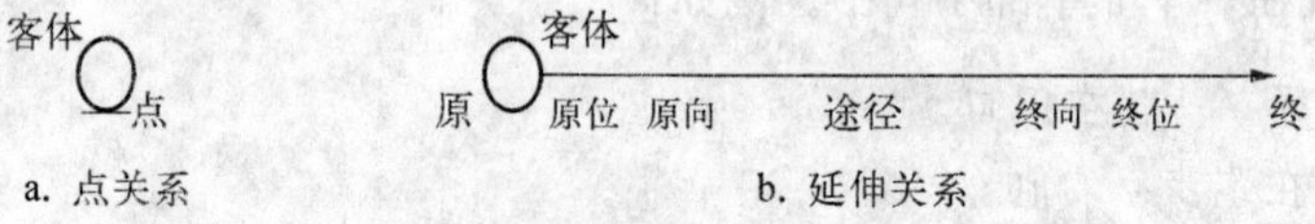

图 6.3　空间关系

其中"原"和"终"还可以分出"原位"和"原向"以及"终位"和"终向"。"原位"和"终位"分别标示起始位置和终止位置。"原向"和"终向"分别标示"脱离原位"和"朝向终位"（见图 6.3b）。

"点"和"延伸"两大类空间关系可以表达为不同的语言形式，请比较：

美丽的北川就在山脚下。　　　　　　　　　　【位】
巨石不停地从山顶顺着山坡滚入岷江。　　　　【原—途径—终】

其中延伸关系由原、途径和终组合而成，相当于认知语言学所说的**原终图式**（Source-Path-Goal Schema）。以上两句中客体的空间关系可以表述为：

客体$_{北川}$＋静＋位$_{在山脚下}$
客体$_{巨石}$＋变$_{滚}$＋[原$_{从山顶}$＋途径$_{顺着山坡}$＋终$_{入岷江}$]

客体和空间的关系有些是不变的，表述为"静"；有些是变化的，表述为"变"。请比较：

火炮指向山门。　　　　　　　　　　　　　　【静】
火炮进了山门。　　　　　　　　　　　　　　【变】

它们的空间关系分别表述为：

客体$_{火炮}$＋静$_{指}$＋终向$_{向山门}$

客体$_{火炮}$＋变＋终位$_{进山门}$

空间关系是一种抽象关系，它可以具体为各**语义域**（semantic domain）或**语义场**（semantic field）的关系。其中包括方位、领属、性状等。例如：

球已经进了球门。　　　　　　　　　　　　【方位】

球给了后卫。　　　　　　　　　　　　　　【领属】

球破了。　　　　　　　　　　　　　　　　【性状】

方位空间表述客体的方向位置，领属空间表述客体的领有关系，性状空间表述客体的性质状态（程琪龙 1995c）。性状还可以有一个实体的小类，例如：

他成了个泥人。

客体$_{他}$＋变＋终体$_{成泥人}$

该概念结构可以解读为某实体"他"从客体变化成"泥人"。该结构中客体同时又是变化前的实体，所以也称**"原体"**（Entity Source）。而变化终止后的标志实体自然称为**"终体"**（Entity Goal）。

空间标志参与者原、途径和终，在不同语义域中可以有不同的称谓。以参与者"终"为例。它出现在方位域就是**终位**（Locative Goal），出现在领属域标记为**"终属"**（Possessive Goal），出现在性状域则标记为**"终状"**（Identificational Goal）或**"终体"**。

语义域除了有方位、领属、性状之分，还可以有物质和心理之别。物质有方位、领属和性状，心理也可以有方位、领属和性状。请比较：

	物　　质	心　　理
方　位	他把书放在书柜里。	他把名字牢记在心里。
领　属	老师把书给了我。	他把名字告诉了我们。
性　状	他把书翻破了。	他把答案看错了。

心理域的客体自然是心理客体，心理客体的方位、领属、性状是就心理范围而言。例如，"答案错了"是指我心中的"答案"错了，而外部物质世界的"答案"没有错。

（二）**动作概念结构**专指动作及其所延及的实体。**动作概念结构**（下文简称"**动作结构**")至少含**动作者**（Actor）。有些动作还延及另一个实体，动作延及的实体称作(动作)"**对象**"（Directed）。请比较：

孩子们正在跑步。　　　　　　　　　　【动作者】
孩子吃了**许多冰淇淋**。　　　　　　　　【动作者＋对象】
孩子们看到了**恐龙化石**。　　　　　　　【动作者＋对象】

　　动作结构的出发点是动作概念，是可以为运动认知系统轻易解读的动作概念，是可以连通运动认知系统的动作概念；而不是直接体现动词表达的动词语义。虽然有些小句的动词相同，但它们表达的动作概念不尽相同。例如：

Tom was digging into the earth for the coin.
Tom dug into the bag for the coin.

两句的动词相同，概念语义也有相似之处，但所指动作却不尽相同。我们可以认为 dig 的两种用法的语义相同，但我们不能说它们所指的动作相同。在土里挖钱币和在口袋里掏钱币，两者自然是不同的动作，但是人们可以通过英语将它们识解为相同的动词。我们可以用英汉对比的方法来证明相同英语动词 dig 表达不同的动作概念。英语表达本身凸显了两者的相同之处。但汉语就没有如此的识解方式，相应的动作汉语表达为：

他在土里挖硬币。
他在口袋里掏/*挖硬币。

通过英汉表达的比较，我们看到不同的动作在汉语中表达为不同的动词，而在英语中却可以表达为相同的动词。

　　我们还可以用相同动词的不同句法行为来证明它们可以表达不同的动作概念。例如：

Tom was digging the earth away.
* Tom was digging the bag away.

虽然两句的动词和语法结构都相同，但它们成句性却不相同。前句成立，后句却不成立。两者成句性不同的原因是概念语义的。动作"挖"可以将动作对象"土"搬走，动作"掏"却强调在空间"口袋"中搜寻某物。这两种动作在英语中表达为相同的动词，但它们的概念语义是有差异的。在前一句组中"挖/掏钱币"的差异没有显现，但在这一句组中却有了成句与否的显性差异。第二句组中的差异表明，动词 dig 表达的概念语义是不同的。

　　和其他两类概念结构不同,动作结构是和运动认知系统关系最密切的概念结构。表述具体动作的动作结构至少和运动系统直接连通。例如:

　　孩子把玩具扔了。

该句的动作结构是:

　　动作者_{孩子} + 动作_{扔} + 对象_{玩具} + (^{动作者}原属)

其中两个参与者是在"扔"动作中必有的,而具体的动作,则由"扔"连通运动认知系统来实施。实际上,动作"扔"可以连通运动系统中的一系列连贯动作,它们是"抓某物、挥动手臂、放开某物、某物离开手(即离开原属)"。另外,和该动作连通的动词还可以有"抛""丢"等。

　　(三) **致使概念结构**主要表述一种广义的因果关系,它和外部世界的因果关系有关,但又不完全和物质世界的因果关系一致。致使概念结构本身充分反映了人类认知外部世界的过程中,外部输入信号和大脑已有的神经通路互相作用的关系。

　　典型的致使概念结构(下文简称"**致使结构**")至少含致使者、作为致使对象的客体以及表述客体变化的空间标志。它的概括性结构可以是:

　　致使者 + 致使_{致使倾向}[客体 + [原 + 途径 + 终]]

其中空间标志就是一个原终图式,它和客体合成一个空间结构,表述倾向性结果(程琪龙 2001b)。在具体小句的概念过程中,原终图式可以激活其中一个部分。例如:

　　音乐能让患者安静下来。

该小句可以解读为"音乐致使患者安静",并表述为:

　　致使者_{音乐} + 致使_{让} + [客体_{患者} + 终状_{安静下来}]

其中作为致使倾向性结果的"客体 + 终状"本身就是一种空间结构。

　　致使结构相当于陶弥(Talmy 1976;2000)所讨论的**施力—变化图式**(force-dynamics schema),简称"**力变图式**"。力变图式表述两种不同实体的互相作用。其致使结构可以有各种不同变体,涉及的参数包括致使方式、致使对象、致使倾向和致使结果。

　　(1) **致使方式**主要指两个参与者互动的方式。互动方式可以有各种变体,它可以有简单和复合之分,致使者作用力可以有动力和阻力之别,客体的反作用力则有正、反两种,动作作用还有强弱的不同。

简单和复合：致使关系的双方可以有主动和被动之分，也可以两者都是主动者，并互为被作用对象。请比较：

奔驰撞倒了土墙。　　　　　　　　【动作者＋对象】

两辆车都撞毁了。　　　　　　　　【动作者＋动作者】

前句只表达一个致使关系，即"奔驰"致使"土墙"变化；而后句可以同时表达两个致使关系，即"一辆车"和"另一辆车"既是动作者，又互为动作对象。简单类含一个致使结构，复合类则含两个致使结构。以上两句的致使结构可以分别表述为：

简单类：致使者$_{奔驰}$ ＋ 致使 ＋ ［客体$_{土墙}$ ＋ 终状$_{倒}$］

复合类：$\begin{cases} 致使者 ＋ 致使 ＋ ［客体_{一辆车} ＋ 终状_{毁}］ \\ 致使者 ＋ 致使 ＋ ［客体_{另一辆车} ＋ 终状_{毁}］ \end{cases}$

简单类的句式一般是及物句，复合类的句式一般是不及物句。

作用致使者：作用力可以根据致使者施力方式分为动力和阻力。请比较：

<u>他们</u>把工程车开进了灾区。　　　【加动力】

<u>他们</u>禁止工程车进灾区。　　　　【加阻力】

两句的施动者"他们"产生作用力；被作用客体是"工程车"，它本身有和施动者的反作用力。前句作用力是动力，是开动工程车的动力，是克服工程车反作用力的动力，并使反作用力客体改变方位。施动者的作用力致使反作用力的工程车从静止状态转变成变化状态，即施动者致使工程车改变了其原来的位置，使它移动到另一个位置（见图6.4a）。

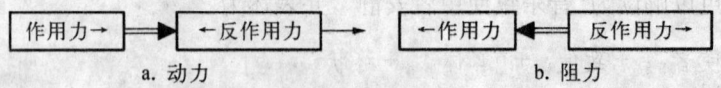

a. 动力　　　　　　　　　　　　b. 阻力

图6.4　作用体的动力和阻力

后句作用力是阻力，是阻止工程车继续移动的作用力。在作用力为阻力的力变图式中，反作用力客体处于动态之中，作用的目的是致使被作用客体变成静止状态（见图6.4b）。因此，当作用力是动力时，被作用实体呈现从静到动的变化过程（见图6.4a）；当作用力是阻力时，被作用客体呈现出从动到静的变化过程（见后句和图6.4b）。

在模式表述中，加动力和加阻力被视为两类不同的致使。不同的致使类型就是致使和不同动词语义之间的不同连通关系。两者的差异只表现为致使词项的不同。以上两句中第一句含具体动作"开",致使和动作重合为使动,并连通词项"开"。第二句不含具体动作,致使直接连通词项"禁止"。它们的致使结构分别表述为:

$$致使者_{他们} + {}^{动作}致使 + [客体_{工程车} + 终位_{进灾区}]$$
$$致使者_{他们} + 致使_{禁止} + [客体_{工程车} + 终位_{进灾区}]$$

虽然它们有相同的致使倾向,而且都表述为"客体_{工程车} + 终位_{进灾区}",但它们的致使关系不同,其中后者是阻止类的致使关系,致使倾向解读为受到致使者的阻止。两者不同的致使关系和倾向,具体表述为后续的不同致使结果,即致使倾向和后续的不同关系。两者的后续分别是:

$$客体_{工程车} + 变 + 终位_{进灾区} \qquad 【动力】$$
$$\pm [[客体_{工程车} + 变 + 终位_{进灾区}] + 否] \qquad 【阻力】$$

前句的致使结果是肯定的,而且是必有的;后句的致使结果是否定的,同时又是可有的。两句除了后续不同外,先设也不同。请比较两句的先设:

$$客体_{工程车} + 静 + 位_{灾区外}$$
$$客体_{工程车} + 变 + 终向_{进灾区}$$

前句的"工程车"是从静到变的过程,即"工程车"从不动到开动的过程;后句的"工程车"是从变到静的过程,即"工程车"从开动到不动的过程。

致使对象分类:在致使概念语义中,主动致使者的力视为作用力,被动实体的力可以根据它和作用力的关系分成两类。它们是:反作用力以及和它相反的"正"作用力。请比较:

他们把弹子撞进了边袋。 　　　　　　　　【反作用力】
他们帮助胖墩过了一线天。 　　　　　　　　【正作用力】

前句中反作用力的被作用客体,对作用力而言是一种抗力,两者力的方向相对。作用力大于反作用力,并克服阻力,致使被作用客体"弹子"改变方位(见图 6.5a)。后句中的被作用客体"胖墩",他本身的力和作用力的方向一致(见图 6.5b)。

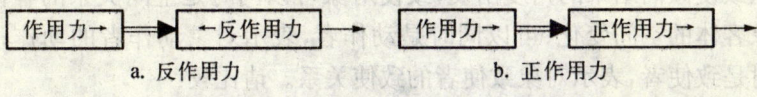

　a. 反作用力　　　　　　　　　b. 正作用力

图 6.5　对象体的正、反作用力

互动力的强弱:所谓互动力的强弱就是致使者导致对象客体发生变化

的可能性。当致使者的作用力和客体的反作用力相对时,致使能力越强,被作用实体的反作用力越弱,那么发生变化的可能性就越大。例如:

> 他烧了小树。
>
> 他摇了小树。

它们的致使强弱可以在相关的把字句式中得到证实,请比较:

> 他把小树烧了。
>
> ?? 他把小树摇了。

前句肯定能够成立,后句如果没有特定的语境就不能成立。两句之所以语感不同,是因为致使强弱不同。不言而喻,"烧"对客体的影响自然要比"摇"要大。当然,致使效应的强弱除了和致使动作有关外,还和致使对象有关。有些实体容易产生变化,有些实体则不容易产生变化。

(2) **致使对象**的讨论可以从两个方面进行。从义形关系出发,致使对象可以表达为一个词项,也可以表达为两个不同词项。当然,表达为两个词项的语言肯定是有限的。汉语小句可以有如此表达形式,而英语则不可以。请比较:

> 宪兵将<u>村民</u>打死了。
>
> 宪兵将<u>村民</u>打得<u>浑身</u>是血。

首先,两句的"村民"都解读为致使动作对象,但两者的致使动作结果不同。前句的结果是使动对象"村民"的结果状态,后句的结果是使动对象"村民"及其局部"浑身"的结果状态。前句的致使对象和变化客体同指,都是"村民"。后句的致使对象和变化客体不同指,一个是"村民",另一个是"浑身";但两者是整体(村民)和局部(浑身)的语义关系。两句致使结构的差异表述如下:

> 致使者_{宪兵} + 致使 + [客体_{村民} + 终状_死]
>
> 致使者_{宪兵} + 致使 + 对象_{村民} + [客体_{浑身} + 终状_{是血}]

后句的致使结构中,"村民"和"浑身"指派给致使对象和客体。

从致使倾向结果的角度出发,致使对象可以同时是空间关系的客体,表示对象客体的空间变化;可以同时是动作者,表示对象动作者的动作;也可以同时是致使者,表示对象致使者的致使关系。请比较:

> 他们把车推进了山村。   【客体】
>
> 他们请老师坐主席台。   【动作者】

他叮嘱**孩子**让老师进来。　　　　　　　【致使者】

其中"车""老师""孩子"都是致使对象,但它们又分别是(空间结构的)客体、(动作结构的)动作者和(致使结构的)致使者。它们的概念内容可以分别表达为:

车进了山村。
老师坐主席台。
孩子让老师进来。

三种不同类型的致使倾向可以表述为:

致使者_{他们} + 致使 + [**客体**_车 + **终位**_{进山村}]
致使者_{他们} + 致使 + [**动作者**_{老师} + **动作**_坐 + **终位**_{主席台}]
致使者_{他们} + 致使 + [**致使者**_{老师} + **致使**_让 + [**客体**_{老师} + **终向**_{进来}]]

另外,由于空间结构有语义域之别,空间致使倾向也可以有不同的语义域。请比较:

他把球塞**进了篮筐**。　　　　　　【方位域】
他把球传**给了姚明**。　　　　　　【领属域】
他把球踢**破了**。　　　　　　　　【性状域】
他把鱼做**成了汤**。　　　　　　　【性状域】

它们分别表述为:

致使者_他 + 致使 + [客体_球 + 终位_{进篮筐}]
致使者_他 + 致使 + [客体_球 + 终属_{给姚明}]
致使者_他 + 致使 + [客体_球 + 终状_破]
致使者_他 + 致使 + [客体_鱼 + 终体_{成汤}]

它们的区别主要是终的不同语义域及其语法体现。

(3) **倾向和结果**:致使结构中倾向和结果是两种不同的概念。致使倾向表述致使对象倾向于发生(或不发生)某种变化的结果;而致使结果则表述变化是否发生了。前者从致使者的角度解读,后者从致使对象的角度解读。当致使对象是客体时,致使倾向和致使结果一般是一致的。例如:

解放军把学生送进了医院。

它的致使倾向和致使结果都是"学生进医院"。但是,并非所有的致使结

构中致使倾向和致使结果都是相同的。当致使对象是动作者时,致使倾向和致使结果可以相同,也可以不同。例如:

他把老师请进去了。　　　　【老师已经进去了】

他请老师进去了。　　　　　【老师是否进去由自己决定】

两句的致使倾向都是"老师进去",但致使结果却不同。前句的结果是确定的,即老师肯定进去了;后句的结果是不确定的,是否进去由老师自己决定。之所以动作者可以出现在倾向和结果不同的结构中,其中一个原因是因为动作者可以自己作出选择,客体却没有这个能力。从句式角度出发,把字句的致使结果是肯定的,一般句的致使结果则是两可的。

　　英语小句的致使倾向和致使结果的差异也表现在动作者对象的致使结构中,例如:

Tom urged Rose to leave the school.

其中 Rose 是否离开学校由 Rose 自己来定。但具体的结果则和动词致使强弱有关。请比较:

Sam forced May to jump.　　【梅跳了】

Sam urged May to jump.　　【梅将自己决定是否跳】

其中"强迫"(force)致使力度大,而"劝说"(urge)的致使力度自然小得多。力度大的致使倾向和结果相同,力度小的致使倾向和结果可同可异。

　　在形式表述中,致使结果的差异表述为后续的概念结构。例如:

老师请我们进去了。　　　　【两可】

老师把我们请进去了。　　　【肯定】

它们的后续结构分别是:

±[客体_{老师}＋终向_{进去了}]　　　【两可】

客体_{老师}＋终向_{进去了}　　　【肯定】

两可结构用符号"±"表示。

6.3.4　框架的整体性

　　概念框架是一个可分解的格式塔,落实为一个神经集。概念框架的可分解性表现为它可以由多个概念结构连接而成;其整体性具体表现为各概念结构的概念语义连贯。任何一个成立的小句,它的概念框架中各概念结构总是概念语义连贯的。我们把如此概念语义关系视为小句的**语义连贯原则**(下文简称**连贯原则**)。虽然连贯原则不是小句成立与否的语义充分条件,但它却是必须条件。

小句的概念内容不同,它们的概念结构也各不相同,连贯的内容也有所不同。根据动词—参与者的语义关系,小句可以分出匹配小句、错配小句和失配小句,这些匹配关系不同,相应语义连贯的关系也不相同。下文以三类小句为切入点来讨论各种语义连贯。

(1) **匹配小句**就是指动词谓词和所有参与者之间语义完全匹配,例如:

他们把书放在桌子上。

其中动作者"他们"、动作对象"书"以及对象实体变化的终位"桌子上",它们都是动作"放"的合格参与者,都和动词语义匹配。又如:

他挂了幅画在墙上。

"挂"动作涉及动作者"挂者"和动作对象"被挂物",还涉及动作对象变化的终止位置(即终位)。它们都是必有参与者,缺少任何一个参与者,"挂"动作就无法实施。在人们的经验知识中"挂"动作可以抽象表述为:

动作者 + 动作$_挂$ + 对象 + 终位

"挂"动作就是将被挂物体(对象客体)移动到某位置(终位),并让其固定在该位置上。从对象实体的角度出发,挂的概念过程又可表述为致使结构:

致使者 + 致使 + [客体 + 终位]

根据以上的分析,动词为"挂"的小句,它的概念语义可以用动作结构和致使结构共同表述为"挂"概念过程:

他挂了幅画在墙上。　　　　　【匹配小句】

动作者$_他$ + 动作$_挂$ + 对象$_画$ + 终位$_{在墙上}$　　　　　　　【动作】
^{动作者}致使者$_他$ + ^{动作}致使 + [^{对象}客体$_画$ + ^{终位}终位$_{在墙上}$]　　　【致使】

在"挂"概念过程中,动作结构和致使结构是语义连贯的。它们的连贯性具体表现为动作结构和致使结构重合连接。两个结构的重合连接,包括参与者的重合以及谓词的重合(重合关系用上标文字来表示)。参与者的重合包括:动作者和致使者重合为"使动者",对象和客体重合为"对象客体",两者的终位重合为"终位"。动作和致使重合为

"使动"谓词（见表 6.1）。

表 6.1　重　合　关　系

动作结构	动作者	动作	对象	终位
致使结构	致使者	致使	客体	终位
重合关系	使动者	使动	对象客体	终位
词项	他	挂	画	在墙上

　　概念过程内部的重合关系就是多个概念结构的语义连接。概念结构的重合连接，就是不同概念结构的参与者以及谓词的重合。重合关系是一种组合关系，重合参与者（或谓词）组合起来连接一个词项的关系（详见第 7 章）。匹配小句的各概念结构之间所有的参与者都有重合关系。

　　（2）**错配小句**就是不完全匹配的小句。在错配小句中有些参与者可以和动词匹配，有些则不能。例如：

　　他们把腰都挖疼了。

就"挖"事件而言，它的概念框架应该含动作者（即挖者）、对象（例如，土）、终体（即挖动作中需要寻找之物）和工具（例如，铁锹）。它的动作结构可以表述为：

　　动作者＋动作$_{挖}$＋对象＋（终体）＋工具

其中终体是可有参与者，因为有时挖并不是为了寻找物件。如果挖事件的动作结构含如此参与者，那么小句中"腰"既不是挖的作用对象，也不是挖的目标终体，它和动词不匹配。

　　从我们认知世界并与之互动的经验出发，所有动作参与者都有受动作影响而变化的可能。当然，这样的致使变化不是所有的语言都将它表达在一个小句中。英语和其他许多外语就没有表达所有影响关系的能力，而汉语却没有这样的限制（程琪龙 2007）。和外语比较，汉语是**使成敏感语言**。从致使关系的角度出发，汉语的任何挖动作参与者都可以作为致使倾向的客体，并与之伴有一个终状。上例小句就是这样一个例子。根据以上分析，该错配小句的概念框架可以表述为：

　　他们把腰都挖疼了。　　　　　　【错配小句】

［动作者$_{他们}$＋（局部$_{腰}$）］＋动作$_{挖}$＋对象＋（终体）	【动作】
致使者$_{他们}$＋致使＋［局部客体$_{腰}$＋终状$_{疼}$］	【致使】

"挖"的对象和终体都没有显性表达,致使客体重合的不是对象,而是动作者的局部。它们的重合关系可以表述为:

表6.2 部分重合关系

动作结构	动作者	动 作	（局部）		对 象
致使结构	致使者	致 使	客 体	终 状	
重合关系	使动者	使 动	局部客体		
	他 们	挖	腰	疼	

两个概念结构至少终状没有动作结构的重合参与者,动作者局部不直接参与动作结构。因此,动作结构和致使结构的重合是不完全的。又如:

小林浩将同学背出了废墟。

仅从小句体现的直接概念语义出发,以上错配小句可以分解为动作结构和致使结构:

动作结构:动作者_{小林浩}＋动作_背＋对象_{同学}

致使结构:^{动作者}致使者_{小林浩}＋^{动作}致使＋[^{对象}客体_{同学}＋原位_{出废墟}]

但是,从感知运动的角度出发,"背"本身不含"移动"语义。和"背"动作重合的致使结构应该是:

^{动作者}致使者_{小林浩}＋^{动作}致使＋[^{对象}客体_{同学}＋终位_{【背上】}]

因此,"背"框架应该表述为:

动作者_{小林浩}＋动作_背＋对象_{同学}	【动作】
^{动作者}致使者_{小林浩}＋^{动作}致使＋[^{对象}客体_{同学}＋终位_{【背上】}]	【致使】

但是,以上错配小句的论元结构应该是:

施事_{小林浩}＋谓词_背＋客事_{同学}＋原位_{出废墟}

它和"背"框架的概念结构没有直接的语义连贯。如果从理解的角度出发,该小句所需的概念框架不仅是"背"框架,而且还包涵由"背"框架推导而得的"移动"框架。因此,和上述论元结构连贯的框架是"背"框架和"移动"框架的组合。它们可以表述为:

动作者_{小林浩}＋动作_背＋对象_{同学}	【动作】
^{动作者}致使者_{小林浩}＋^{动作}致使＋[^{对象}客体_{同学}＋终位_{【背上】}]	【致使】
[动作者_{小林浩}＋伴随者_{同学}]＋动作_{【移动】}＋原终	【动作】

其中"背"框架的动作者和致使者重合成使动者,并连接词项"小林浩";动作对象和致使客体重合成对象客体,并连接词项"同学"。"移动"框架的动作者则和"背"框架的使动者重合,伴随者和对象客体重合。论元结构中的终位在识解"移动"动作结构中的原终。两个框架之间的重合关系,以及它们各参与者和论元之间的关系可以表述如下(见表6.3):

表 6.3　部分重合关系

背动作	动作者	动　作	对　象		
致　使	致使者	致　使	客　体	终　位	
移动作	动作者	动　作	伴随者		原　终
重　合	使动者	使　动	对象客体		原　位
	小林浩	背	同　学		出废墟

"背"的失配小句中,"背"动作结构和它的致使结构连贯。在我们的经验中,"背"和"移动"常是连续出现的两个动作,所以两个框架的语义同样是连贯的。

(3)**失配小句**和匹配小句相反,它没有一个参与者和动词有语义匹配关系。当然,失配小句并非常见的语言表达形式,而且并非任何语言都有失配小句。英语没有如此失配小句,许多西方语言理论模式也没有表述如此小句的机制。笔者的研究发现,汉语却有失配小句。例如:

今天吹了三百六十块钱。　　　　　　　　　　　　　　　(央视10频道)

第二次瞄准才把子弹扣出去。　　　　　　　　　　　　　(央视5频道)

第一句表达的意思是:发话者(民间艺人)今天吹笛子赚了三百六十块钱。第二句表达的意思是:发话者(射击运动员)在第二次瞄准时才扣动扳机将子弹打出去。第一句的"今天"不是"吹"的动作者,"钱"不是"吹"的动作对象,两者和"吹"没有匹配关系。第二句的"第二次瞄准"以及"子弹"和动作动词"扣"也没有直接匹配的语义关系。

许多西方语言学理论模式的表述一般也不涵盖失配小句,连构式语法的融合原则对此也无能为力(详见第5章)。但是,当我们进入作为背景知识的概念语义时,根据语义的可及性,我们可以构建出隐性过渡概念结构。通过隐性概念结构的过渡,失配小句的内部语义连贯就一目了然了。

虽然失配小句的语义都不直接匹配,但框架中各概念结构之间的连贯语义仍然存在。理解动词为"扣"的例句,它的框架是一个"射击"事件框架,

其中包括子弹上膛框架、瞄准框架和扣扳机框架。根据经验知识,这些次框架之间存在上述的顺序,它的概念过程可以表述为:

第二次瞄准才把子弹扣出去。 【失配小句】

上 膛	动作者$_x$ + 动作$_装$ + 对象$_{子弹}$ + 终位$_{枪膛}$ 致使者$_x$ + 致使 + [客体$_{子弹}$ + 终位$_{枪膛}$] 客体$_{子弹}$ + 静 + 位置$_{枪膛}$
瞄 准	动作者$_x$ + **动作**$_{瞄准}$ + 目标 + (时间$_{第二次}$)
扣扳机	动作者$_x$ + **动作**$_扣$ + **对象**$_{扳机}$ + (^{瞄准}时间$_{第二次}$) 客体$_{枪机}$ + 动作$_{撞击}$ + **对象**$_{子弹}$ 客体$_{弹药}$ + 变性状$_{爆炸}$ 客体$_{爆炸力}$ + 自动$_{推动}$ + **对象**$_{子弹}$ 致使者$_{爆炸力}$ + **致使** + [客体$_{子弹}$ + [原$_出$ + 终$_去$]]

失配小句体现的概念语义涉及瞄准、扣扳机框架。这两个框架都有各自的动作结构,其动作者虽然是隐性的,但它们是重合的,在概念过程中都表述为"动作者$_x$"。从瞄准一直到子弹出枪膛,两个框架中的概念结构都是连贯的。连贯的各概念结构既表述为它们之间的顺序推导可行性,还表述为可推导概念结构之间参与者的重合关系。在整个概念过程中,致使者没有显性体现,而时间参与者却体现为句首的名词短语"第二次瞄准"。

我们看到错配小句和失配小句的概念框架都允许由多个次框架连贯而成。其中动词为"背"的错配小句,它的概念框架由"背"框架和隐性的移动框架组合而成。而动词为"扣"的失配小句,它的概念框架更复杂。由此可见,小句和概念框架有时不是一对一的关系,一个小句允许表达多个概念框架的组合,而且这些组合连接的概念框架同时又是语义连贯的。

6.4 论元结构

论元结构由谓词和论元组合而成。由于概念部分已经由概念框架作出精致表述,论元结构可以简化为只表述语法结构的语义。在认知功能模式中,论元结构是构式语义的一部分。它上接概念框架,下连语法结构。

概念框架的出现使得论元结构不需要再表述精致的概念内容,而只需要关注语义的语法体现。换言之,认知功能模式中的论元结构只需表述论元和语法关系之间的体现关系,丰富精致的概念内容则由概念框架来表述。在认知功能模式中,和论元结构连通的语法关系定义为语法位置上的语法单位。论元结构表述任务的简化,换来论元设定的简化。

认知功能模式中的论元结构是语法语义结构。它基于和参与者以及语法结构的关系,并参照格鲁伯等(Gruber 1965;Anderson 1971;Jackendoff 1990)所提倡的**方位观**(localism)。但是,认知功能模式认为,论元是上连概念参与者下接语法单位的语义连接关系。它的最终设定必须基于参与者和语法关系之间的体现关系。

论元系统设定必须考虑三个方面的论元:实体的论元,标志实体时空关系的论元,以及实体和标志体之间的工具类论元。

实体类论元是**施事**(agent)和**客事**(object)。标志论元含**原**(source)、**途径**(path)、**终**(goal)和**位**(location)。它们还可以根据出现的语义域进一步分解为各语义域的论元。实体和标志体这两类之外还有**工具**(instrument)、**伴随者**(concomitance)等工具类论元。这三大类论元中,实体类和工具类论元的识解和体现关系比较复杂,值得我们进一步研讨。

语言系统是一种动态的语符关系系统。该系统更重视概念系统和语言系统之间的关系。从语符关系的角度出发,论元结构和词汇语法结构之间的关系,具体表述为论元和语法关系之间的体现关系(详见 6.4.1 小节),论元结构和概念框架的关系则具体表述为论元和参与者之间的识解关系(详见 6.4.2 小节)。当然,在关系网络中,它们都是连接关系。

6.4.1 体现语法结构

在认知功能模式中,论元结构表述的是语法结构的语义。由于不同的语言系统有不同的语法结构,所以各论元的语法体现有同有异。另外,一个论元可以有多个语法关系的体现。本小节以识解体现关系比较复杂的实体类和工具类论元为例。

施事是论元结构的重要论元之一,它可识解动作者、致使者、自然力、动态材料、工具等参与者。总之,施事主要识解控它类参与者。控它类各参与者有共享概念语义,它们是实施或掌控动作的参与者,有些甚至还能够影响另一个实体。请比较:

John was jogging in the park.　　　　　　【动作者】

Tom let the dog out. 【致使者】

The strong wind blew the door open. 【自然力】

The flying stone killed the chirping bird. 【材料】

The gun shot down the plane. 【工具】

英语的施事至少有两个语法体现，一个是主动句中句首的名词短语，另一个是被动句中句尾 by 引导的介词短语。例如：

John captured the dog.

The dog was captured by John.

汉语的施事可以有三个语法体现，请比较：

学生把鸡蛋饼吃完了。

鸡蛋饼被学生吃完了。

鸡蛋饼学生吃完了。

一个在主动句（包括把字句）的句首，一个在被字句中接"被"，另一个后接句首名词短语。

客事是一种它控角色，它是动作或致使所指向的对象，并为动作者或致使者所控制。动作指向的实体可以直接受动作的影响而变化，也可以受动作影响而没有变化，还可以只是动作指向的实体而没有受任何影响。请比较：

义军将战船全烧了。 【变化】

他撞了路边的大树。 【影响但没变化】

他看见了路边的古树。 【没有影响】

客事可以同时识解致使客体及其重合的动作工具、方位等参与者，例如：

樵夫把斧子砍钝了。 【工具客体】

胖子把椅子坐塌了。 【方位客体】

前句中"斧子"既是动作"砍"的工具，同时又是致使倾向结果"钝"的客体。后句中"椅子"既是动作"坐"的方位，又是致使倾向结果"塌"的客体。

汉语和英语都有参与者工具、材料（material）和伴随者的细类，但它们在不同语言中识解为不同论元。汉语和英语的工具参与者都可以识解为工具论元，并分别体现为汉语的"用"字结构和英语的 with 介词短语。例如：

村民用枪把大象打死了。

The farmers killed the elephant **with guns**.

材料参与者也可以识解为工具论元,例如:

村民**用毒箭**把大象射死了。
The farmers killed the elephant **with poisoning arrows**.

但是,英语的材料参与者比汉语的用法范围要大,请比较:

Sam engraved the trunk with his name.
?? 游客用自己的名字刻树干。

汉语只能将"名字"识解为使移客事,例如:

游客将自己的名字刻在树干上。

另外,英语的"with+名词短语"还可以表达伴随者,而汉语没有这样的用法。请比较:

The farmers killed the elephant with soldiers.
* 村民**用士兵一起**把大象打死了。

汉语表达伴随者的形式是:

村民**和士兵一起**把大象打死了。

因此,汉语和英语有不同的抽象范畴。汉语需要设定工具论元,并和伴随者论元分开,因为工具论元和伴随者论元在汉语中分别体现为"用"字结构和"和"字结构。英语则用较抽象的伴随者论元,它同时可以识解工具参与者。无论是识解工具参与者,还是识解伴随者,它们的论元都体现为 with 介词短语。因此,从纵向的语符体现关系出发,工具论元不具备普遍性。

6.4.2 识解概念内容

论元结构作为语法结构语义,它不仅体现词汇语法结构,还通过语言识解概念内容。所谓的识解在认知功能模式中表述为概念框架和论元结构之间的体现关系,并具体为概念参与者和语义论元之间的体现关系。

概念内容的识解方式可以从六个不同视角去探究。它们可以是:(1)通过凸显框架中部分概念结构来识解概念内容的局部识解;(2)通过凸显不同的参与者来识解概念内容的凸显识解;(3)通过实述或虚述形式来识解概念内容的虚实识解;(4)通过不同变式来识解相同概念内容的变式识解;(5)整体性识解概念内容的整体识解;(6)通过词项的转喻来识解概念内容的转喻识解。

（1）**局部识解**：所谓的局部识解就是指在认知操作中概念框架只凸显激活其中一部分概念结构，框架的其他部分则处于半激活状态。我们以菲尔墨（Fillmore 1985）的现金交易事件为例，具体讨论局部识解。

现金交易涉及买主和卖主，还涉及等值的现金和商品，现金交易就是买主和卖主之间现金和商品的交换。交易过程中，交易者双方共同经历四个交易过程：买、付、卖、收。这四个过程中买卖双方和现金、商品的关系是：

买主＋获取$_买$＋商品
买主＋递送$_付$＋现金
卖主＋递送$_卖$＋商品
卖主＋获取$_收$＋现金

一个完整的现金交易，同时包括这四个过程（程琪龙 2003）。每一个过程可以表述为一对动作结构和致使结构。这四对使动结构，再加上现金和商品的等值关系结构，共同构成现金交易的概念框架：

$$
\begin{aligned}
&[动作者_{李四}＋动作_{买}＋对象_{新词典}\\
&\quad 致使者_{李四}＋致使＋[^{对象}客体_{新词典}＋原属_{营业员}]]\\
&[动作者＋动作_{付}＋对象_{两百元}\\
&\quad 致使者_{李四}＋致使＋[^{对象}客体_{两百元}＋终属_{营业员}]]\\
&[动作者＋动作_{卖}＋对象_{新词典}\\
&\quad 致使者_{营业员}＋致使＋[^{对象}客体_{新词典}＋终属_{李四}]]\\
&[动作者＋动作_{收}＋对象_{两百元}\\
&\quad 致使者_{营业员}＋致使＋[^{对象}客体_{两百元}＋原属_{李四}]]\\
&商品_{新词典}＋静_{等值}＋现金_{两百元}
\end{aligned}
$$

现金交易框架中的四个使动过程，在模式中具体表述为四组使动概念结构，但和交易框架连通的论元结构只有两个，它们分别是：

施事＋获取谓词＋客事＋原属
施事＋传递谓词＋客事＋终属

每一个论元结构分别和概念框架中四对使动结构中的一对连贯，在操作中只有其中一对连贯的使动结构才被激活，其他使动结构处于半激活状态。以上第一个获取论元结构和"买"以及"收"使动结构连通，第二个传递论元

结构则和"卖"以及"付"使动结构连通。两个论元结构分别连接两个不同的语法结构,并体现为四个不同的小句。例如:

> 李四买了营业员一本新词典。
> 李四付给营业员两百元。
> 营业员卖给李四一本新词典。
> 营业员收了李四两百元。

其中每一个小句对应的只是其中一对使动概念结构。例如:

> 营业员卖给李四一本新词典。

它对应的使动结构仅是概念框架中四对使动结构的其中一对(用黑体字标示):

```
[动作者李四 + 动作买 + 对象新词典
  致使者李四 + 致使 + [对象客体新词典 + 原属营业员]]
[动作者李四 + 动作付 + 对象两百元
  致使者李四 + 致使 + [对象客体两百元 + 终属营业员]]
[动作者营业员 + 动作卖 + 对象新词典
  致使者营业员 + 致使 + [对象客体新词典 + 终属李四]]
[动作者营业员 + 动作收 + 对象两百元
  致使者营业员 + 致使 + [对象客体两百元 + 原属李四]]
商品新词典 + 静等值 + 现金两百元
```

在现金交易的概念框架中,该使动概念结构(黑体字部分)视为凸显的概念结构,它识解为含原属的论元结构,并体现为相应的词汇语法结构。

就概念框架整体而言,突显的概念结构只是它的一个局部。突显不同的概念结构,可以识解为不同的论元结构,并体现不同的词汇语法结构。在语言系统操作中,整体的概念框架仅局部识解为不同的论元结构。

（2）**凸显识解**：概念内容除了可以凸显不同的概念结构来体现不同的小句,还可以凸显不同的参与者来体现不同的小句。后者简称为**"凸显识解"**。请比较不同的凸显识解:

> 水在杯子里。
> 杯子里有水。

它们表达的概念内容可以表述为以下概念框架:

> 客体_水 + 静 + 位_{在杯子里}

该概念内容可以识解为两个不同的论元结构,它们分别表述为:

> 客事_水 + 静 + 位_{在杯子里}
> 客事_{杯子里} + 领属_有 + 对象_水

第一句凸显概念框架的客体"水",并识解为方位论元结构。第二句凸显概念框架的位"杯子里",并识解为领有论元结构。它们不同的识解方式和凸显不同参与者有关。

　　该类识解方式虽然只凸显参与者,但被凸显的参与者必须和论元结构的论元连贯。换言之,凸显参与者必须和一个论元重合,并连接相同的词项。

　　(3) **虚实识解**:概念内容和识解语义既有相似一致的关系,又有相异的关系。一组概念内容可以识解为多个不同的论元结构,例如:

The wall extends from the peak to the valley.

The wall runs from the peak to the valley.

两句都表达"墙从山顶延伸到山谷"的静态位置。它的概念框架都可以表述为:

> 客体_{wall} + 静_{extend} + [原位_{from peak} + 终位_{to valley}]

这一概念框架可以有两个不同的识解。它们的区别主要表现为动词的不同选用。第一句选用表达静态延伸位置的动词 extend,第二句则选用表达动作的动词 run。前句的论元结构和概念内容基本一致;后句的论元结构则和概念内容不一致,因为墙不会跑。陶弥(Talmy 2000:128—139)将两者分别归入 factive(实述)类和 fictive(虚述)类。实述类的识解简称为"**实解**"(即真实识解),虚述类的识解简称为"**虚解**"(即虚拟识解)。它们相应的论元结构分别称作"**实解结构**"和"**虚解结构**"。上例两类论元结构分别表述为:

> 客事_{wall} + 静_{extend} + 原_{from peak} + 终_{to valley} 　　　　　【实解】
> 施事_{wall} + 动作_{run} + 原_{from peak} + 终_{to valley} 　　　　　【虚解】

虽然它们论元结构的谓词类型不同,但不同的论元结构却体现为相同的语法结构"名—动—介—介"。

将概念内容实解为论元结构时,实解论元结构和对应的概念结构语义连贯明确。但是,将相同的概念内容虚解为论元结构时,从整体结构出发,它们之间的语义连贯似乎有问题。虚解论元结构和概念框架似乎无法以客观世界的理性方法推导出两者之间的语义连贯。但是,无论实解结构还是虚解结构,无论是静态方位的延伸还是动态动作的延伸,它们的原终标志论元和概念框架的原终图式却是一致的,它们都表达相同的延伸关系"原位$_{\text{from peak}}$ + 终位$_{\text{to valley}}$",所以它们之间都存在相同的连贯语义。

英语的虚解小句,有时可以有多个,例如:

The tree's shadow is down in the valley.
The tree's shadow lies down in the valley.
The tree threw its shadow down in the valley.

它们表达相同的概念内容:

客体$_{\text{tree's shadow}}$ + 静 + 终向$_{\text{down}}$ + 位$_{\text{in the valley}}$

例句组中,第一个小句是实解小句,它的论元结构和概念框架一致,具体表述为:

客事$_{\text{tree's shadow}}$ + 静$_{\text{is}}$ + [终向$_{\text{down}}$ + 位$_{\text{in the valley}}$]

其他小句的论元结构都是虚解的:

施事$_{\text{tree's shadow}}$ + 动作$_{\text{lie}}$ + [终向$_{\text{down}}$ + 终位$_{\text{in the valley}}$]
施事$_{\text{tree}}$ + 使动$_{\text{throw}}$ + [客事$_{\text{shadow}}$ + 终向$_{\text{down}}$ + 终位$_{\text{in the valley}}$]

无论是哪种论元结构,它们都有相同的原终图式"终向$_{\text{down}}$ + (终)位$_{\text{in the valley}}$"。第一个虚解论元结构将"树影"拟人识解为动作者施事,第二个虚解结构则将"树影"分解为"树"和"影",并将"树"识解为使动者施事,将"影"识解为使动客事。虽然各小句的论元结构不同,但它们却识解相同的概念内容。其中原终图式中的标志参与者及其论元,各论元结构是相同的。因此,不同虚解结构和概念内容仍然是连贯的。

(4) **变式识解**:在许多理论(例如,词汇语义学)模式中,**变式**(alternative variants)就是相同动词所能出现的语义相关的各句式。认知功能模式认为,各变式既有相同的概念内容,又含细微的概念语义差异。相同的概念内容在模式中表述为变式的相同概念框架。不同的含义使相同的概念框架识解为不同的论元结构。例如：

Sam sprayed paint on the wall.

Tom sprayed the wall with paint.

以上两个不同的句式含相同的动词 spray，它们的概念内容基本相同，但识解方式不同。这样的两个句式就是变式。

在事件框架中，动词和变式的关系视为概念框架和识解论元结构之间的连贯语义关系。例如：

Tom loaded hay onto the truck.

Tom loaded the truck with hay.

它们的概念内容都含"动作者 Tom 将动作对象 hay 装到终位 truck 上去"。两者的概念内容可以表述为：

$$动作者_{Tom} + 动作_{load} + 对象_{hay} + 终位_{truck}$$
$$^{动作者}致使者_{Tom} + 致使 + [^{对象}客体_{hay} + ^{终位}终位_{truck}]$$

但是，后句的概念内容还包括终位实体作为装载容器和装载物之间发生的分布关系。该关系可以表述为：

$$^{客体}客体_{hay} + 静_{【分布】} + ^{终位}位_{truck}$$

但是，分布式方位概念结构只出现在当终位解读为装载容器的小句中，所以它在整个概念框架中是一个可有成分，可作以下表述：

$$动作者_{Tom} + 动作_{load} + 对象_{hay} + 终位_{truck}$$
$$^{动作者}致使者_{Tom} + 致使 + [^{对象}客体_{hay} + ^{终位}终位_{truck}]$$
$$(^{客体}客体_{hay} + 静_{【分布】} + ^{终位}位_{truck})$$

当可有方位结构不激活时，概念框架识解为使移论元结构；当可有方位结构激活时，概念框架识解为材料及物论元结构。

使移：施事$_{Tom}$ + 使动$_{load}$ + ^{客体}客事$_{hay}$ + ^{终位}终位$_{truck}$

材料：施事$_{Tom}$ + 动作$_{load}$ + ^{终位}客事$_{truck}$ + ^{客体}伴随者$_{hay}$

两个变式的语法结构除了介词不同外，其他成分相同，都是：

名—动—名—介

前句的介词是 onto，表达位置移动的方向；后句的介词 with 表达移入装载容器的材料。虽然两者的语法结构相同，但论元结构的识解方式不同。前句的客事识解动作对象客体，后句的客事则识解动作终位。

汉语也有变式，常见的有一般句、把字句、被字句和前提补（宾）语句等。例如：

> 向倩老师用自己的身体罩着学生。
> 向倩老师把学生罩在自己的身体下面。

虽然两句的语法结构不同，一个是把字句，一个是用字句，但它们的主动词都是"罩"，句子的概念内容也相同，都表示"向倩老师""自己的身体""学生"和动作"罩"的关系。动作"罩"的含义就是将动作对象"自己身体"置于终位实体"学生"之上，或将动作对象"学生"置于终位实体"自己身体"之下。它们的概念内容可以表述为以下概念框架：

$$
\begin{aligned}
&动作者_{向倩老师} + 动作_{罩} + 对象_{自己的身体} + 终位_{在学生上面} \\
&致使者_{向倩老师} + 致使 + [^{对象}客体_{自己的身体} + {}^{终位}终位_{在学生上面}] \\
&|致使者_{向倩老师} + 致使 + [^{终位}客体_{学生} + {}^{对象}终位_{在自己的身体下面}]
\end{aligned}
$$

该概念框架可以识解为两个不同的变式论元结构，它们分别表述为：

> 用字句：施事_{向倩老师} + 动作_{罩} + 客事_{学生} + 工具_{自己的身体}
> 把字句：施事_{向倩老师} + 使动_{罩} + 客事_{学生} + 终位_{自己的身体下面}

(5) **整体性识解**：整体性识解主要指概念内容全部或部分整体识解为一个语义结构。这种不可分解的识解关系称作"**整体性识解**"。例如：

> 你在干吗？

该小句可以表达不同的意思。换言之，该句式可以体现不同的概念内容。首先，它的直接意思是个疑问，需要受话者提供答案。问句形式一般表达生疑而问。生疑自然对所问之事起了疑心。疑心就是倾向于不相信该事是真。所以问句形式还可以表达生疑而否定。根据以上推导，以上问句可以理解为"你不该做你在做的事"。如果将该概念内容表述为：

$$
不该 + [动作者_{你} + 动作_{做} + 对象_{这种事}]
$$

该概念框架可以识解为两个不同的小句：

你不该干这种事。

你在干吗？

问句形式表达生疑而否定的用法具有普遍性。英语也有类似的整体性识解方式。菲尔墨以及构式语法研究者讨论的 WXDY 构式就属于此类识解方式。例如：

What is the fly doing in my soup?

该问句的发话者对所问内容（X doing Y）表示质疑，并产生相反的含义，即"苍蝇不该在我的汤里"的意思。人们还发现，如此英语构式能产性很大。

整体性识解不限于结构的变化，有些还表现为词汇的变化，例如：

Tom died.

Tom kicked the bucket.

两句有相同的概念内容，都表达"汤姆死"的概念语义，它们的概念内容都表述为：

> 客体$_{Tom}$ + 变$_{die}$

但它们的表达形式不同。其中概念内容性状"死"或直接识解为动词 die，或整体识解为动名结构 kick the bucket。

在表述形式方面，我们需要决定不同的识解句式是否可以表述在论元结构的层面上。笔者认为，表述在什么层面上并不重要，重要的是从相同的概念框架到不同的词汇语法表达之间存在一个差异。如果将论元结构视为词汇语法的语义结构，而不是概念语义的结构，那么相同的概念框架应该可以识解为不同的论元结构，其中包括整体性识解的论元结构。例如，"你在干吗"的概念内容可以识解为以下论元结构：

$$[^{动作者}施事_{你} + ^{动作}谓词_{做}] + ^{[否+情状]}问$$

其中动作者（你）识解为施事，动作（做）识解为谓词，否定情状（不该）通过推导识解为"问"。这样的论元结构体现为一般疑问句式。

第二句对"死"性状的概念内容则识解为以下两个论元结构：

$$^{客体}客事_{Tom} + ^{变}变_{die}$$
$$^{客体}施事_{Tom} + ^{die}[谓词_{kick} + 客事_{bucket}]$$

它们的客事和施事有相同的语法体现，但概念内容"变"应有不同的识解，体

现为不同的词汇表达。前者的概念"死"体现为动词 die，后者的概念"死"则
体现为 kick the bucket。

　　(6) **转喻识解**：转喻识解和以上各识解方式不同，它仅是词项的识解，
而不涉及从参与者到论元的识解。转喻是一种过程，过程的实施基于潜能
机制。和转喻有关的潜能机制有两个。一个是实体的层级组织，例如：

Wall Street was in panic.

其中"华尔街"并不是指纽约的某条街，也不是指该街上的交易所，而是指位
于该街上交易所中的经纪人。由"华尔街"通过"交易所"来激活"经纪人"的
过程就是转喻过程。该转喻过程表明，概念知识中人们知道"华尔街—交易
所—经纪人"之间的关系。该转喻激活过程还进一步表明"街道—场所—工
作者"之间构成的层级组织及其操作过程是存在的。

　　另一个转喻的潜能是本体和喻体之间有共享概念语义特征，例如：

小雯很**青春**。

其中和"青春"关联的概念语义特征可以是"年轻""有活力"，甚至还可以是
"开放""时尚"。这些特征同时又是"小雯"所具备的。在转喻识解中，概念
内容中"青春"通过和"小雯"共享的概念语义激活了"小雯"。它们的转喻过
程是以共享概念语义为激活延伸通路的操作过程。

　　无论是层级组织的神经认知过程，还是共享概念语义的神经认知过程，
转喻的认知过程都以概念语义连通关系为基础。由于转喻识解是词汇的，
不是结构的，所以转喻识解中概念框架和论元结构之间的语义连贯主要是
词项概念语义的连贯，它或是层级组织中的概念语义连贯，或是共享概念语
义的连贯。

6.5　连接概念语义

　　概念语义是概念框架和论元结构的连贯语义。因此，概念语义可以由
概念框架和论元结构两个视角来构建。我们以事件框架为例来说明这两个
不同的视角。

　　一个事件框架至少含一个动作结构，常常还含和动作结构连贯的致使
结构。例如：

Tom threw the ball to her.

Tom threw her the ball.

两个变式的概念框架都含"扔"动作结构,它表述为:

动作者$_{Tom}$＋动作$_{throw}$＋对象$_{ball}$＋^{动作者}原

和动作结构连贯的两个致使结构分别是:

致使者$_{Tom}$＋致使＋[客体$_{ball}$＋终向$_{her}$]

致使者$_{Tom}$＋致使＋[客体$_{ball}$＋终属$_{her}$]

它们解读为致使者使客体"球"向"终向"移动,最终抵达"终属",并为其所有。经过简化后,扔事件的概念框架表述为:

动作者$_{Tom}$＋动作$_{throw}$＋对象$_{ball}$＋^{动作者}原
^{动作者}致使者$_{Tom}$＋致使＋^{对象}[客体$_{ball}$＋[终向|终属]$_{her}$]

我们再以领属域的"给"事件为例。该事件至少可以由两个句式表达,例如:

Tom gave a ball to her.

Tom gave her a ball.

它们的动作结构是:

动作者$_{Tom}$＋动作$_{give}$＋对象$_{ball}$＋终$_{her}$

两个变式的致使结构分别是:

致使者$_{Tom}$＋致使＋[客体$_{ball}$＋终向$_{her}$]

致使者$_{Tom}$＋致使＋[客体$_{ball}$＋终属$_{her}$]

通过动作结构和致使结构重合连接构成的概念框架表述为:

动作者$_{Tom}$＋动作$_{give}$＋对象$_{ball}$＋终$_{her}$
致使者$_{Tom}$＋致使＋[客体$_{ball}$＋[终向|终属]$_{her}$]

如果将"扔"事件和"给"事件作一个比较,我们发现它们有不同的动作结构,但致使结构却相同,体现的语法结构自然也相同。如果将两个事件所涉及的概念语义连接起来,那么我们得到两个不同的动作结构连贯两个(相同的)致使结构的连接网络(见图 6.6)。

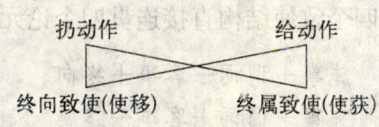

图 6.6 不同的重合关系

我们再来分析切刻事件，它可以表达为：

Tom cut the cucumber shorter. 【切割】

Tom cut the cucumber into a butterfly. 【雕刻】

Tom cut her some cake. 【镌刻】

这些小句的动作结构都是：

动作者$_{Tom}$＋动作$_{cut}$＋对象$_{cucumber}$

和该动作结构连贯的致使结构分别是：

致使者$_{Tom}$＋致使＋［客体$_{cucumber}$＋终状$_{shorter}$］

致使者$_{Tom}$＋致使＋［客体$_{cucumber}$＋终体$_{butterfly}$］

致使者$_{Tom}$＋致使＋［客体$_{cucumber}$＋终属$_{her}$］

切割事件的概念框架至少包括以上各致使结构。它们简化后可以表述为如下概念框架。

动作者$_{Tom}$＋动作$_{throw}$＋对象$_{cucumber}$

致使者$_{Tom}$＋致使＋［客体$_{cucumber}$＋［终状$_{shorter}$｜终体$_{butterfly}$｜终属$_{her}$］］

如果上述三类事件框架综合起来，那么它们的概念语义关系网络涵盖三个动作结构和四个论元结构。三个动作结构分别是：

动作者$_{Tom}$＋动作$_{throw}$＋对象$_{ball}$＋^{动作者}原 【扔动作】

动作者$_{Tom}$＋动作$_{give}$＋对象$_{ball}$＋终$_{her}$ 【给动作】

动作者$_{Tom}$＋动作$_{cut}$＋对象$_{cucumber}$ 【切动作】

它们的致使结构有四个：

致使者＋致使＋［客体＋终向］ 【使移】

致使者＋致使＋［客体＋终属］ 【使获】

致使者＋致使＋［客体＋终状］ 【使成终状】

致使者＋致使＋［客体＋终体］ 【使成终体】

这四个致使结构直接连贯四个论元结构：

施事＋谓词＋客事＋终向 【终向及物】

施事＋谓词＋客事＋终属 【双及物】

施事＋谓词＋客事＋终状 【终状及物】

施事＋谓词＋客事＋终体 　　　　　　　　　【终体及物】

根据三个动作结构和四个致使结构之间的连贯关系，我们可以构建出一个关系网络（见图 6.7）。

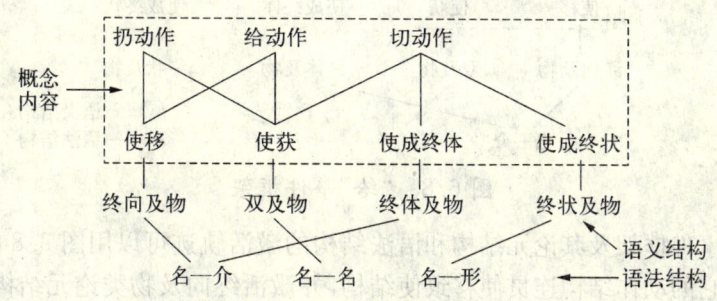

图 6.7　重合和体现
（语法结构只标示动词后面的语法范畴）

按图所示，扔动作结构和给动作结构连贯使移和使获致使结构，而切动作结构则连贯两个使成结构，一个使获结构。四个致使结构直接连贯四个不同的论元结构，它们又分别体现为三个不同的语法结构，其中终向及物和终体及物的论元结构都体现为含介词短语的语法结构。但是，终体只能体现为 into 的介词短语。

在认知功能模式中，各事件框架不是独立的义形单位，语言系统也不是独立义形单位连接构成的模式。这一点认知功能模式和构式语法不同（详见第 5 章）。认知功能模式和神经认知语言学的关系网络模式（详见第 3 章）以及概念语义学的平行模式（详见第 4 章）一样，是一个分层次的模式。层次模式中，每一个层次是一个半自主子系统。任何义形单位都表述为各层次之间的体现关系（见图 6.7）。

认知功能模式虽然没有将概念框架处理为独立的语言范畴，但概念框架的存在是毋庸置疑的。根据认知功能理论目标，语言系统模式是一个具有操作潜能的模式。在认知功能模式中，概念框架也具有操作潜能。它整体效应的存在具体表述为概念框架在操作中可以整体处于半激活状态。在如此关系网络模式中，一个事件框架就是该事件操作过程中激活连通的轨迹。例如，扔事件框架可以界定为"扔"动作结构和所有连贯致使结构的连接关系（见图 6.8）。

当输入或输出是小句

John threw the gun to the ground.

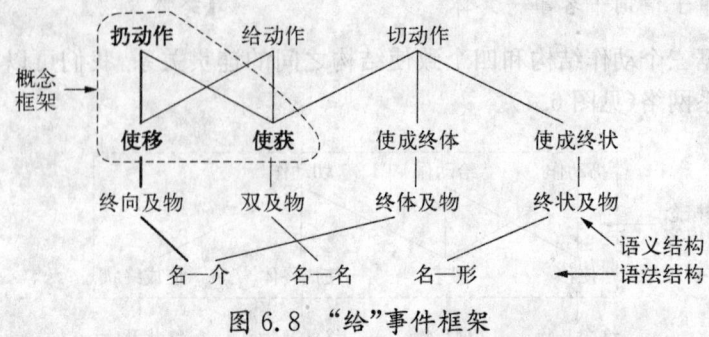

图 6.8　"给"事件框架

那么扔事件框架及其论元结构和语法结构的激活轨迹可以用图 6.8 的粗线表示。它的动作结构连贯使移致使结构，并激活终向及物类论元结构，最终体现为语法结构"名—动—名—介"（见图 6.8）。

6.6　操作可行性

语言系统的基本特征之一是它的动态性，其中包括系统的操作过程。作为概念语义理论模式的构式语义，它不仅和外部的感知运动系统和词汇语法表达连通，其内部结构还必须语义连贯。两者都具有操作可行性。

杰肯道夫（Jackendoff 1990、2002）曾指出理论模式应该去探究语言运用认知过程，其中包括问答和语义推理。但他的理论模式还没有这个表述能力。

概念框架作为一种经验知识，它应该有能力实施理解、产出以及问答和语义推导等认知过程。实际上，概念框架的语义连贯在操作过程中就是简单语义推理的过程。后续和概念过程之间的语义也是连贯的语义推导过程。

和菲尔墨的语义框架比较，概念框架能够比较精细地表述操作过程，而不只是宏观间接地讨论理解操作的可能性。对认知功能模式而言，概念框架不仅仅是一种经验知识，而且是一种可以反复激活调用的经验知识。表述经验知识的概念框架同时也是可以实施认知操作的图式框架。认知操作就是概念框架的激活延伸过程。当然，整个语符关系不只是概念框架具有操作可行性，其他部分也都具有操作可行性。下文举例讨论认知功能模式的理解操作过程（详见 6.6.1 小节）、产出操作过程（详见 6.6.2 小节）以及问答、语义推理操作过程（详见 6.6.3 小节）。

6.6.1 理解操作

认知功能模式表述两个方面的状态：一个是表述语符关系操作的潜能，另一个是表述语符关系操作的过程。认知功能模式的理解操作过程就是从词汇语法到概念框架的激活过程。我们用以下一组小句为例来讨论框架潜能和理解操作过程之间的关系。请比较：

Tom sprayed red paint on the wall.

Tom sprayed the wall with red paint.

它们有相同的概念内容，即"使动者'汤姆'将对象客体'红漆'移动到终位'墙上'"。后句另含可有方位概念结构。它们可以用概念框架表述为：

$$
\begin{array}{l}
\text{动作者}_{\text{Tom}}+\text{动作}_{\text{spray}}+\text{对象}_{\text{red paint}}+\text{原位}_{\text{【容器】}} \\
{}^{\text{动作者}}\text{致使者}_{\text{Tom}}+\text{致使}+\left[{}^{\text{对象}}\text{客体}_{\text{red paint}}+\text{终位}_{\text{on wall}}\right] \\
({}^{\text{客体}}\text{客体}_{\text{red paint}}+\text{静}_{\text{【分布】}}+{}^{\text{终位}}\text{位}_{\text{wall}})
\end{array}
$$

必有的两个概念结构重合成：

$$
\text{使动者}_{\text{Tom}}+\text{使动}_{\text{spray}}+\text{对象客体}_{\text{red paint}}+\text{终位}_{\text{on wall}}
$$

根据以上两个小句，喷洒事件的概念框架可以识解为两个不同的论元结构。前句方位结构不出现时，论元结构直接连贯概念框架的使动结构；后句可有方位结构出现时，概念框架识解为材料及物论元结构。两个论元结构分别表述为：

$$
{}^{\text{使动者}}\text{施事}_{\text{Tom}}+\text{使动}_{\text{spray}}+{}^{\text{对象客体}}\text{客事}_{\text{red paint}}+{}^{\text{终位}}\text{终位}_{\text{on wall}}
$$
$$
{}^{\text{使动者}}\text{施事}_{\text{Tom}}+\text{使动}_{\text{spray}}+{}^{\text{终位}}\text{客事}_{\text{wall}}+{}^{\text{对象客体}}\text{伴随者}_{\text{red paint}}
$$

各论元识解的参与者在论元结构中用上标文字表示。例如，第一句中的对象客体识解为客事。

由于第二句的动作终位参与者在论元结构中识解为客事，使得终位参与者有了"动作对象载体"的隐含意义（表述为可有方位结构）。换言之，当终位参与者获得到位的对象客体时，它便具备了客体载体的含义。当终位参与者隐含客体载体时，它必须识解为客事。我们还发现不同的母语者对"载体"和"客体"之间的方位关系根据自己不同的语感，会推导出不同的含义。有人认为，终位对象"墙"到处沾满了材料实体"红漆"（Rappaport & Levin 1985；Pinker 1989；Tenny 1987）；有些母语者则认为，终位对象"墙"虽然没有沾满材料实体"红漆"，但它各处都分布有材料实体。不管是哪种语感，它们都从"红漆"抵达"墙"后，通过"红漆"和"墙"存在的分布式方位关系（见概念框架中的可有方位结构）推导而出。

两句的论元结构不同，它们的主要差异表现为第一句的终位和第二句的伴随者之间的选择关系。它们的词汇语法结构也只是句尾介词的不同。请比较：

名—动—名—on—名

名—动—名—with—名

概念框架、论元结构以及词汇语法之间的连通关系，及其构成的语符关系可以表述为：

概　念	动作者$_{Tom}$＋动作$_{spray}$＋对象$_{red paint}$＋原位【客器】
	^{动作者}致使者$_{Tom}$＋致使＋[^{对象}客体$_{red paint}$＋终位$_{on wall}$]
框　架	（^{客体}客体$_{red paint}$＋静【分布】＋^{终位}位$_{wall}$）
	使动者$_{Tom}$＋使动＋对象客体$_{red paint}$＋终位$_{wall}$
论　元	^{使动者}施事$_{Tom}$＋使动＋^{对象客体}客事$_{red paint}$＋^{终位}终位$_{on wall}$
结　构	^{使动者}施事$_{Tom}$＋使动＋^{终位}客事$_{wall}$＋^{对象客体}伴随者$_{red paint}$
词　汇	^{施事}名$_{Tom}$—动$_{spray}$—^{客事}名$_{red paint}$—^{终位}[on—名$_{wall}$]
语　法	^{施事}名$_{Tom}$—动$_{spray}$—^{客事}名$_{wall}$—^{伴随者}[with—名$_{red paint}$]

理解操作过程就是根据模式表述的体现关系、识解关系和重合关系（见各单位的上标）从下向上进行的（见各黑体字表示的结构）。它的输入小句和理解过程可以表述为：

Tom sprayed red paint on the wall.

概　念	**动作者**$_{red ...}$＋**动作**$_{spray}$＋**对象**$_{red paint}$＋**原位**【客器】
	^{动作者}**致使者**$_{Tom}$＋**致使**＋[^{对象}**客体**$_{red paint}$＋**终位**$_{on wall}$]
框　架	（^{客体}客体$_{red paint}$＋静【分布】＋^{终位}位$_{wall}$）
	使动者$_{Tom}$＋**使动**＋**对象客体**$_{red paint}$＋**终位**$_{wall}$
论　元	^{使动者}**施事**$_{Tom}$＋**使动**＋^{对象客体}**客事**$_{red paint}$＋^{终位}**终位**$_{on wall}$
结　构	^{使动者}施事$_{Tom}$＋使动＋^{终位}客事$_{wall}$＋^{对象客体}伴随者$_{red paint}$
词　汇	^{施事}**名**$_{Tom}$—**动**$_{spray}$—^{客事}**名**$_{red paint}$—^{终位}[on—**名**$_{wall}$]
语　法	名$_{Tom}$—动$_{spray}$—名$_{wall}$—with—名$_{red paint}$

输入的词汇语法结构向上激活第一个论元结构；论元结构通过使动结构将概念框架(可有结构除外)激活。从词汇语法结构，通过论元结构，最后激活概念框架的过程，可以通过纵向激活轨迹来表述。以句首名词短语为例。它(根据上标)向上激活论元施事，施事(根据上标)向上通过使动者激活概念框架动作者和致使者。

第二句的词汇语法结构输入和第一句的不同，并激活不同的论元结构。第二句的词汇语法输入根据体现关系(由上标文字表述)激活第二个论元结构，并通过重合概念结构，激活概念框架的全部(包括可有方位结构)。它们的激活轨迹从下向上可用黑体字表述如下。

Tom sprayed the wall with red paint.

概　　念 概　　念 框　　架	动作者_{Tom}＋动作_{spray}＋对象_{red paint}＋原位_[容器] ^{动作者}致使者_{Tom}＋致使＋[^{对象}客体_{red paint}＋终位_{on wall}] (^{客体}客体_{red paint}＋静_[分布]＋^{终位}位_{wall}) 使动者_{Tom}＋使动＋对象客体_{red paint}＋^{终位}终位_{wall}
论　　元 结　　构	^{使动者}施事_{Tom}＋使动＋^{对象客体}客事_{red paint}＋^{终位}终位_{on wall} ^{使动者}施事_{Tom}＋使动＋^{终位}客事_{wall}＋^{对象客体}伴随者_{red paint}
词　　汇 语　　法	名_{Tom}—动_{spray}—名_{red paint}—on—名_{wall} ^{施事}名_{Tom}—动_{spray}—^{客事}名_{wall}—^{伴随者}[with—名_{red paint}]

以动词后面的名词短语为例。该名词短语根据体现关系(以上标表示)向上激活第二个论元结构的客事，客事根据其体现关系向上激活概念框架的终位。

6.6.2　产出操作

语言系统的产出操作过程，它的方向和理解过程相反。产出操作表述为从概念框架到词汇语法的过程。在产出操作过程中，不同的概念框架因不同的概念语义条件(包括上下文的概念语义条件)可以激活不同的论元结构和词汇语法结构。以"喂"事件为例。该事件可以表达为三句英语小句，例如：

Joe fed milk to her.
Joe fed her milk.

Joe fed her with milk.

它们的概念框架含一个动作结构和三个致使结构,并作以下表述:

$$动作者_{Joe}＋动作_{feed}＋对象_{milk}＋终_{her}$$
$$^{动作者}致使者_{Joe}＋致使＋[^{对象}客体_{milk}＋^{终}终向_{her}]$$
$$^{动作者}致使者_{Joe}＋致使＋[^{对象}客体_{milk}＋^{终}终属位_{her}]$$
$$^{动作者}致使者_{Joe}＋致使＋[^{对象}客体_{milk}＋^{终}终属_{her}]$$

三个致使结构的唯一差异表现在"终向""终属位"和"终属"之间。"终向"表示实体向终转移;"终属位"表示转移实体已抵达终,但是否被终所接受由终自己决定;"终属"表示转移实体已抵达终,并为终所接受。在一个小句的操作过程中,三个终只选择激活其中一个。基于三种致使结构的异同,"喂"概念框架甚至可以简化表述为:

$$动作者_{Joe}＋动作_{feed}＋对象_{milk}＋终_{her}$$
$$^{动作者}致使者_{Joe}＋致使＋[^{对象}客体_{milk}＋^{终}[终向|终属位|终属]_{her}]$$

根据"喂"小句表达的概念语义,"喂"概念框架可以识解为三个不同的论元结构,并和三个不同的词汇语法结构连接。喂事件的整个语符关系模式可以表述为:

概 念 框 架	$动作者_{Joe}＋动作_{feed}＋对象_{milk}＋终_{her}$ $^{动作者}致使者_{Joe}＋致使＋[^{对象}客体_{milk}＋$ $^{终}[终向\|终属位\|终属]_{her}]$
	$使动者_{Tom}＋使动＋对象客体_{milk}＋[终位\|终属位\|终属]_{her}$
论 元 结 构	$^{使动者}施事_{Joe}＋使动_{feed}＋^{对象客体}客事_{milk}＋^{终向}终向_{her}$ $^{使动者}施事_{Joe}＋使动_{feed}＋^{终属位}客事_{her}＋^{对象客体}材料_{milk}$ $^{使动者}施事_{Joe}＋使动_{feed}＋^{对象客体}客事_{milk}＋^{终属}终属_{her}$
词 汇 语 法	$^{施事}名—动—^{对象客体}名—^{终向}[to—名]$ $^{施事}名—动—^{终位}名—^{材料}[with—名]$ $^{施事}名—动—^{对象客体}名—^{终属}名$

以上表述的是"喂"事件的语符关系网络。它的操作可行性验证可以通过表述其操作激活轨迹来实施。下文我们分别以相同的语符关系网络来表

述三个小句操作过程的激活轨迹。

如果选择激活的是终向，那么小句和激活轨迹可以表述如下：

Joe fed milk **to her**.　　　　　　　　　【选终向】

概　念 框　架	**动作者**_{Joe} ＋ **动作**_{feed} ＋ **对象**_{milk} ＋ **终**_{her} ^{动作者}**致使者**_{Joe} ＋ **致使** ＋ [^{对象}**客体**_{milk} ＋ 　　　　　　　　　　　　　　^终[**终向**|终属位|终属]_{her}]
	使动者_{Tom} ＋ **使动** ＋ **对象客体**_{milk} ＋ [**终向**|终属位|终属]_{her}
论　元 结　构	^{使动者}**施事**_{Joe} ＋ **使动**_{feed} ＋ ^{对象客体}**客事**_{milk} ＋ **终向**_{her} ^{使动者}施事_{Joe} ＋ 使动_{feed} ＋ ^{终属位}客事_{her} ＋ ^{对象客体}材料_{milk} ^{使动者}施事_{Joe} ＋ 使动_{feed} ＋ ^{对象客体}客事_{milk} ＋ ^{终属}终属_{her}
词　汇 语　法	^{施事}**名**—^{使动}**动**—^{客事}**名**—^{终向}[**to**—**名**] ^{施事}名—^{使动}动—^{客事}名—^{材料}[with—名] ^{施事}名—^{使动}动—^{终属}名—^{客事}名

当终向选择激活时，第一个论元结构激活，并相继激活第一个词汇语法结构。

如果终属位选择激活，那么输出的小句及其操作轨迹可以表述如下：

Joe fed her with milk.　　　　　　　　　【选终属位】

概　念 框　架	**动作者**_{Joe} ＋ **动作**_{feed} ＋ **对象**_{milk} ＋ **终**_{her} ^{动作者}**致使者**_{Joe} ＋ **致使** ＋ [^{对象}**客体**_{milk} ＋ 　　　　　　　　　　　　　　^终[终向|**终属位**|终属]_{her}]
	使动者_{Tom} ＋ **使动** ＋ **对象客体**_{milk} ＋ [终向|**终属位**|终属]_{her}
论　元 结　构	^{使动者}施事_{Joe} ＋ 使动_{feed} ＋ ^{对象客体}客事_{milk} ＋ ^{终向}终向_{her} ^{使动者}**施事**_{Joe} ＋ **使动**_{feed} ＋ ^{终属位}**客事**_{her} ＋ ^{对象客体}**材料**_{milk} ^{使动者}施事_{Joe} ＋ 使动_{feed} ＋ ^{对象客体}客事_{milk} ＋ ^{终属}终属_{her}
词　汇 语　法	^{施事}名—^{使动}动—^{客事}名—^{终向}[to—名] ^{施事}**名**—^{使动}**动**—^{客事}**名**—^{材料}[**with**—**名**] ^{施事}名—^{使动}动—^{终属}名—^{客事}名

终属位和终向的语法体现关系不同。终向参与者识解为终向论元，并体现为介词短语；终属位参与者识解为客事，并体现为动词后面的名词短语。

如果选择激活的是终属，那么语符关系模式的输出小句及其操作过程的轨迹可以表述为：

Joe fed her milk.   【选终属】

概　念 框　架	**动作者**_{Joe} + **动作**_{feed} + **对象**_{milk} + **终**_{her} **致使者**_{Joe} + **致使** + [对象**客体**_{milk} + 　　　　　　　　　　　　终[终向|终属位|**终属**]_{her}] **使动者**_{Tom} + **使动** + **对象客体**_{milk} + [终向|终属位|**终属**]_{her}
论　元 结　构	使动者**施事**_{Joe} + 使动**feed**_{feed} + 对象客体**客事**_{milk} + **终向**_{her} 使动者**施事**_{Joe} + 使动**feed**_{feed} + 终属位**客事**_{her} + **材料**_{milk} **使动者施事**_{Joe} + **使动feed**_{feed} + **对象客体客事**_{milk} + **终属**_{her}
词　汇 语　法	施事**名** — 使动**动** — 客事**名** — 终向[to — **名**] 施事**名** — 使动**动** — 客事**名** — 材料[with — **名**] **施事名** — **使动动** — **终属名** — **客事名**

其中终属体现为动词后面（第一宾语）的名词短语，而客事体现为句尾（第二宾语）的名词短语。

6.6.3　问答和推理

认知功能模式除了具有理解和产出的操作可行性外，还具有简单的问答和语义推理等操作可行性。举以下一对小句为例来讨论问答、语义推理的操作可行性。

他打碎了杯子。

杯子打了碎。

它们在操作过程中**激励**（evoke）相同的概念框架，使其处于一触即发的半激活状态。这个概念框架（含先设和后续）表述为：

先　设	［客体_杯子 ＋ 性状_碎］＋ 否
概念过程	动作者_(他) ＋ 动作_打 ＋ 对象_杯子 动作者 致使者_(他) ＋ 致使 ＋ ［^对象 客体_杯子 ＋ 终状_碎］
后　续	客体_杯子 ＋ 性状_碎

但是，概念框架中激活的参与者不尽相同。第一句激活的部分可以用以下框架中的黑体字表述。

他打碎了杯子。

先　设	［客体_杯子 ＋ 性状_碎］＋ 否
概念过程	**动作者_他 ＋ 动作_打 ＋ 对象_杯子** 动作者 **致使者_他 ＋ 致使** ＋ ［^对象 **客体_杯子 ＋ 终状_碎**］
后　续	客体_杯子 ＋ 性状_碎

如果受话者没有听清楚使动者的具体词项，他会根据使动者的语义关系提出这样的问题：

"谁打的"。

当然，发话者会根据概念框架提供这样的回答"是他"。如果受话者提问

"杯子怎样了"，

那么发话者可以根据概念框架后续的信息，提供如此回答，"杯子碎了"。

　　第二例句和第一例句不同，它的使动者施事没有在语言表达中出现。但是，就"打碎杯子而言"它必须有一个使动者，概念框架（经验知识）会告诉他，"打"动作必须有一个动作者，他同时又是杯子变化性状的致使者。因此，第二句和第一句的概念框架应该相同。但是，它们激活方式不同。第二句的使动者没有激活。

杯子打了碎。

先　设	［客体_杯子 ＋ 性状_碎］＋ 否
概念过程	动作者 ＋ **动作_打** ＋ 对象_杯子 动作者 致使者 ＋ **致使** ＋ ［^对象 **客体_杯子** ＋ **终状_碎**］
后　续	客体_杯子 ＋ 性状_碎

尽管使动者没有激活,概念框架的整体效应使得整个概念框架处于半激活状态。受话者听到该句后,概念过程中黑体字部分被激活,导致整个概念框架处于一触即发的半激活状态。由于使动者没有被激活,受话者可能会就没有被具体激活的使动者提出这样的问题,

"是谁打的"。

由于小句的概念框架中是有使动者的,如果发话者知道使动者是谁,那么他就可以提供该信息。当然,问答过程中的各种信息都会基于半激活的概念框架所提供的信息。

6.7　发展可行性

认知功能模式认为,语言系统的形成很可能始于三个神经连接权值方面的特征:(1)有一定权值的感知运动以及体感的初级皮层;(2)其他相关功能区位低权值的连接(即连而不通的)路径;(3)从各感知器官输入的信号。语言系统的形成是从具有连通权值的感知运动以及体感初级皮层向相关低权值连接区位激活延伸的过程,是提高其连接权值,并将其发展为语言系统各功能区位的过程。

将感知运动认知基础设定为语言系统形成发展的始端,这样的理论陈述有两个证据。一个是已有语言系统中词汇语法结构呈现出感知运动基础的必然性,一个是大脑白质形成的顺序。

当然,通过对儿童行为的观察我们也发现,儿童在产出语言现象之前已经能够理解语言;儿童在有能力理解语言现象之前,已经有了发出音节的能力以及司令简单动作的能力。例如,儿童可以

抓起一件东西(抓取动作);
抓起一件东西,然后扔掉(扔动作);
抓起一件东西,用它敲打某处(敲动作);
抓起一件东西,然后给某人(给动作)。

这些动作说明儿童已经在运动神经认知系统中形成了动作初概念。在这些初步动作的基础上,儿童还会进一步体验动作所能带来的结果和感受,并逐步形成动作及其结果之间的关系。随着概念知识的进一步发展,动作结果的感受使儿童发展了各种力变图式。例如:

抓起一件东西,然后放在嘴里(方位使移);

抓起一件东西,然后扔进某容器里(方位使移)。

由此可见,儿童初概念形成的过程中,先有动作概念,后有致使概念。这本身证明动作结构和致使结构是可以分解的,并具有发展可行性。

基于儿童基本行为的观察分析,我们看到语言系统在连通之前,儿童已经构建起感知动作系统中的一些基本行为动作的初概念。这些动作初概念将作为构建语言系统的基础。概念框架中的动作结构试图表述动作概念,并为感知运动系统解读,这样的表述模式有其发展可行性。当然,儿童认知动作之前,首先认知作为动作者的人,以及作为动作对象的实物。

儿童认知外部世界的过程,涉及从个体到抽象的范畴化过程,也包含从整体到局部的分解、细化过程,更涵盖细化范畴重组成整体(如,结构、图式等)的过程。范畴化过程是个体输入信号不断激活相似神经通路的结果;而细化分解过程则是不同输入信号中相同局部被认知的过程。所谓局部认知过程就是局部输入使得相应神经路径不断激活的连通过程。许多范畴的建立本身就是分解的神经认知过程。重组过程就是分解细化的精细范畴在反复使用中组合构成更大整体性范畴的过程。总之,认知的神经过程就是分解和组合(或综合)的反复过程。

儿童在认识外部世界的初始阶段,会将周围许多实体都和语音表达"妈妈"联系起来。他除了管妈妈叫"妈妈"外,可能会管奶瓶等都叫"妈妈"。以后,他学会了将"妈妈"和"奶瓶"分开,并将它们归作两个不同的语符关系。这就是分解习得过程。

儿童经常看到她床前挂着的响铃,会将响铃和床前位置组合在一起。一涉及响铃她就会将眼光投向床前。这说明儿童已经将客体"响铃"和方位"床前"组合在一起了。

儿童常常看到自己穿的红色衣服,并认识了这是"衣服"。如果他还经常看到红色苹果、红色玩具、红色……。由于红色的反复激活,他会最终将"红色"从不同的实体范畴中分解出来,在神经通路中构成了"实体+红色"的组合关系通路。这是分解和再综合的习得过程。

总之,儿童认识外部世界的初期不是先认知物质实体的方位,不是先认知物质实体的性状,更不是先认知实体的动作,而是先认知整个实体本身。物质实体的方位以及性状是后来发展形成的。其中物质实体的性状是以后从实体的认知中分解出来的,并综合构建成一种关系网络。儿童通过感知器官激活感知神经通路,并最终分解实体及其可观察到的性状(见图 6.9)。

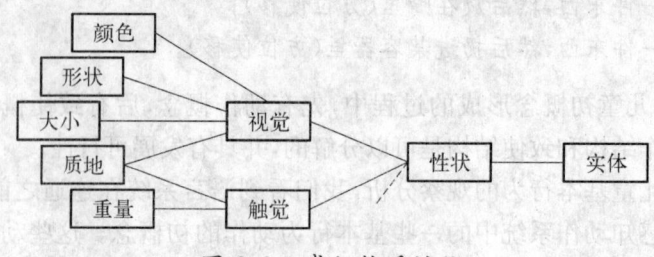

图 6.9　感知物质性状

　　实体一旦和自身的性状分解开来,并综合成组合关系,它便具有了一定的能产性,有限的实体和性状可以组合出许多不同的初始概念,儿童认识世界的能力就此有了提高。局部分解使整体本身具有了内部结构,同时又产生重新组合连接范畴的可能性。

　　儿童除了认识实体的方位、性状外,还用同样的方法认识了实体的领属关系(例如,将糖给妈妈吃)。但是,实体的方位和领属关系是需要另一个实体来标志的,所以实体有必要和另一个实体按方位或领属关系组合;而实体的性状是从实体本身分解出来后再组合的。由此可见,儿童在认知外部世界初期,大脑已经有了自动自主分解和组合的神经认知能力(见图 6.10)。

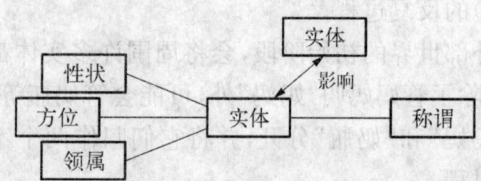

图 6.10　实体的组合关系

　　两个实体之间不仅仅是标志和被标志的关系,而且还存在两个实体互相影响的关系。如果儿童拿某物敲桌子,并敲坏了桌子。如此经历会让儿童逐步形成实体互相影响的初概念(见图 6.10)。

　　实体可以是各种各样的,它可以是无生命的物质,也可以是有生命的人。作为实体一部分的人,它除了有实体的连接关系外,还有人特有的各种特征。这些特征包括人可以实施动作,人有心理活动,心理活动包括感知、情感和认知,还涉及信仰。人的称谓也更为复杂,除了名字外,还有职称职务等社会地位(见图 6.11)。
实体"人"的变化也就有了更大的标志范围,它不仅限于方位、领属和性状,还涉及心理各类和称谓各类。当然,这些相当抽象的概念及其组合关系,要在儿童相当成熟的时候才能形成。那时,儿童大脑已经形成了语言系统的

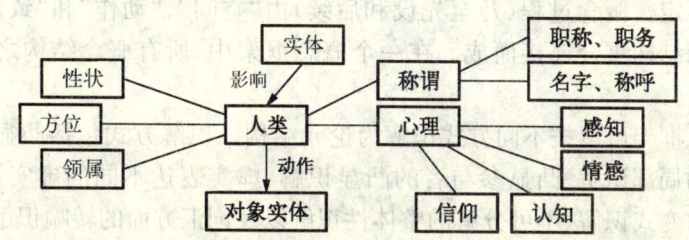

图 6.11　人的组合关系

初步状态。

　　虽然我们不知道动物的内心世界,但作为生命体的动物,我们一般认为它们和人一样,也有心理活动,也可以有意识有目地实施动作,一些高级动物同样也有改变周围环境的愿望和行为。因此,人的许多组合关系,同样也被延伸到动物上。由于人也是物质实体,所以人的许多组合关系甚至通过隐喻被延伸到无生命的物质上,产生了对物质世界拟人化的隐喻思维。

　　语言系统的形成和概念系统的发展同时进行。概念的分解和综合的神经认知过程使得语言系统的形成成为可能。就概念语义而言,概念框架中概念结构的分解和综合,参与者和动作的分离,参与者的重合连接关系,它们无不揭示概念系统和语言系统发展的同步性,同时也证明概念框架内部组织的发展可行性。

6.8　小结

　　认知功能模式是一个注重表述语符关系的理论模式,它强调模式的操作可行性和发展可行性。在认知功能模式中,表述概念语义的机制是构式语义,表述语言表达的主要是词汇语法系统和语音系统。

　　构式语义分解为概念内容和识解语义。前者表述为概念框架,后者表述为论元结构。作为一个概念语义表述模式,构式语义模式力图表述感知运动认知系统和词汇语法结构之间的概念语义。

　　概念框架表述的概念内容是基于语言的经验知识,并具有认知操作可行性,其中包括产出和理解的认知操作,还包括问答和简单语义推理的认知操作。概念框架同时还保持着一定的发展可行性,它的形成是不同概念结构共同激活的神经认知过程。

　　概念框架内部含可分解组织。概念框架的核心是概念过程,它由先设和后续界定。概念过程（乃至先设和后续）由"空间"、"动作"和"致使"三类基本概念结构重合连接而成。在一个概念框架中，所有概念结构之间必须语义连贯。

概念框架可以按不同方式识解为论元结构。识解方式包括凸显个别概念结构的局部识解、凸显参与者的凸显识解、虚实表达不同的虚实识解、不同变式的变式识解、不可分解的整体性识解以及词汇方面的转喻识解。

从体现关系的角度出发，我们保留论元结构，并用它来表述词汇语法语义，来表述概念内容和词汇语法差异较大的隐喻和转喻。但是，就模式的经济性而言，如果在表述形式中省略论元结构，并将概念框架中的部分概念结构视为临近语义的结构（相当于将概念框架中的某一重合概念结构视为论元结构），并直接识解为词汇语法结构，这样的表述方式将能够进一步简化语符关系模式。当然，最后是否需要保留论元结构，我们还需要通过运用各种方法对两种不同的处理方法在关系网络模式中进行验证。由于篇幅有限，我们将这一部分研究工作作为以后理论模式发展的一个重要步骤加以关注。

概念框架乃至整个语言系统模式的构建博采众长。笔者认为，多家理论学派的研究成果，在认知功能理论目标和语言系统基本特征的约束下，通过修整有些可以选择性地为认知功能模式所用。其中进入认知功能研究范围的主要理论流派包括菲尔墨（Fillmore 1982）的语义框架、兰姆（Lamb 1999）的神经认知语言学及其关系网络模式、杰肯道夫（1990、2002）的平行模式以及葛德博格（Goldberg 1995）的构式语法。其中神经认知语言学的关系网络模式为概念框架的形式表述提供了基础（详见第 7 章）。

第七章
关 系 网 络

　　认知功能模式中的语符关系,主要是概念语义和语言表达之间的体现关系。概念语义表述为概念框架和论元结构之间的连接关系;对外,概念框架连通感知运动系统,论元结构连通词汇语法结构。为了有效逼近真实语言系统,认知功能模式吸取兰姆在关系网络模式神经可行性验证中所取得的成果,也用关系网络关系图来表述上述语符关系。①

　　本章主要展示构建关系网络的步骤,展示验证关系网络操作可行性的方法。我们所用的例子有两个,一个是“放”事件(详见7.1小节),另一个是动词为 load 的一对变式(详见7.2小节)。通过例子,我们图示概念框架中动作结构和致使结构的综合连接方式以及它们在语义连贯中的隐性概念结构(详见7.3)。我们将通过例子来说明概念框架和论元结构之间的识解连接方式,并演示论元结构和词汇语法结构之间的体现关系。

7.1　“放”事件

　　事件视为概念语义的一个范畴。概念框架作为事件的表述模式,它至少由动作结构和致使结构重合连接而成(详见7.1.1小节)。为了便于初次接触关系网络的学者读懂关系网络,本小节暂时在概念语义部分只构建概念框架,不处理论元结构(用我们的术语就是将论元结构处理成一对没有差异的直线连接关系)。在简化后的义形语符关系中,作为“义”的概念框架直接体现为作为“形”的语法结构(详见7.1.2小节)。“义”和“形”的结构成分可选择连接一组词项(详见7.1.3小节)。由概念框架和语法结构通过体现关系连接构成的(简化)语符关系网络,不仅表述了事件的(简化)义形语符

---

① 　关系符的定义可详见第3章。

关系,还保持了模式的操作可行性(详见7.1.4小节)。其概念成分除了向下连通词汇语法结构,向上还连通感知运动系统(详见7.1.5小节)。

7.1.1　概念框架

事件框架的概念内容一般都含动作结构和致使结构。以"放"事件为例。它的概念内容可以解读为"某人放某物于某处"。如此概念内容可以表述为"放"动作结构"某人放某物"和致使结构"(某人致使)某物到某处"重合连接而成。例如:

他放了瓶花在桌子上。

它的动作结构可公式表述为:

动作结构＝动作者$_他$＋动作$_放$＋对象$_花$＋终位$_{桌子上}$

它的致使结构则表述为:

致使结构＝^{动作者}致使者＋^{动作}致使＋[^{对象}客体＋^{终位}终位]

由于致使者总是和动作者重合,致使总是和动作重合,所以我们可以在形式表述时将致使结构简化为"致使倾向"结构:

致使倾向结构＝^{对象}客体＋^{终位}终位

我们已经比较熟悉公式表述形式。其中动作结构解读为"动作谓词及其参与者之间的无序组合与关系(即与关系)";致使倾向结构解读为"参与者之间的无序组合与关系(即与关系)"。

在关系图中与关系用"三角形"表示。公式中的多项端相当于关系图中的多线端,接在与符的右端。公式中的语义参与者和功能谓词则由交接符(图中的梯形符号)表示(见图7.1)。多项端的各参与者和功能谓词在关系图中用交接符(梯形符号)表示(见图7.1)。每一个与符的多线端有多条横向的组合连接线连接交接符。其中动作结构的与符有(横向的)三条组合连接线,它们分别连接"动作者""动作"和"对象"的交接符(见图7.1a);致使倾向结构的与符也有三条组合连接线,它们分别连接"客体""移""终位"的交接符(见图7.1b)。

各交接符除了横向的组合连接线外,还有纵向的体现连接线。组合连接线表示组合连接关系,体现连接线表示体现关系。致使倾向结构中的"移"只有向上的体现线,没有向下的体现线,也没有向右的组合线,因为"移"只有对应的感知运动连接,没有显性的语言表达形式。

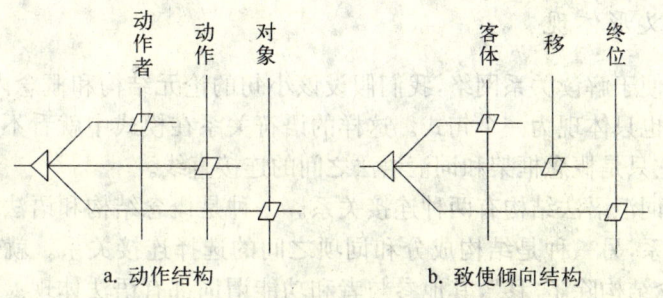

a. 动作结构　　　　　　　b. 致使倾向结构

图 7.1 "放"事件的概念结构

在简化了的概念框架表述中，动作结构和致使结构的重合表述为动作结构和致使倾向结构的有序组合。它们可以用公式表述如下：

使动概念框架＝［使动者＋动作＋对象］—［客体＋移＋终位］

其中多项端由动作结构和致使倾向结构用序与组合构成。因为两个概念结构用与符表示，那么它们之间的有序组合则用两个与符左端的序与符来连接（见图 7.2）。从左到右关系图中先有一个序与符，序与符的多线端有两条组合线，分别连接两个与符（即动作结构和致使倾向结构）。

简化关系网络中，致使倾向结构只有客体和动作结构的对象重合，它们的重合关系公式表述为：

对象＋客体＝客体

由于多项端在左，所以它是一个倒与关系。在关系网络表述中，动作结构和致使倾向结构各有一条组合线在倒与符处组合（表示重合关系），并通过倒与符连接"客体"交接符（见图 7.2）。

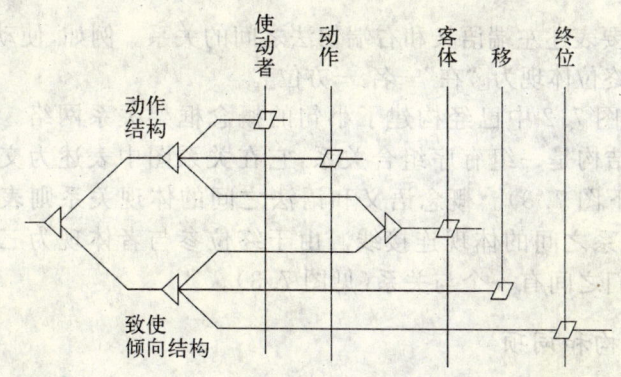

图 7.2 "放"事件的概念内容

7.1.2 义形体现

为了便于解读关系网络,我们假设该小句的论元结构和概念内容相同,论元结构也只体现为一个句式。这样的语符关系在模式中就看不到论元结构,因为它只是概念框架和词汇语法之间的连接直线。

连通词汇语法结构有两种连接关系。一种是概念结构和语法结构之间的体现关系,另一种是结构成分和词项之间的选择连接关系。就体现关系而言,概念结构除了"移",其他参与者和功能谓词都有语法体现。请比较概念结构和它的语法结构。两者之间的关系可以比较直观地由表7.1表述。

表 7.1 概念语义和句法

语　义	使动者	动　作	客　体	移	终　　位
句　法	名₁	动	名₂		"在"—名₃—方位

基于表7.1的说明,我们可以将语义、语法以及两者之间的体现关系公式表述为:

语　　义	语义＝[使动者＋动作＋客体]—[移＋终位]
体　　现	使动者＝名₁ 动作＝动 客体＝名₂ 终位＝"在"—名₃—方位(词)
语　　法	句法＝名₁—动—名₂—["在"—名₃—方位]

体现部分主要表述左端语义和右端句法之间的关系。例如,使动者体现为名₁。又如,终位体现为["在"—名₃—方位]。

我们在图7.2中已经构建了小句的概念框架关系网络。根据以上公式,语法结构是一组有序组合关系,它在关系图中表述为交接符的顺序排列(见下图7.3)。概念语义和语法之间的体现关系则表述为参与者和语法关系之间的体现连接线。由于终位参与者体现为三个语法成分,所以它们之间有一个与关系(见图7.3)。

7.1.3 结构和词项

结构和词项的连接既包括概念结构和词项的连接,又包括语法结构和

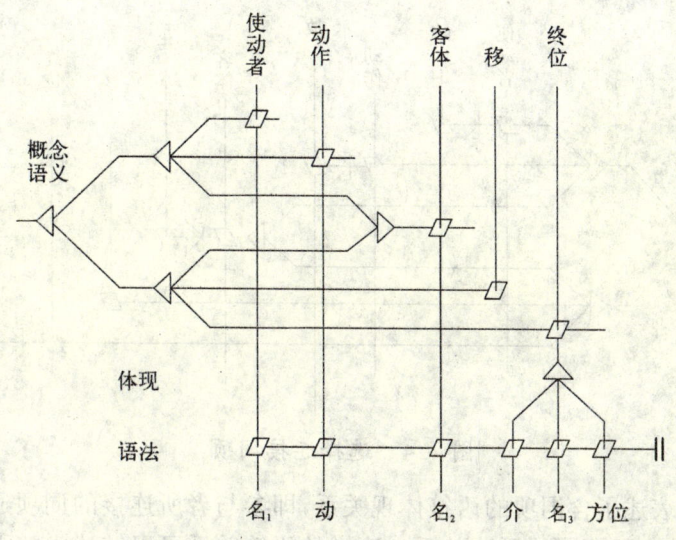

图 7.3　语法结构体现

词项的连接。概念结构中除了"移"没有显性词汇连接外,其他都有具体词项连接。它们可以用公式表述为:

$$[使动者_他+动作_放+客体_花]-[移+终位_{在桌子上}]$$

但在操作过程中,每一个实例只选择激活其中一个词项(见图7.4)。在关系图表述中,参与者或谓词由交接符表示,它们右端连接一个或关系符,或连接多个词项,每一个词项由一个交接符表示(为了简洁,图7.4只表述一个词项)。例如,动作者交接符右端连接一个或,或可以连接许多词项,其中包括"他"。

最后,将结构部分和词项部分连接起来,我们可以获得公式表述如下:

语　义	$[使动者_他+动作_放+客体_花]-[移+终位_{在桌子上}]$
体　现	$使动者_他=名_{1他}$ $动_放=动_放$ $客体_花=名_{2花}$ $终位_{桌子上}="在"-名_{3桌子}-方位_上$
语　法	$名_{1他}-动_放-名_{2花}-["在"-名_{3桌子}-方位_上]$

这组公式既表述了概念结构、语法结构和词项的关系(其中词项用下标

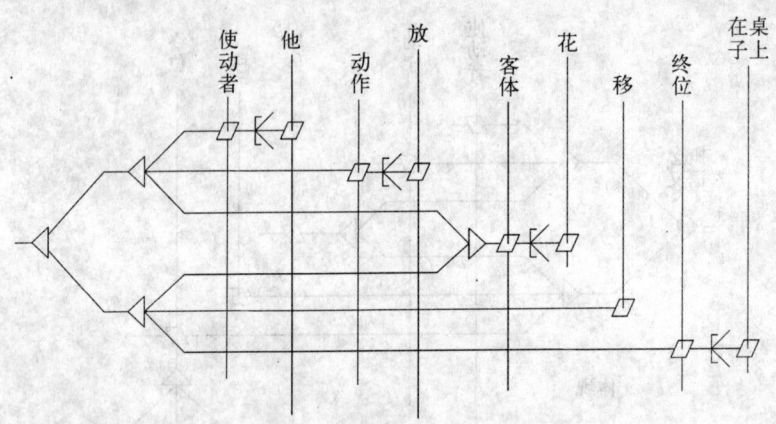

图 7.4　选择连接词项

表示），也表述了含词项的语符体现关系，即参与者所连接的词项通过其语法体现，确定了词项的语法关系。这样的语符关系可以转述为如下关系网络（见图 7.5）。

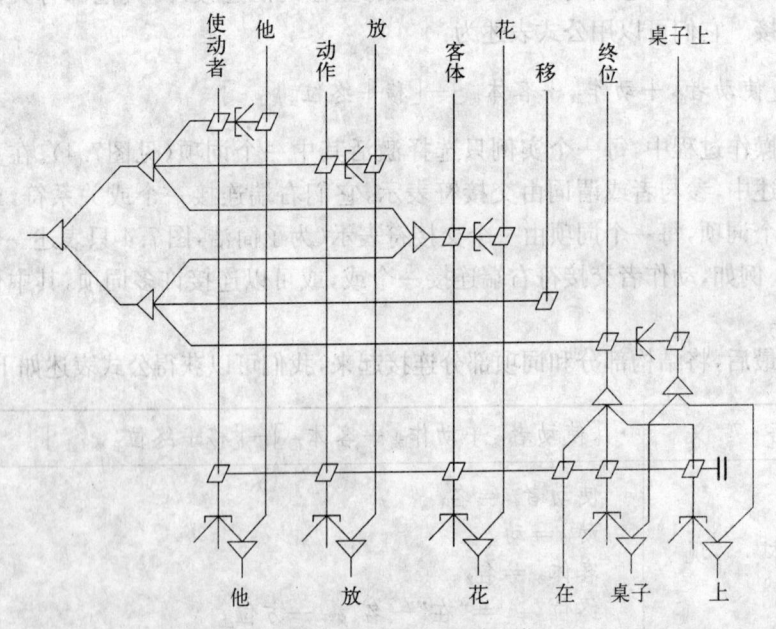

图 7.5　词汇语法体现

词项语义和词项形式之间也存在体现关系。语法结构的每一个成分（见图 7.5 中语法结构中的交接符）下连一个或关系符。或关系符表述语法成分连接的词项选择组。每一个或下连一个倒与，倒与的另一条体现关系线连接词项语义（见图7.5）。例如，使动者通过或选择了词项语义"他"，使动者体现为句首名词短语，而名词短语和词项语义"他"通过倒与共同决定句首成分"他"。

7.1.4　理解操作

和神经认知语言学一样，认知功能模式也坚持其模式的操作可行性。与此同时，任何关系网络的可操作性应该是可以通过验证的。虽然模式的操作过程是一种抽象的过程，不是语言系统本身操作过程的细节，不是操作过程的具体激活延伸，但它保持系统操作中的总体走向。

语义—语法结构的关系网络的操作可行性，表现为产出和理解操作的可行性。其中产出过程主要是由上向下，理解过程由下向上。整个操作过程就是模式中信号延伸的过程。关系网络中相关通路的激活，就是通路中关系符激活的过程。而各关系符是否激活是基于关系符的操作定义，所以关系符的操作是自动的。由关系符连接构成的关系网络，它的操作也是自动的，关系网络模式的操作无需智能鬼的匹配、选择和连通。

本小节首先以"放"事件的理解过程为例，并将重点放在参与者和语法关系之间的体现上。无论是理解过程还是产出过程，组合式的激活方向总是从左向右的，但体现式的激活方向有两个。理解过程中体现关系线由下向上延伸激活。其中语法结构先激活，然后再通过体现关系激活概念语义。

"放"事件的关系网络表述为图7.3。本例的输入仍是小句：

他放了瓶花在桌子上。

其中词汇语法的输入序列信号是：

名$_1$ — 动 — 名$_2$—"在"—名$_3$—"方位"。

在关系图中，输入信号顺着从左到右的方向相继激活语法结构中的各语法范畴的交接符（激活的关系线和关系符分别用粗线和黑的关系符表示），并通过体现关系线向语义系统输送信号（见图7.6）。

语义系统本身在最左端产生一个组合信号，并从左向右延伸激活（见图7.7）。该组合信号通过最左端的序与，激活两个与和一个倒与，然后再向所有的交接符输送信号。向上体现关系线向语义系统中的（参

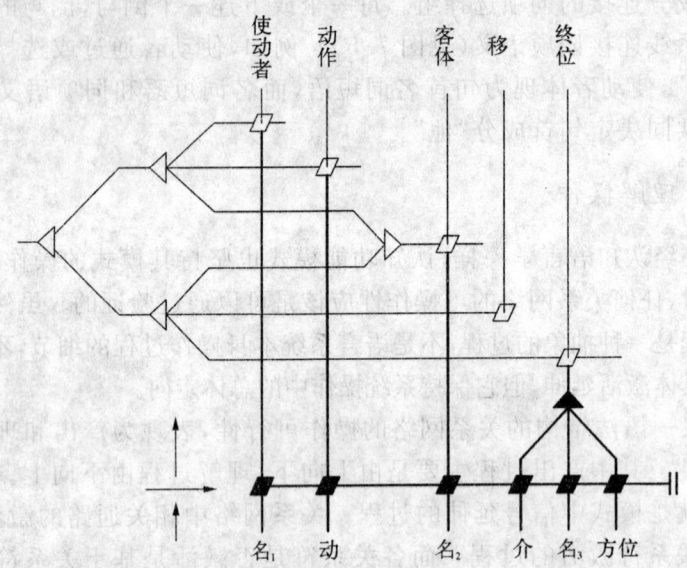

图 7.6 理解中语法结构和体现关系的激活

与者和动作)交接符输入信号,并和组合信号一起,共同激活这些交接符(见图 7.7)。但是,"移"交接符没有体现关系线。它可以直接由组合关系线激活。激活后的所有交接符向上输出语义信号,完成理解操作过程(见图 7.7)。

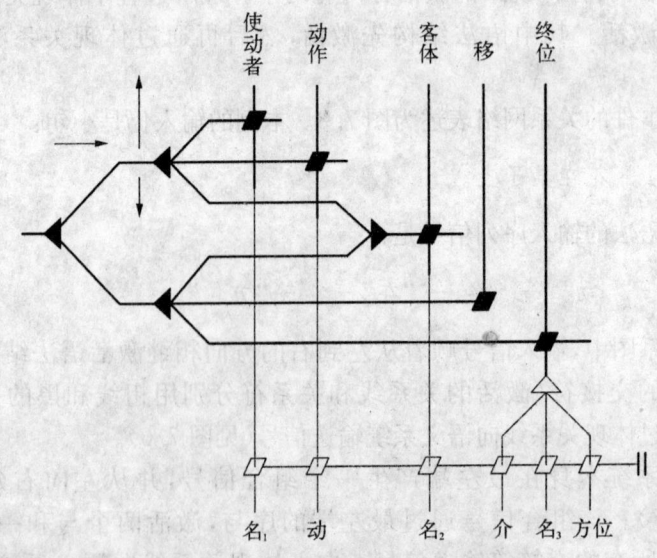

图 7.7 理解中概念框架的激活

7.1.5 连通感知运动系统

认知功能模式中,概念框架向上必须连通感知、运动系统。连通感知的概念内容和连通运动系统的概念内容,它们有同有异。两者的不同可以具体表现在两个方面,一个是信号传递方向的不同,另一个是直接连通具体内容的不同。

神经通路是单向双轨的。与此同时,感知皮层和运动皮层的功能区位也不相同。如果不考虑听觉语言输入的感知,那么概念内容和感知系统的连通方向是从感知系统到概念内容的方向,而概念内容和运动系统的连通方向是从概念内容到运动系统的方向。

感知、运动系统和概念语义系统连通的部位也有显著的不同。感知系统所获得的信号相对范围要大,它们和概念内容的所有成分有连通关系。而和运动系统连接的仅限于"动作"及其"客体",因为传递给运动系统的信号没有必要包括由谁来实施动作信号。另外,"客体移位"的概念则融入动作中,作为精细控制动作的信号。

在运动系统中,动作"扔"需要连通一系列动作,表述为动作部位、动作和动作对象的组合关系。这一系列动作至少有:

[手+抓+物]—[手臂+挥动+向前]—[手+放+物]

它们可以表述为倒与连接"放"概念的具体动作。换言之,"放"动作概念向上连接三个顺序动作(见图 7.8)。

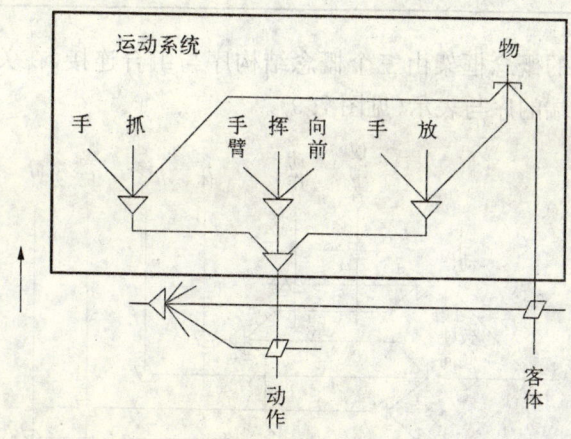

图 7.8 连通运动系统

7.2　概念框架和论元结构

在具体语言系统中,大多数概念内容都可以有一个以上的识解,可以识解为多个论元结构,并体现为多个语法结构(详见7.2.1小节)。虽然如此模式连接关系更加复杂,但它仍然具有操作可行性(详见 7.2.2 小节)。

7.2.1　变式

一个概念框架可识解为多个变式论元结构。使移构式和材料及物构式,它们和概念框架的关系就是这种变式的识解关系。请比较:

Tom loaded bricks onto the truck.　　　　　【使移】
Tom loaded the truck with bricks.　　　　　【材料及物】

两句表达相同的概念内容,即"某人装载某物到某处",后句同时还隐含"某处和某物产生分布式方位关系"。装载动作表述为动作结构,而"某物到某处"表述为致使倾向结构,某处作为载体和某物的关系表述为方位(空间)结构,其中第 3 个概念结构是可有结构,它只出现在后句。

> 使动者＋动作＋对象
> 　　　　客体＋移＋终位
> 　　(客体＋静【分布式】＋位)

装载事件的概念框架由三个概念结构序与组合连接,在关系图中该组合关系由最左端的序与表示(见图 7.9)。

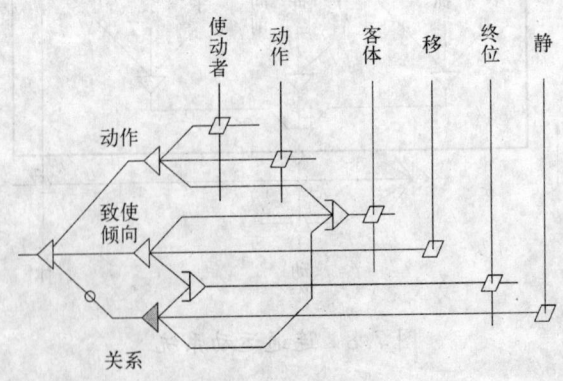

图 7.9　概念框架

三个概念结构分别由序与连接的三个与表示。其中方位结构是可有结构,关系图用关系线上的圈以及灰色的"与符"表示它是可有的。

装载概念框架的三个概念结构之间有两个重合参与者:客体和终位。由于方位结构是个可有结构,所以两个重合关系也是可有的。关系图中可有重合关系用倒向的"与或"联合关系符表示,该关系符简称为"倒与或"(见图 7.9)。

装载概念内容可以识解为以下两个论元结构:

Tom loaded bricks onto the truck.

施事＋谓词＋^物客事＋终位①

Tom loaded the truck with bricks.

施事＋谓词＋^{终位}客事＋材料

在关系图表述中,两个不同的识解结构之间是一种选择或的关系(见图 7.10 的最左端的或符)。

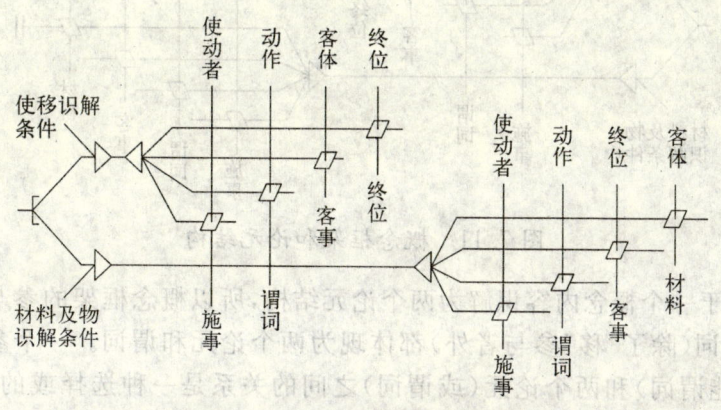

图 7.10　变式的论元结构

每一个选择都有自己的条件,由倒与表示(见图 7.10)。其中材料及物的识解条件是:终位识解为客事,并和客体材料之间产生推导语义,或隐含终位布满客体,或隐含终位各处都有些客体。使移识解条件是:凸显客体移动过程。

将概念框架(见图 7.9)和论元结构(见图 7.10)用体现关系连接起来就构成变式小句的概念语义(见图 7.11)。

①　小句论元结构中客事和题元是互补的,所以我们只用"客事",并将"题元"归入客事。两者的概念语义差异则由概念内容来表述。

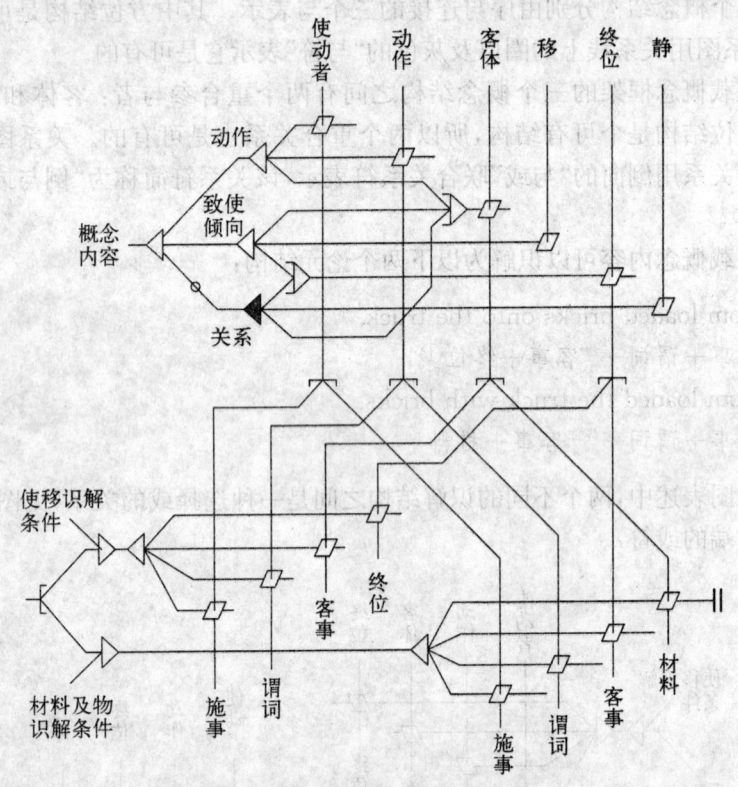

图 7.11　概念框架和论元结构

　　由于一个概念内容识解为两个论元结构,所以概念框架的参与者或功能谓词(除了"移"参与者外)都体现为两个论元和谓词。一个参与者(或功能谓词)和两个论元(或谓词)之间的关系是一种选择或的关系。它们的或体现关系由参与者交接符和论元交接符之间的"或"表述(见图7.11)。

　　概念语义通过其论元结构连接语法结构,构成语符关系网络(见图7.12)。

　　两个论元结构的语法体现既有相同的,也有不同的。语法体现相同的两个论元是施事和客事。施事体现为句首名词短语,客事体现为动词后面的名词短语(见图7.12)。不同的论元是终位和材料。终位论元体现为介词onto和名词短语的组合;材料论元体现为介词 with 和名词短语的组合(见图7.12)。由于两个论元都组合体现一个介词短语,在关系网络图中组合体现用与来表示(见图7.12)。

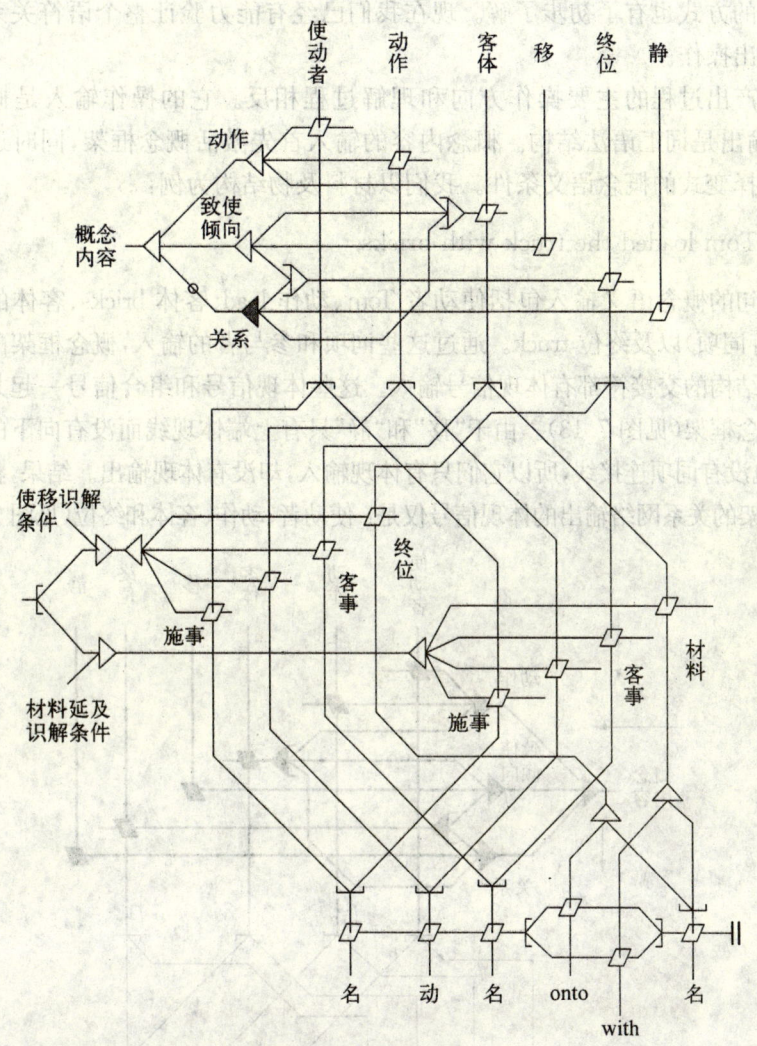

图 7.12　语符关系

7.2.2　产生操作可行性

我们在 7.2.1 小节已经完成了整个语符关系网络的构建。该语符关系网络包括：概念框架、论元结构以及语法结构。与此同时，关系网络还形式表述了小句变式中概念语义的异同及其语法体现的异同（见图 7.12）。

在构建过程中，我们已经验证了语符关系网络的理解可行性。读者对验证的方式也有了初步了解。现在我们已经有能力验证整个语符关系网络的产出操作。

产出过程的主要操作方向和理解过程相反。它的操作输入是概念内容，输出是词汇语法结构。概念内容的输入首先激活概念框架，同时还输入供选择变式的概念语义条件。我们以材料及物结构为例：

Tom loaded the truck with bricks.

该小句的概念语义输入包括使动者 Tom、动作 load、客体 bricks、客体的移动（没有词项）以及终位 truck。通过这些词项和参与者的输入，概念框架的三个组合结构的交接符都有体现信号输入。这些体现信号和组合信号一起共同激活概念框架（见图 7.13）。由于"移"和"静"只有上端体现线而没有向下的体现线，也没有词项连接线，所以它们只有体现输入，却没有体现输出。结果，整个概念框架的关系网络输出的体现信号仅是：使动者、动作、客体和终位（见图 7.13）。

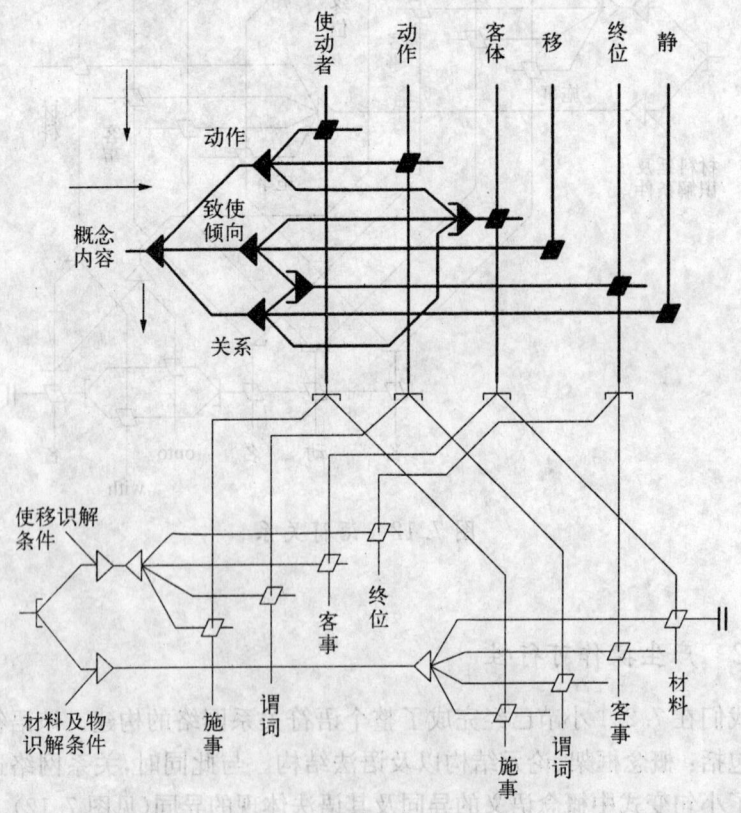

图 7.13　激活概念框架

概念框架顺着体现关系向下输送信号,并激活所有的或,各或则向下各输出两个信号。(见图7.14)。

在论元结构的关系网络部分,方位概念结构就是材料及物论元结构的识解条件。由于该识解条件的出现,下端的论元结构激活,并通过与向施事、谓词、客事和材料输送组合信号。由于只有一个论元结构激活,所以体现关系中各或往下输送的两个信号中只有一个和论元结构的组合信号能够共同激活论元交接符(见图7.14)。结果,该论元结构被激活,并向语法结构输送体现信号。

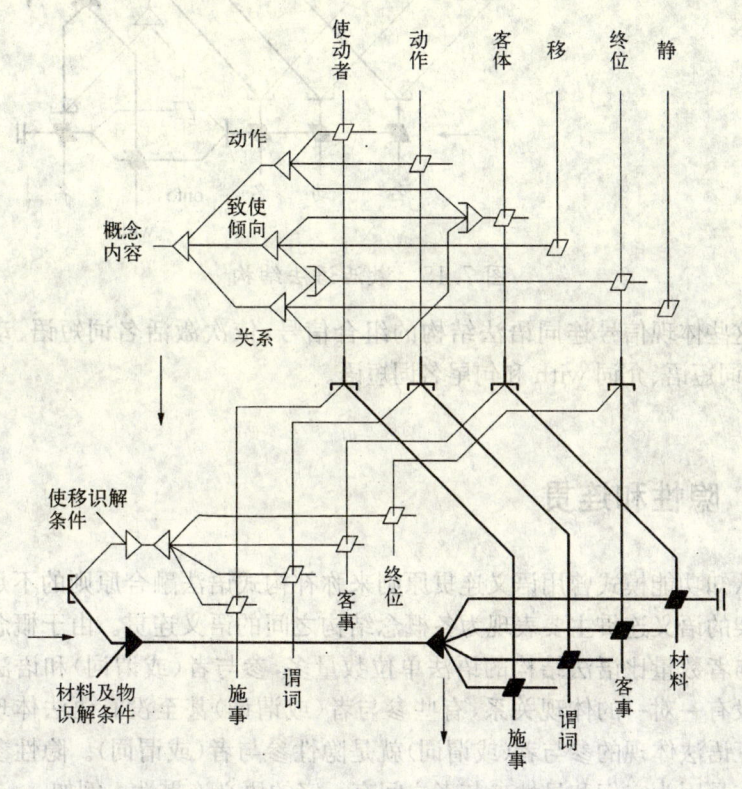

图7.14　激活论元结构

在整个语符关系网络中,两个论元结构中的施事、动作和客事有相同的语法体现,它们各自体现为句首的名词短语、动词以及动词后面的名词短语。但例句的操作过程中只有材料及物论元结构激活,所以该论元结构中施事、谓词和客事通过体现关系输向语法结构的信号都通过各自的倒或(见图7.15)。材料论元则通过与向介词with和介词后面的名词短语输送体现信号(见图7.15)。

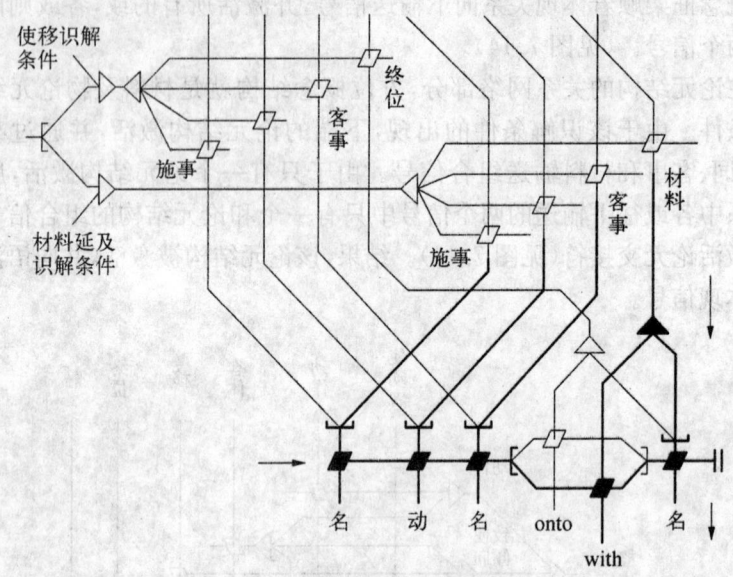

图 7.15　激活语法结构

　　这些体现信号连同语法结构的组合信号，依次激活名词短语、动词短语、名词短语、介词 with 和句尾名词短语。

7.3　隐性和连贯

　　认知功能模式曾用语义连贯原则来弥补构式语法融合原则的不足。概念框架的语义连贯主要表现为各概念结构之间的语义连贯。由于概念内容的参与者数量比语法结构的语法单位数量多，参与者（或谓词）和语法单位之间没有一对一的体现关系，有些参与者（或谓词）甚至没有语法体现。没有词汇语法体现的参与者（或谓词）就是隐性参与者（或谓词）。隐性参与者的存在是因为它们和显性参与者之间有一定的语义连贯性。例如：

　　裁判把球吹给了火箭队。

该小句的概念内容可以表述为三个组合关系：“吹”动作的组合关系、“判”动作的组合关系以及作为判定内容的“给”组合关系。三个组合关系可以表述为：

　　裁判十吹十 哨

裁判＋判＋判定内容［球＋给＋火箭队］

其中吹的对象"哨"以及判定动作、归属关系都是隐性的,它们有隐性的概念内容,却没有显性的词汇语法表达。在关系网图中,我们将隐性概念内容用带框的文字表示(见图 7.16)。

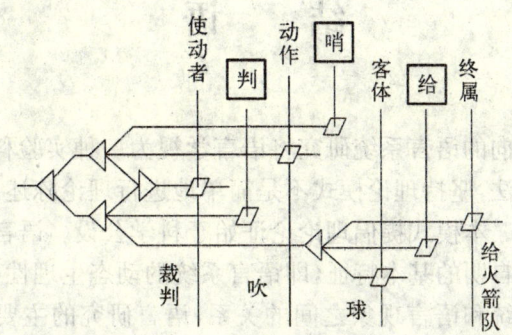

图 7.16 隐性连贯

隐性参与者或隐性功能谓词和词项没有连接关系;它们不能识解为论元结构的论元或谓词,所以也没有向下的体现关系(见图7.16)。它们和识解结构不发生直接的体现关系。

7.4 小结

第6章讨论的概念框架、论元结构以及词汇语法结构,它们之间的体现关系除了可以用公式表述外,还可以用关系网络来表述。表述这些语符关系的关系网络同时具有产出和理解的可操作性。神经认知语言学对关系网络构件的神经可行性已经进行了许多论证,用关系网络构建的语符关系模式本身已经在逼近真实语言系统的研究中进了一步。认知功能模式采用了关系网络理论模式,有效保持了模式的如此神经操作可行性。

第八章
结　语

　　认知功能取向的语言系统研究将语言学视为一种实验科学。它采用模式逼近的理论方法,坚持理论模式不是简单地进行理论陈述,它还需要汇集实证和理论论证。本模式提倡理论论证始于科学公设。语言的科学公设就是一组几乎不证自明的基本特征,即语言系统的动态生理性、社会性和思维性。鉴于语言系统和语言现象之间的关系,语言研究的主要理论目标是语言系统。

　　以语言系统为理论目标的认知功能取向模式,主要用来表述和解释语言系统。表述和解释语言系统主要是表述和解释语言系统的基本特征,即表述和解释语言系统动态的神经生理基本特征、社会文化基本特征以及认知思维基本特征。为了保持理论模式不断有效逼近语言系统真相,认知功能模式的研究遵循五个理论原则:神经认知原则、认知操作原则、语符关系原则、连通发展原则和概念语义原则。

8.1　和其他模式的关系

　　构式语义在认知功能模式中由概念框架和论元结构连接构成,它作为模式的一部分主要用来表述小句的概念语义。构式语义的模式汲取了西方许多语言学理论的合理部分,理论模式的构建尤其关注认知取向理论的研究成果。和构式语义的研究有密切关系的理论模式有:神经认知语言学的关系网络模式、概念语义学的平行模式以及认知语言学的构式层级模式。

　　本书从认知功能取向的角度出发,探讨了三种理论模式,并理清了认知功能模式和三种理论模式之间的关系。与此同时,我们探讨了三种理论模式在表述语言系统基本特征时会面临的困难,并提出以认知功能模式来克服这些困难的方法和策略。

8.1.1 比较关系网络模式

我们汲取神经认知语言学在表述语言系统神经生理基础方面的优势，具体探讨语言系统关系网络模式在表述神经基本特征和操作、发展动态特征方面的优势，并将对该理论模式的探讨论证置于微观构件和宏观构架两个方面进行。认知功能模式也关注语言系统研究的大脑视角，也以关系网络作为理论模式的表述形式。这样做使得我们的理论模式可以基于神经认知语言学的研究成果，更合理地表述语言系统的神经生理基本特征和动态操作的基本特征。

尽管神经科学的许多成果已经为解释大脑语言提供了有力证据，但语言系统的整体及其许多细节大脑神经科学都未能提供一个满意的理论解释。而语言学的研究成果却为大脑语言系统的研究提供了一系列理论表述。从这个意义出发，语言学对大脑语言系统的理论表述可能会在很长一段时间内走在大脑神经科学的前面。当然，目前语言学理论在神经认知方面的领先意义还非常有限。但是，随着语言系统神经生理基本特征研究的深入，大脑认知神经科学的研究将受益于语言学的研究成果。从这点出发，神经认知语言学在神经可行性的研究方面，值得认知功能模式借鉴。

当然，认知功能模式是一个相对包容的理论模式。它在反对将大脑和心智作为两个不同生理物质机制的同时，能够接受将两者作为理论研究和表述的不同平台，我们同样能够接受关系模式和单位模式，只要两者能够保持神经操作可行性。这样做可以让认知功能模式能够在理论研究中取长补短，并得到合理的充实和发展。

神经认知语言学的关系网络模式虽然具备一定的神经操作可行性，但它对小句语义的表述仍然存在问题。其义位组合式中表述小句语义的谓词结构，基本上和论元结构一致。作为一维的语义结构，它至少无法合理表述汉语许多句式之间的语义异同，也无法保持理论表述的逻辑一致性。作者的研究表明，要克服这些表述缺陷，我们有必要采用由多个概念语义结构构成的多维的概念框架。

另外，为了保持语言系统模式的神经操作可行性，我们还必须考虑概念语义和感知运动之间的协同连通关系。

8.1.2 比较平行模式

关系网络的现状给我们遗留两个问题。一个是如何表述小句之间的语义异同，尤其是如何表述变式之间的语义异同。另一个是如何将概念语义和感知运动系统连通。

在研究解决第一个问题的过程中，基于汉语小句概念语义的研究，我们的最后判断是，合理表述小句概念语义的模式不应该是一维的语义结构（如，述谓结构或论元结构），而应该是若干个语义结构连接构成的概念语义框架。

和这样一个概念语义假设比较接近的是杰肯道夫的概念语义学平行模式。

除了语言系统的天赋论外，平行模式许多理论观点和神经认知语言学相似。两者都关注语言运用，都重视概念语义，都将自己的理论模式视为由若干个半自主的子系统连接构成。认知功能模式也采纳了这些模式的特征。

另外，认知功能模式中的概念框架由三类最基本的概念结构重合连接而成。这三类概念结构的设定，受益于平行模式中的原概念结构。其中概念框架中的空间结构、动作结构和致使结构，都能在原概念结构中找到。但是，杰肯道夫过分重视层面，而我们更强调基本概念结构及其语义连贯性，重视概念框架和感知运动的连通关系。由于概念框架由若干个概念结构连接构成，所以平行模式中跨语义域的缺陷在概念框架中不存在。概念框架中的每一个概念结构只涉及一个语义域，但同一个概念框架中的不同概念结构允许出现在不同的语义域中。结果，概念框架既保留了平行模式跨域平行关系的优势，又避免了跨域平行关系在表述中的缺陷。换言之，概念框架能够取其精华而去其糟粕。

平行模式是一种生成模式。其生成过程始于与生俱来的原概念，通过各细化步骤派生出功能，然后再细化出概念结构。

认知功能模式基于其理论取向，强调语言系统的神经发展可行性。概念框架不是始于抽象功能原概念，而是始于实体，然后分解出实体的方位、性状、领属和动作等，然后再构建成空间结构、动作结构和致使结构，最终构建成概念框架格式塔。虽然我们都认为三类概念结构存在，但它们获得的过程不同。平行模式通过原概念，通过细化（相当于生成）过程获得；概念框架将概念结构以及概念框架的形成视为概念语义的发展过程，它既涉及分解过程又涉及综合过程，并指出这两个过程有一定的神经可行性。

认知功能模式和平行模式都承认：小句义形语符关系是组合性结构和整体性结构的连续统。这种理论观点对形式主义来说是一种反叛。但是，平行模式中的组合性小句仍然由中心词（包括动词和介词）细化而得。这种偏重于动词预示观的理论模式自然在表述时会出现一些问题。认知功能模式强调概念框架内部的语义连贯性,强调它们的经验性,并通过概念框架和识解关系来解决动词预示观在理论模式中出现的问题。

8.1.3 比较构式语法

在理论层面上,认知语言学有许多值得认知功能模式汲取的。和神经认知语言学一样,认知语言学也重视大脑神经基础。当然,和神经认知语言学的关系网络模式比较,认知语言学的理论表述还不够"神经"。认知语言学和概念语义学一样,也重视概念语义,甚至都将概念语义作为语言研究的中心。认知语言学还认为概念语义不是词典语义,而是一种丰富的百科语义。

构式语法是认知语言学范式中研究语法的理论模式。它也将概念语义表述为由框架和论元结构连接构成的。但是,构式语法的框架是动词语义框架,而认知功能模式的框架是概念框架,是协同连通感知运动系统的概念框架,并具有一定的神经操作可行性。因此,在认知功能模式中,概念语义是连通感知运动系统和词汇语法系统的机制。这样的宏观构架具有一定的神经操作可行性。

认知功能模式和构式语法一样,关注框架和论元结构之间的识解连接关系。构式语法试图用融合原则来表述合法小句框架和论元结构之间的识解关系。但是,它的融合原则在表述有些小句概念语义时仍存在不足之处,在表述失配小句时更显得无能为力。认知功能模式的概念框架由若干概念结构连贯构成。其中失配小句的概念语义也不失语义连贯性。

另外,概念框架和语义框架一样,是一个可以用来作为理解小句的背景知识。但是,概念框架不仅用于理解过程,还可以用于产出过程和问答、推理等认知过程。

在和构式层级模式的比较研究中,我们看到了两种不同的系统组织模式:层次模式和层级模式。关系网络模式和平行模式都采用层次模式;它们都认为语义和句法是两个半自主的子系统。构式语法则提倡层级模式,构式层级模式只有构式及其承接关系,语义和句法不能各成体系。义形关系在构式语法中视为每一个构式内部的连接关系,而不是两个子系统之间的体现关系。层级系统虽然能够在判断归类的认知操作中起作用,但却无法合理表述产出和理解的认知过程。认知功能模式也是一种层次模式,它保持自身的操作可行性。从语言系统的神经操作基本特征的角度出发,认知功能模式以及关系网络模式、平行模式都比构式语法的层级模式棋高一筹。

8.1.4　感知运动基础

神经认知语言学、概念语义学和认知语言学,它们的理论模式都关注语义和感知、运动系统之间的关系。但是,它们关注的角度和程度不同,融入模式表述的方式也不相同。神经认知语言学认为,语言系统通过概念系统和语音系统和感知、运动以及体感系统连接。神经认知语言学还指出大脑白质成熟顺序始于与生俱来的感知、运动的初级皮层。

概念语义学只提出平行模式中概念语义和感知、运动系统连接,但它们之间的连接关系却没有具体研讨。形式语法的创始人乔姆斯基也认为,句法也必须为感知运动系统"读懂"。

认知语言学非常重视语言的感知运动基础。它提出涉身心智的哲学观点,认为感知运动是语言的落脚基础。认知语言学甚至认为,思维也以感知运动作为基础。认知语言学理论的一大支柱就是意象图式理论。该理论认为许多意象图式基于感知运动认知系统,并为思维、动作实施等认知过程共享。其至许多隐喻过程也基于感知运动认知系统。认知语言学甚至关注到语言系统操作中会激励运动系统。

基于神经认知语言学和认知语言学的研究,认知功能模式赞同这样一个假设:语言系统的形成是感知、运动、体感初级区位的连通过程;概念语义本身含感知、运动的许多认知特征。在认知功能模式中,表述概念语义的概念框架就作为概念内容和感知和运动系统连通。

8.2　概念框架的特征

概念框架的探究得益于认知研究的各理论模式的研究成果,但它并非这些理论模式的简单拼凑,而是有自己的理论取向和研究范围。

认知功能模式认为,语言系统是一个语符关系系统。语符关系是概念语义连接语言表达的体现关系。和平行模式不同的是认知功能模式将概念语义分作概念和语义两个部分。概念部分称作"概念内容",并表述为概念框架;语义部分称作"语言语义"或"语法语义",并表述为论元结构(或表述为概念框架中概念结构的重合)。分解的目的是合理表述各小句以及各小句变式之间的语义异同。

概念框架目前只是一个表述小句概念内容的表述形式。它目前的优势可以从理论意义和表述能力两个方面来证明。

　　理论上,概念框架是一种基于语言的经验知识集合,并以神经集为其生理物质基础。概念框架是语言系统和感知运动各系统的连接部,相当于认知语言学所说的,语言系统中感知运动的落脚点。神经科学的研究发现,感知运动初级皮层的白质是与生俱来的,研究还发现大脑白质形成的顺序始于这些初级皮层,并向综合区以及超级综合区延伸。认知功能模式认为,语言系统的形成就是感知运动初级皮层激活延伸的过程。

　　概念框架是一种心理格式塔。我们的研究发现,概念框架内部含连贯的概念结构。有些概念结构直接连接语言表达,有些概念结构则是隐性的,但它们是可及的,并可以用语言作出显性表达。

　　概念框架可以有不同的识解。其中包括一致性的识解,也包括隐喻性的识解。这样的识解关系除了表述实述小句,也可以合理表述虚述小句。虽然大写构式语法已经看到了整体性的习语构式,平行模式也将构式分为词项(整体性)构式和组合性构式,但它只说明前者存于词库中,后者由在线加工组合而成。概念框架的识解关系则在相同的模式中具体表述了整体性和组合性构式的不同识解关系。

　　认知功能取向的研究关注语言系统模式的动态性,其中包括操作可行性。概念框架作为概念语义模式,它不仅具有理解和产出的操作可行性,还能够作为问答和简单语义推理的认知操作基础。这一点是平行模式想做但却还没有去做的;认知语言学则没花精力去想;关系网络模式做了,但却不关注以神经集为基础的框架图式。

　　在表述能力方面,概念框架也有一定的优势。首先,我们的研究表明,仅用一维的语义结构无法合理表述变式之间的语义异同(例如,汉语不同被字句概念语义的异同),也无法合理表述动词准入变式的语义条件。认知功能模式解决表述问题的方法是让论元结构集中表述词汇语法语义结构,而小句的概念语义由概念框架来合理表述。这样处理的优越性不仅表现在模式能够合理解决以上的语义问题,而且还表现在概念框架具备了合理表述连通感知运动系统的能力。

　　根据动词和论元之间的语义关系,我们发现了三类小句:(动词和论元完全匹配的)匹配小句、(动词和论元有些匹配,有些不匹配的)错配小句和(动词和论元完全不匹配的)失配小句,其中前两类构式语法已经作了详细讨论。英语中没有发现失配小句,但汉语口语中却屡屡出现。动词预示观可以解释生成或派生匹配小句的论元结构;构式融合观可以合理表述匹配小句和错配小句的构式语义;但只有内部语义连贯的概念框架,才能合理表述三类小句的概念内容和识解(即论元结构)的语义连贯关系。

当然,概念框架作为一种表述模式,它除了有较强的表述能力,同时还可以表述为关系网络模式。既然神经认知语言学的成果已经受到认知科学领域的关注,那么认知功能模式同样能够保持一定程度的神经操作可行性。

8.3 模式的发展

概念框架无论在理论基础上,还是在表述能力上,都已经显示出它特有的能力。但是,作为一个成熟的理论模式,它仍然需要做很多工作。目前语言学研究的两个重要课题也同样需要概念框架去做。一个是语言的普遍性问题,另一个是动词和变式的问题。

(1) **语言的普遍性问题**:语言学研究有一个传统,那就是将语言作为所谓的"大写"语言来研究。所谓的"大写"语言,就是所有自然语言共有的特征。这就是为什么语言学同时也就是普通语言学。甚至许多语言学研究者认为语言学只能是普通语言学(或理论语言学)。

尽管如此,不同的理论学派所研究的"大写"语言是不同的。对语言普遍性的研究大致上可以有两大类。一类是语言的天生普遍性,另一类是语言的类型普遍性。天生普遍性研究认定语言有一个天生的语言习得机制,一个与生俱来的语言预程序。语言系统的形成只是该程序的激活展开。类型普遍性研究认定所有语言都有相同的机制。从认知功能的角度出发,两种普遍性语法的区别在于他们研究的语法处于不同的时间段。天生普遍语法研究语言系统的初始状态,而类型普遍语法研究语言系统本身。

语言普遍性研究可以注重句法研究,也可以注重概念语义研究,更可以注重语符关系的研究。认知功能模式取后者,并关注义形构建的发展过程。乔姆斯基的形式语法认为,语言必定有其天生普遍性的句法。关注天生普遍性的杰肯道夫则认为语言的天生普遍性更重要的是概念语义。

认知功能取向的研究也认为,语言系统作为一种生理物质,它有与生俱来的部分,也有后天发展的部分。我们认为天生部分应该有两个部分:(1) 后来发展为语言系统的皮层区位的惰连状态,(2) 感知、运动、体感的初级皮层中与生俱来的白质。我们进一步认为,潜能皮层的惰连在后天发展过程中将由已经成熟连通了的感知、运动、体感的初级皮层激活。而语言系统形成过程始于初级皮层,就是神经激活过程中神经元及其通路自我调整连通权值的过程。

认知功能取向的研究关注语符关系,并重视语符关系中的概念语义。

天生普遍语法的研究应该更关注语言发展过程，关注初生婴儿的神经初始状态。而类型普遍语法则更重视语言系统的潜能及其操作过程，并以操作过程作为发展过程的基础。由于婴儿没有成熟连通的语言功能皮层，根据我们的动态时空功能定位观，语言系统的研究更有必要关注类型普遍语法。

对认知功能取向的研究而言，类型普遍语法的重点自然是研究语言系统普遍性。由于语言系统的形成始于感知、运动和体感对惰连潜在功能区位的激发和激活连通，所以概念语义应该是类型普遍语法的重要研究项目。

概念框架在如此理论背景的指导下，对汉语和其他三种外语的概念语义异同作了一个小尝试。该研究项目主要目的是探究"挖"事件的终状及其结果构式的问题。汉语和其他三种语言在概念语义方面的异同，可以在概念框架中合理正确表述为动作结构和使移或使成致使结构重合连接关系的异同。我们发现，汉语小句的重合连接关系最宽松，最宽泛。例如：

他们把**土**挖走了。　　　　　　　　【对象＋客体】

他们从土里挖出**许多文物**。　　　　　【终体＋客体】

他们在墙上挖了**一个洞**。　　　　　　【空终体＋客体】

他们挖断了**两把铁锹**。　　　　　　　【工具＋客体】

他们把**手**都挖起了泡。　　　　　　　【动作者局部＋客体】

那座古墓可把他们挖苦了。　　　　　【对象＋致使者】

相比之下，英语等语言的客体无法和动作结果的工具重合连接，致使者无法和动作对象重合连接。其中和客体重合的动作参与者，汉语和外语的异同可用重合连接轴表示如下（程琪龙 2007）：

　　　　终体　　对象　　　　工具　　局部　　动作者

从动作角度出发，参与者可以归入控类和被控类。其中动作者及其局部自然属于控类，动作对象和动作终体则属于被控类。工具既是控类，又是被控类，它可以作用于动作对象，但又被动作者所控制。

重合连接线轴从左到右表示重合连接可能性的大小。其中被控类动作参与者容易和客体重合，控类动作参与者不容易和客体重合。工具重合关系和控类的相同。我们同时发现，任何语言中任何可重合的参与者，它左边所有的参与者也能够和客体重合。例如：汉语的"局部"参与者可以和客体重合连接，那么它左边的"工具""对象""终体"都可以和客体重合连接。

以后的研究中我们还发现，错配小句的客体只能和隐性概念结构中的参与者重合连接。例如：

他们把**警车**都挖来了。　　　　【？＋客体】

其中"警车"不是挖动作的参与者，但是在致使结构中却取"客体"角色。虽然"挖"和"警车来"没有直接联系，但间接因果关系还是存在的。这本身也证明概念框架是语义连贯的。当然，作为隐性语义连贯的小句，在英语中是不可能出现的。

我们认为，动作参与者和致使客体之间的重合连接关系可以在两个不同层面上表述。首先，根据外部世界的因果关系，动作参与者都有可能受到动作的影响而有变化。我们将其视为致使潜能。所有这些因果关系都可以用（任何）语言表达出来。但是，并非所有语言都能用小句表达出来。换言之，因果潜能可以在不同的语言中，被有规律地选择激活。其中被控类参与者都可以被选中激活，而控类参与者各语言不同。汉语是一种能够选择激活绝大多数潜能的语言，它能够将许多概念内容都紧缩到一个小句中表达出来。汉语属于一种大潜能、紧缩语言类。

当然，"挖"事件的致使关系研究不限于"挖"事件。如果构式确实是一个抽象构架，那么上述致使关系应该延伸到其他许多同类的事件中去。

我们只在非常小的范围中讨论了普遍性和具体性的概念语义问题，并提供了有效的表述模式。但是，目前我们还不知道这样的表述形式能否同样有效地表述其他方面的普遍性和具体性。我们更不知道，不同语言对潜能选择激活的原因。当然，其他理论取向的研究目前也并没有能力解决这些问题。

（2）**动词和变式的关系**：动词类型和变式之间的关系是语言学理论的另一个热门话题。该语言学难题涉及动词的分类标准以及各变式之间的语义异同，甚至还涉及它们的习得，涉及动词分类和动词准入变式的语义条件。形式语法、功能语法和认知语法，都不乏热衷于动词和变式研究的语言学家及其论著。

动词和变式主要是语言表达的范畴。但动词准入变式的条件，很大一部分却是概念语义的。因此，动词准入条件的研究，应该是语符关系的研究，并以概念语义为研究的主线。

在概念框架的理论构架中，笔者曾以概念框架为模式研究了切刻事件的概念语义及其小句表达的语符关系，并就此探究动词的准入相关变式的概念语义条件。

首先，动词和动作特征之间不是一对一的语符关系。由于动词有不同语符关系，一个动词可以准入几个变式中，而且一个变式也准入多个动词。

例如,动词 cut、carve、engrave,它们都表达"切刻"语义,都表达"用某切刻利器在某实体上用力做切刻动作"。但是,切刻动作可以导致被切刻实体产生不同的变化。从切刻体变化的角度出发,切刻事件可以细分为切割事件、雕刻事件和镌刻事件。其中动词 cut 可以出现在所有的事件中,它准入所有切割和雕刻事件的变式中,但准入镌刻事件的变式有条件限制。动词 carve 也可以出现在三类事件中,但准入切割事件和镌刻事件有条件限制。动词 engrave 只能出现在镌刻事件中,但它能无条件准入镌刻事件的所有相关变式。根据这一发现,动词 cut 可确定为典型的切割动词,动词 carve 为典型的雕刻动词,而动词 engrave 为典型的镌刻动词。三个动词准入变式的条件大致可以由图 8.1 表述。

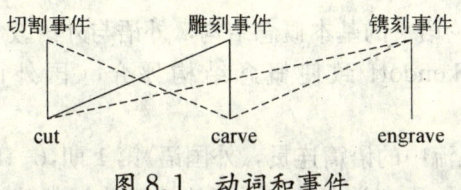

图 8.1　动词和事件

其中实线表示相关动词准入事件的全部变式,虚线表述准入事件的部分变式。

　　理论上我们可以找出事件和动词之间的关系,并最终找出动词和变式之间的概念语义连通关系。但是,它们之间的概括性,乃至不同语言之间动词和变式的概念语义异同,以及它们的规律及其成因,还需要我们进一步研究。

　　除了语言系统的普遍性以及动词和变式之间的语符关系需要我们去探究去表述解释外,概念框架及其构式的研究还必须关注语篇。理论上从语符关系的角度去研究语篇自然是符合语言系统规律的。笔者曾就此做过试探性研究(程琪龙 1998、2001c)。

　　总之,概念框架的概念语义研究已经有了明确合理的理论目标,并确定了有效的理论方法和研究步骤。它已经在研究过程中显示出其较强的表述能力和可持续发展能力。在今后的研究中,概念框架将在语言对比和类型普遍性方面,在动词和变式关系方面,在语篇研究方面,开展更有意义的工作。

参 考 文 献

程琪龙,1993,"被"字句的语义结构,《汕头大学学报(人文科学版)》第 2 期,
　　38—46。

程琪龙,1995a,语用的体现关系,《外国语》第 4 期,6—10。

程琪龙,1995b,谓词概念结构探索,《汕头大学学报(人文科学版)》第 3 期,
　　50—54。

程琪龙,1995c,试论语义的基本概念结构,《外语与外语教学》第 3 期,1—18。

程琪龙,1997,Jackendoff 致使概念结构评介,《国外语言学》第 3 期,
　　26—31。

程琪龙,1998,信息流中的语篇连贯,《外国语》第 1 期,6—11。

程琪龙,2001a,《认知语言学概论:语言的神经认知基础》,北京:外语教学
　　与研究出版社。

程琪龙,2001b,致使概念语义结构的认知研究,《现代外语》第 2 期,
　　121—132。

程琪龙,2001c,语篇形接义连的认知诠释,《解放军外国语学院学报》第 1 期,
　　32—36。

程琪龙,2002,《逼近语言系统》,南京:东南大学出版社。

程琪龙,2003,领属框架及其语法体现,《外语与外语教学》第 4 期,1—4。

程琪龙(译),2005a,《叶姆斯列夫语符学文集》,长沙:湖南教育出版社。

程琪龙,2005b,《神经认知语言学引论》,北京:外文出版社。

程琪龙,2005c,谓元·语义结构·概念框架,《外国语》第 5 期,10—16。

程琪龙,2007,致使对象角色的选择和操作,《外国语》第 1 期,35—41。

程琪龙、王宗炎,1998,兼语一般句式和把字句式的语义特征,《语文研究》第
　　1 期,24—28。

乐国安,1986,《论现代认知心理学》,哈尔滨:黑龙江人民出版社。

李临定,1988,《汉语比较变换语法》,北京:中国社会科学出版社。

叶蜚声、徐通锵,2000,《语言学纲要》,北京:北京大学出版社。

Anderson, John. 1971. *The Grammar of Case: Towards a Localistic*

Theory. Cambridge: Cambridge University Press.

Anderson, S. 1971. On the role of deep structure in semantic interpretation. *Foundations of Language* 6. 386 – 387.

Bates, Elizabeth, and Brian MacWhinney. 1987. Competition, Variation and Language Learning. In Brian MacWhinney (ed.) *Mechanisms of Language Acquisition*. Hillsdale, N. J.: Lawrence Erlbaum Associates. 157 – 193.

Benson, D. Frank & Alfredo Ardila. 1995. *Aphasia: A Clinical Perspective*. New York & Oxford: Oxford University Press.

Bloom, L. 1970. *Language Development: Form and Function in Emerging Grammars*. Cambridge, Mass. : MIT Press.

Bowerman, Melissa. 1973. *Early Syntactic Development: A Cross-linguistic Study with Special Reference to Finnish*. Cambridge: Cambridge University Press.

Brown, Roger. 1981. Feral and isolated man. In Clark, Virginia P. , Paul A. Eschholz, and Alfred F. Rosa (eds.) *Language: Introductory Readings* 3rd edition. New York: St. Martin's Press. 135 – 141.

Chomsky, Noam. 1957. *Syntactic Structure*. The Hague: Mouton.

Chomsky, Noam. 1965. *Aspects of the Theory of Syntax*. Cambridge, MA. : MIT Press.

Chomsky, Noam. 1968. *Language and Mind*. New York: Harcourt Brace Jovanovich.

Chomsky, Noam. 1972. *Studies on Semantics in Generative Grammar*. The Hague: Mouton.

Chomsky, Noam. 1986. *Knowledge of Language*. New York: Praeger.

Chomsky, Noam. 2000. *New Horizons in the Study of Language and Mind*. Cambridge: Cambridge University Press.

Clark, Eve V. 1978. Discovering what words can do. In *Papers from the Parasession on the Lexicon*, *CLS* 14. 34 – 57.

Croft, William. 1991. *Radical Construction Grammar: Syntactic Theory in Typological Perspective*. Oxford: Oxford University Press.

Croft, William and Alan Cruse. 2004. *Cognitive Linguistics*. Cambridge: Cambridge University Press.

Dell, Gary S. and Peter Reich. 1980. Slips of the tongue: the facts and stratificational model. In James E. Copeland and Philip W. Davis (eds.) *Rice University Studies* Vol. 66, No. 2. Houston William Marsh Rice University. 19–34.

Di Pellegrino, Giacomo, Luciano Fadiga, Leonardo Fogassi, and Vittorio Gallese. 1992. Understanding motor events: A neurophysiological study. *Experimental Brain Research* 91. 176–180.

Dodge, Ellen and George Lakoff. 2005. Image schema: from linguistic analysis to neural grounding. In Beate Hampe (ed.) *From Perception to Meaning: Image Schemas in Cognitive Linguistics*. Berlin: Mouton de Gruyter. 57–91.

Edelman, Gerald 1987. *Neural Darwinism: The Theory of Neuronal Group Selection*. New York: Basic Books.

Fauconnier, Gilles. 1985. *Mental Space*. Cambridge, Mass.: The MIT Press.

Fillmore, Charles J. 1968. The case for case. In Bach, Emmon and Robert Harms, eds., *Universals in Linguistic Theory*. New York: Holt, Rinehart, and Winston. 1–88.

Fillmore, Charles J. 1975. An Alternative to checklist theories of meaning. In Cathy Cogen et al. (eds.) *Proceedings of the First Annual Meeting of the Berkeley Linguistics Society*. Berkeley: Berkeley Linguistics Society. 123–131.

Fillmore, C. J. 1982. Frame semantics. In Linguistic Society of Korea (ed.) *Linguistics in the Morning Calm*. Seoul: Hanshin Publishing Co. 111–137.

Fillmore, Charles J. 1985. Frames and the semantics of understanding. *Quaderni di Semantica* VI. 222–254.

Fillmore, Charles J., Paul Kay and Mary Kay O'Connor. 1988. Regularity and idiomaticity in grammatical constructions: the case of *let alone*. *Language* 64. 501–538.

Fillmore, Charles J. and Paul Kay. 1993. *Construction Grammar Coursebook*, chapter 1 thru 11 (*reading materials of Ling. X20*). Berkeley: University of California.

Fodor, Jerry. 1987. *Psychosemantics: The Problem of Meaning in the Philosophy of Mind*. Cambridge, Mass.: MIT Press.

Frawley, W. 1992. *Linguistic Semantics*. London: Lawrence Erlbaum Associates, Publishers.

Gallese, Vittorio, Luciano Fadiga, Leonardo Fogassi and Giacomo Rizzolati. 1996. Action recognition in the premotor cortex. *Brain* 119. 593 – 609.

Gelman, Susan A., Sharon A. Wilcox, and Eve V. Clark. 1989. Conceptual and lexical hierarchies in young children. *Cognitive Development* 4(4). 309 – 326.

Geschwind, Norman. 1964. The development of the brain and the evolution of language. *Georgetown Round Table of Languages and Linguistics 17*. 155 – 169.

Gibb, R. W. 1994. *The Poetic of Mind*. Cambridge: Cambridge University Press.

Goldberg, Adele. 1995. *Constructions: A Construction Grammar Approach to Argument Structure*. Chicago: The University of Chicago Press.

Goldberg, Adele. and Ray Jackendoff. 2004. The English resultative as a family of constructions. *Language* 80. 532 – 568.

Grady, Joseph E. 1997. Foundations of meaning: Primary metaphors and primary scenes. Ph. D. dissertation at the University of Berkeley.

Grègoire, A. 1937. *L'apprentissage du Langage*, *vol. 1*. Paris: Droz.

Gropen, Jess, Steven Pinker, Michelle Hollander, Richard Goldberg, and Ronald Wilson. 1989. The learnability and acquisition of the dative alternation in English. *Language* 65(2). 203 – 257.

Grice, P. 1989. *Studies in the Way of Words*. Cambridge, MA: Harvard University Press.

Gruber, J. S. 1965. *Studies in Lexical Relations*. Doctoral dissertation, MIT, Cambridge; Indiana University Linguistics Club, Bloomington, Ind.

Halliday, M. A. K. 1994. *Introduction to Functional Grammar*, 2nd ed. London: Edward Arnold.

Harder, Peter. 1999. Function, cognition, and layered clause Structure. In Allwood, Jens and Peter Gärdenfors (eds.) *Cognitive Semantics: Meaning and Cognition*. Amsterdam: John Benjamins Publishing

Company. 37 – 65.

Hjelmslev, L. 1943/1961. *Prolegomena to a Theory of Language*. Translated by Francis J. Whitfield Madison: University of Wisconsin Press.

Hornby, A. S. 1974. *Oxford Advanced Learner's Dictionary of Current English*. London: Oxford University Press.

Jackendoff, Ray. 1972. *Semantic Interpretation in Generative Grammar*. Cambridge, Mass. : MIT Press.

Jackendoff, Ray. 1976. Toward an explanatory semantic representation. *Linguistic Inquiry* 7. 89 – 150.

Jackendoff, Ray. 1983. *Semantics and Cognition*. Cambridge, Mass. : MIT Press.

Jackendoff, Ray S. 1990. *Semantic Structures*. Cambridge, MA: MIT Press.

Jackendoff, Ray S. 2002. *Foundations of Language: Brain , Meaning , Grammar , Evolution*. New York: Oxford University Press.

Lakoff, George 1987. *Women , Fire , and Dangerous Things: What Categories Reveal About the Mind*. Chicago: University of Chicago Press.

Lakoff, Geoge and Mark Johnson. 1980. *Metaphors We Live By*. Chicago: University of Chicago Press.

Lakoff, Geoge and Mark Johnson. 1999. *Philosophy in the Flesh*. New York: Basic Books.

Lamb, Sydney, 1966. *Outline of Stratificational Grammar* (revised). Washington: Georgetown University Press.

Lamb, Sydney, 1970. Linguistic and cognitive networks, in *Cognition: A Multiple View*. In Paul Garvin (ed.) New York: Spartan Books. 195 – 222.

Lamb, Sydney. 1971. The crooked path of progress in cognitive linguistics. In Richard, J. and S.J. O'Brien (eds.) *Monograph Series on Language and Linguistics*, vol. 24. Washington, D. C. : Georgetown University Press. 99 – 123.

Lamb, Sydney. 1984. Semiotics of language and culture. In Robin Fawcett, M. A. K Halliday, Sydney M. Lamb, and Adam Makkai （eds.）*Semiotics of Culture and Language*. London: Frances Pinter. 71 – 100.

Lamb, Sydney. 1994. Relational network linguistics meets neural science, *LACUS Forum* 20. 269 – 277.

Lamb, Sydney. 1999. *Pathways of the Brain: The Neurocognitive Basis of Language*. Amsterdam: John Benjamins.

Lamb, Sydney. 2004. *Language and Reality*. London: Continuum.

Langacker, Ronald W. 1987. *Foundations of Cognitive Grammar*, Vol. 1: *Theoretical Prerequisites*. Stanford: Stanford University Press.

Langacker, Ronald W. 1991a. *Concept, Image, and Symbol: The Cognitive Basis of Grammar*. Berlin/New York: Mouton de Gruyter.

Langacker, Ronald W. 1991b. *Foundations of Cognitive Grammar*, Vol. 2, *Descriptive Application*. Stanford: Stanford University Press.

Levin, Beth. 1985. Lexical semantics in review: An introduction. In. B. Levin (ed.). Lexicon Project Working Papers 1. Center for Cognitive Science, MIT, Cambridge, MA.

Levin, Beth. 1993. *English Verb Classes and Alternations*. Chicago: University of Chicago Press.

Levin, Beth and T. Rapoport. 1988. Lexical subordination. *CLS* 24, Part 1. 275 – 289.

Lockwood, David G. 1972. *Introduction to Stratificational Linguistics*. New York: Harcourt Brace Jovanovich, Inc.

Makkai, Adam and Lockwood, David (eds.). 1973. *Readings in Stratificational Linguistics*. Alabama: University of Alabama Press.

MacWhinney, Brian. 1989. Competition and lexical categorization. In R. Corrigan, F. Eckman, and M. Noonan (eds.) *Current Issues in Linguistic Theory. Vol. 61: Linguistic Categorization*. Amsterdam Studies in the theory and history of Linguistic Science, series 4. Amsterdam: John Benjamins.

MacWhinney, Brian. 1991. Connectionism as a Framework for language acquisition theory. In J. Miller (ed.) *Research on Child Language Disorder*. Austin, Texas: Pro-Ed. 73 – 104.

Matsumoto, Yo. 1991. Some constraints on the semantic structures of verbs: evidence from Japanese motion predicates. Unpublished manuscript, Stanford University.

Minsky, Marvin. 1975. A Framework for representing knowledge. In Winston, P. H. (ed.) *The Psychology of Computer Vision*. New York: McCraw-Hill.

Palm, G. 1990. Cell assemblies as a guideline for brain research. *Concepts in Neuroscienc*, 1. 133 - 148.

Park, T.-Z. 1977. Emerging Language in Korean Children. Unpublished MS., Institute of Psychology, Bern.

Pinker, Steven, 1987. The bootstrapping problem in language acquisition. In B. MacWhinney, ed., *Mechanisms of Language Acquisition*, 399 - 441. Hillsdale, N. J.: Larence Erlbaum Associates.

Pinker, Steven. 1989. *Learnability and Cognition: The Acquisition of Argument Structure*. Cambridge, Mass.: MIT Press.

Pinker, Steven. 1995. *The Language Instinct*. Harmondsworth: Penguin.

Pulvermüller, F. 1999. Words in the brain's language. *Behavioral and Brain Sciences*, 22. 253 - 336.

Rappaport, M. and B. Levin. 1985. The locative alternation: a case study in lexical analysis. Cambridge, MA.: Manuscript, Center for Cognitive Science, MIT.

Rizzolati, Giacomo, Luciano Fadiga, Vittorio Gallese and Leonardo Fogassi. 1996. Premotor cortex and the recognition of motor actions. *Cognitive Brain Research* 3. 131 - 141.

Rumelhart, David E., and James L. McClelland, eds., 1986. *Parallel Distributed Processing: Explorations in the Microstructure of Cognition*. 2 vols. Cambridge Mass.: MIT Press.

Sanches, M. 1978. On the Emergence of Multi-Element-Utterances in the Child's Japanese. Unpublished MS, University of Texas at Austin, Dept. of Anthropology.

Saussure, Ferdinand De, 1916. *Cours de Linguistique Générale*. Translated by Wade Baskin (1959) as *Course in General Linguistics*. New York: Philosophical Library.

Searle, J. R. 1992. *The Rediscovery of the Mind*. Cambridge, MA.: The MIT Press.

Schank, Roger C. and Robert P. Abelson. 1977. *Scripts, Plans, Goals, and Understanding*. Hillsdale, N.J.: Lawrence Erlbaum Associates.

Schieffelin, B. B. 1985. The acquisition of Kaluli. InD. I. Slobin, (ed.) *The Crosslingusitic Study of Language Acquisition, Vol. 1: The Data*. Hillsdale, N.J.: Lawrence Erlbaum Associates. 525 – 593.

Schlesinger, I. M. 1971. Production of utterances and language acquisition. In D. I. Slobin (ed.) *The Ontogenesis of Grammar*. New York: Academic Press.

Schlesinger, I. M. 1995. *Cognitive Space and Linguistic Case: Semantic and Syntactic Categories in English*. Cambridge: Cambridge University Press.

Schreyer, Rüdiger. 1977. *Stratifikationsgrammatik, Eine Einführung*. Tübingen: Niemeyer.

Skinner, B. F. 1957. *Verbal Behavior*. New York: Appleton-Century-Crofts.

Slobin, Dan. 1970. Universals of grammatical development in children. In W. J. M. Levelt and G. B. Flores d'Arcais (eds.) *Advances in Psycholinguistic Research*. Amsterdam: North-Holland.

Slobin, Dan. 1985. Crosslinguistic evidence for the language-marking capacity. In D. Slobin (ed.) *A Crosslinguistic Study of Language Acquisition. Vol. 2: Theoretical Issues*. Hillsdale, N.J.: Lawrence Erlbaum.

Smith, S. M., H. O. Brown., J. E. P. Toman, and L. S. Goodman. 1974. The lack of cerebral effects of d-Tubercurarine. *Anesthesiology*. 8. 1 – 14.

Sternberg, Robert. 1999. *Cognitive Psychology* 2nd ed.. New York: Harcourt Brace College Publishers.

Talmy, Leonard. 1976. Semantic causative types. In Shibatani, M. (ed.) *Syntax and Semantics*. Vol.6. New York: Academic Press.

Talmy, Leonard. 1983. How language structures space. In Herbert L. Pick, Jr. and Linda P. Acredolo (eds.) *Spatial Orientation: Theory, Research and Application*. New York: Plenum Press. 225 – 282.

Talmy, Leonard. 1985. Force dynamics in language and thought. *CLS* 21.1, *Parasession on Causatives and Agentivity*. 293 – 337.

Talmy, Leonard. 1988. Force dynamics in language and cognition. *Cognitive Science* 12. 49 – 100.

Talmy, Leonard. 2000. *Toward a Cognitive Semantics: Typological and Process in Concepts Structuring* (*Vol.2*). Cambridge, Mass.: The MIT Press.

Tenny, C. 1987. Grammaticalizing aspect and affectedness. Doctoral dissertation, Cambridge, MA.: MIT.

Whorf, B. L. 1956. Grammatical categories. In J. B. Carroll (ed.) *Language, Thought and Reality: Selected Writings of Benjamin Lee Whorf*. Cambridge, MA: MIT Press. 87 – 101.

Ungerer, F. and H. J. Schemid. 1996. *An Introduction to Cognitive Linguistics*. London: Addison Wesley Longman Limited.